STADT IN DER GESCHICHTE
Band 21

Stadt in der Geschichte

Veröffentlichungen
des Südwestdeutschen Arbeitskreises
für Stadtgeschichtsforschung

Band 21

Begründet von
Erich Maschke und Jürgen Sydow

Jan Thorbecke Verlag Sigmaringen
1995

Stadt und Repräsentation

31. Arbeitstagung in Pforzheim
1992

Herausgegeben von
Bernhard Kirchgässner und Hans-Peter Becht

Jan Thorbecke Verlag Sigmaringen
1995

Die Deutsche Bibliothek – CIP-Einheitsaufnahme

Südwestdeutscher Arbeitskreis für Stadtgeschichtsforschung:
... Arbeitstagung ... / Südwestdeutscher Arbeitskreis für Stadtgeschichtsforschung. – Sigmaringen: Thorbecke.
Früher Schriftenreihe
31. Stadt und Repräsentation – 1995

Stadt und Repräsentation / hrsg. von Bernhard Kirchgässner und Hans-Peter Becht. – Sigmaringen: Thorbecke, 1995
(... Arbeitstagung ... / Südwestdeutscher Arbeitskreis für Stadtgeschichtsforschung; 31)
(Stadt in der Geschichte; Bd. 21)
ISBN 3-7995-6421-7

NE: Kirchgässner, Bernhard [Hrsg.]; 2. GT

Dieses Buch ist aus säurefreiem Papier hergestellt und entspricht den Frankfurter Forderungen zur Verwendung alterungsbeständiger Papiere für die Buchherstellung.

Gesamtherstellung: M. Liehners Hofbuchdruckerei GmbH & Co. Verlagsanstalt, Sigmaringen
Printed in Germany · ISBN 3-7995-6421-7

Inhaltsübersicht

Vorwort

In der Geschichte der Städte hat die »Repräsentation« nach innen wie nach außen stets eine besondere Rolle gespielt. Das prunkvolle Rathaus, reich ausgestattete Sakralbauten, mächtige Tore und Türme, Brunnenfiguren zur Versinnbildlichung des mehr oder minder autonomen und wehrhaften Gemeinwesens oder das Ratssilber verdeutlichen den eigenen Bürgern wie auswärtigen Besuchern mittelalterlicher und frühneuzeitlicher Städte, welche wirtschaftliche und politische Macht die jeweilige Kommune für sich reklamierte. Auch in den Städten des 19. und 20. Jahrhunderts steht der Prestigebau, das wuchtige Rathaus, das Kongreß- und Kulturzentrum für das Selbstbewußtsein der Bürgerschaft. Graphische Darstellungen, Photomontagen, Stadtprospekte und »Slogans« manifestieren das Selbstverständnis der Stadt und liefern bisweilen auch ihren Bewohnern Identifikationsmuster, nicht minder dienten und dienen Festlichkeiten aller Art der wirkungsvollen kommunalen Selbstdarstellung.

Der Südwestdeutsche Arbeitskreis für Stadtgeschichtsforschung folgte deshalb gerne der Einladung der Stadt Pforzheim, der »Reuchlinstadt«, seine Jahrestagung 1992 im Pforzheimer Reuchlinhaus durchzuführen und hier – inspiriert vom »genius loci« – die verschiedenartigen Aspekte des Themas »Stadt und Repräsentation« zu diskutieren. Unser Dank gilt deshalb vor allem der gastgebenden Stadt und ihrem Kulturdezernenten Hermann Kling, daneben aber auch den gemeinderätlichen Gremien und allen städtischen Mitarbeitern, die sich mit großem Erfolg um die Vorbereitung und Durchführung dieser Tagung in einem willkommenen Rahmen bemühten.

Wertvolle Unterstützung erfuhren wir auch vom Ministerium für Wissenschaft und Kunst durch einen namhaften Druckkostenzuschuß; Dank gilt schließlich denjenigen Städten, die den Südwestdeutschen Arbeitskreis für Stadtgeschichtsforschung kontinuierlich fördern. Das Register dieses Bandes bearbeitete in bewährter Weise Herr Dipl.-Volkswirt Matthias Stuhlinger, dem wir für diese Mühe zu großem Dank verpflichtet sind.

Herausgeber und Autoren hoffen, mit den Referaten und Diskussionsvoten des vorliegenden Bandes, die ja ihrerseits mit der notwendigen Begrenzung auf konkrete Fragestellungen nur einen Ausschnitt des angezielten Gesamtspektrums bieten können, einen weiterführenden Beitrag zur Stadtgeschichtsforschung leisten und damit auch zur weiteren Beschäftigung mit dem Thema anregen zu können.

Bernhard Kirchgässner *Hans-Peter Becht*

Vom Prospectus zum Prospekt: Die graphische Stadtdarstellung zwischen Repräsentation und Werbung

VON GRIT ARNSCHEIDT

Das Thema »Vom Prospectus zum Prospekt: Die graphische Stadtdarstellung zwischen Repräsentation und Werbung« verweist auf ein Phänomen der Neuzeit. Denn erst vor rund 500 Jahren ist die Stadt als bauliche Einheit zum repräsentativen Wirklichkeitsausschnitt geworden, erst damals wurde sie in ihrer individuellen Erscheinungsform darstellungswürdig[1]. Das bedeutet freilich nicht, daß man nicht auch früher schon Stadtbilder geschaffen hätte. Erinnert sei nur an die zahlreichen mittelalterlichen Stadtsiegel mit eindrucksvollen Darstellungen, die freilich nicht einmal ansatzweise versuchen, das unverwechselbare Erscheinungsbild der jeweiligen Stadt wiederzugeben. Statt genauer topographischer Bildinformationen zeigen diese Siegel vielmehr Abbreviaturen mit relativ wenigen Bestandteilen, die ein dominierendes Element – meist Stadtmauer, Tor oder Türme – ins Bild gesetzt haben. Dabei konnte partielle Wirklichkeitstreue durchaus gelegentlich vorkommen, entscheidend aber war sie nicht. Die Möglichkeit, eine Stadt mit Hilfe ihrer Architektur in ihrer Einmaligkeit zu erfassen, wurde hier jedenfalls noch nicht genutzt. Bei solchen Siegelbildern handelt es sich vielmehr durchweg um Stadtformeln, die in sehr einprägsamer Weise »Stadt« zwar bedeuten, aber nicht abbilden. Erst Zusätze wie Wappen oder Figuren, meist jedoch der Stadtname in der Siegelumschrift ließen eine solch formelhafte Darstellung zum Bild einer bestimmten Stadt werden.

Ein ähnlicher Befund ergibt sich im Bereich der Malerei. Auf spätmittelalterlichen Tafelbildern tauchen zwar gelegentlich identifizierbare Architekturelemente oder Stadtansichten auf, freilich in der Regel nur in Verbindung mit Personen oder Ereignissen der christlichen Heilslehre; anders ausgedrückt: Die im Hintergrund wiedergegebene Stadt hat in erster Linie die Aufgabe, den Schauplatz figürlicher Szenen sichtbar werden zu lassen. Erst sehr langsam löste sich in der Malerei die Stadtdarstellung vom Bildhintergrund, um in der Vedute zum selbständigen und alleinigen Bildthema zu werden. Wegbereiter dieser Entwicklung war die Graphik. Vor allem die Druckgraphik hat bei der Verselbständigung des Motivs vor fünf Jahrhunderten eine maßgebliche Rolle gespielt; von Druckgraphik soll daher im folgenden die Rede sein.

Als man in der Druckgraphik am Ende des 15. Jahrhunderts begann, die Stadt als alleinigen Bildinhalt zu thematisieren, geschah dies zunächst in Form einer Gesamt-

1 Friedrich BACHMANN, Die alten Städtebilder. Ein Verzeichnis der graphischen Ortsansichten von Schedel bis Merian, Leipzig 1939, 2. Aufl. Stuttgart 1965; Alois FAUSER, Repertorium älterer Topographie. Druckgraphik von 1486 bis 1750. 2 Bände, Wiesbaden 1978; Max SCHEFOLD, Bibliographie der Vedute, Berlin 1976.

schau. Das Stadtganze wurde bei dieser ältesten Form des Stadtportraits entweder in Frontalansicht oder in Schrägaufsicht wiedergegeben – letzteres ein Darstellungstyp, der häufig auch als »Vogelschau« bezeichnet wird[2]. Die ersten Darstellungen dieser Art sind Holzschnittillustrationen des frühen Buchdrucks gewesen, und deutlich lassen sie das neue Interesse der Renaissance an der umgebenden Welt erkennen. In einer Zeit, in der man in die Neue Welt aufbrach, wurde hier der Versuch unternommen, auch die Alte Welt durch das Bild sozusagen neu zu erschließen.

Die Dominanz der Buchillustration unter den erhaltenen graphischen Stadtdarstellungen beschränkt sich übrigens keineswegs nur auf die Frühzeit. Man schätzt, daß mehr als zwei Drittel der vor 1800 gedruckten Stadtbilder Bestandteil einer größeren, meist mit Text verbundenen Informationseinheit gewesen sind[3]. Erinnert sei in diesem Zusammenhang nur an die 1493 von Anton Koberger in Nürnberg verlegte ›Weltchronik‹ des Hartmann Schedel mit ihren zahlreichen Städtebildern, ein Werk, das mit seiner üppigen graphischen Ausstattung eines der anspruchsvollsten und kostspieligsten Verlagsprojekte seiner Zeit gewesen ist[4]. Hier wurde eine Tradition der Stadtdarstellung begründet, die – um nur einige der berühmtesten Werke zu nennen – über Sebastian Münsters ›Kosmographie‹ aus dem Jahre 1544 oder den seit 1572 erschienenen ›Civitates Orbis Terrarum‹ von Georg Braun und Franz Hogenberg bis hin zu Merians Topographien im 17. Jahrhundert reicht. Diese Werke, vor allem Merian mit seinen über 2000 Stadtdarstellungen, stellten ein Bildrepertoire bereit, das in der Folgezeit eine unvergleichlich prägende Kraft beweisen sollte. Und so verdanken wir ihnen in Deutschland nicht nur die große Masse der erhaltenen historischen Stadtdarstellungen, sondern vielfach auch Kompositionsschema und Darstellungstypus, die für zahlreiche Orte bis ins 19. Jahrhundert hinein vorbildlich, ja verbindlich geblieben sind.

Das Tagungsthema »Stadt und Repräsentation« verweist indessen eher auf eine andere Gruppe früher Stadtdarstellungen: auf solche, die – unabhängig von den genannten Städtebildern in den großen Topographien – als Einzelblätter entstanden

2 Obwohl eine Darstellung »aus der Vogelschau« eigentlich zentralperspektivischen Regeln folgen sollte, was in der frühen Zeit selten der Fall war, wird im folgenden diese Bezeichnung wegen ihrer weiten Verbreitung und hohen Anschaulichkeit verwendet. – Aus dem Wunsch nach einer griffigen Formel, die die Richtung unserer Betrachtung anzudeuten vermag, wurde zudem aus der großen Zahl der oft unsystematisch, ja widersprüchlich gebrauchten zeitgenössischen Bezeichnungen für bildliche Stadtdarstellungen der Terminus »Prospectus« bzw. »Prospekt« herausgegriffen, der zunächst offenbar so unspezifisch verwendet wurde wie heute »Ansicht«. Vgl. Peter Volkelt, Die Städteansichten in den großen Druckwerken vornehmlich des 15. Jahrhunderts, Diss. (masch.) Marburg 1949, S. 81 f.

3 Vgl. Ekkehard Schenk zu Schweinsberg, Die gedruckten Ansichten und Pläne der Stadt Marburg von den Anfängen bis zum Jahre 1803, in: Marburger Geschichte – Rückblick auf die Stadtgeschichte in Einzelbeiträgen, hg. von E. Dettmering und R. Grenz, Marburg 1980, S. 969–1042, hier S. 978 et passim; Michael Schmitt, Städtische Topographie des 15. bis 19. Jahrhunderts. Untersuchungen zum topographischen Realitätsgehalt historischer Stadtdarstellungen an Einzelbeispielen, in: Sonderforschungsbereich 164 der Universität Münster (Bearb.), in: Vergleichende geschichtliche Städteforschung. Annotierte Gesamtbibliographie 1976–1988, Münster 1989, S. 17–24; hier S. 20.

4 Vgl. Elisabeth Rücker, Die Schedelsche Weltchronik. Das größte Buchunternehmen der Dürerzeit. Mit einem Katalog der Städteansichten, München 1973.

sind. In Format, Gestaltung und Ausführung heben sich diese Einblattholzschnitte deutlich von der Buchgraphik ab, ganz abgesehen davon, daß sie meist nur in wenigen Exemplaren gedruckt worden sind. Überzeugend lassen diese Blätter erkennen, daß sich vor 500 Jahren nicht nur Wahrnehmungs- und Darstellungsformen verändert haben, sondern daß das graphische Stadtportrait damals auch als Form städtischer Repräsentation entdeckt worden ist.

Verdeutlicht sei diese These an einem der bedeutendsten Holzschnitte dieser Art, der monumentalen Gesamtansicht von Köln aus dem Jahre 1531 (Abb. 1). Es handelt sich dabei um eine von neun Holzstöcken gedruckte Darstellung, die der aus Worms stammende Anton Woensam für den Kölner Druckerverleger Peter Quentel geschaffen hat[5]. Dieses Stadtportrait beeindruckt auf den ersten Blick durch seine Größe, mißt das Original doch in der Breite 3,50 m, und es besticht bei genauerem Hinsehen durch seinen Detailreichtum in der Wiedergabe der Stadt und des Rheins mit seinen zahllosen Schiffen, Booten, Schiffsmühlen, Kränen und Werftanlagen am Flußufer (Abb. 2). Dieser Holzschnitt gilt wegen seiner Genauigkeit als eine der wichtigsten Quellen zur Topographie Kölns wie auch zur Schiffahrt auf Mittel- und Niederrhein. Doch in unserem Zusammenhang interessieren weniger der Realitätsgehalt der Darstellung und ihre Aussagefähigkeit für stadt-, architektur- und schiffahrtsgeschichtliche Fragestellungen, sondern vielmehr der neue Rang, der einem graphischen Stadtportrait wie diesem im 16. Jahrhundert zukommen konnte, wurde der monumentale Holzschnitt mit dem Bild der Stadt Köln doch keinem Geringeren als Kaiser Karl V. zum Geschenk gemacht, als dieser in Köln weilte, um der Königswahl seines Bruders Ferdinand am 5. Januar 1531 beizuwohnen.

Woensams Holzschnitt zeigt Köln vom anderen Rheinufer und damit aus einer Distanz, aus der die Stadt überhaupt erst als Einheit sichtbar wird. Doch konnte, wie Wolfgang Braunfels nachweist, die Stadt von keinem, auch nicht vom ideal erhöhten Standpunkt über dem Deutzer Ufer, den Woensam vorgeblich eingenommen hat, so wahrgenommen werden, wie der Holzschnitt es glauben macht[6]. Vielmehr hat der Künstler in dem Wunsch, die gesamte Stadt zu erfassen, für den Betrachter fast unmerklich verschiedene Standortskizzen zu einer Gesamtansicht zusammengefügt. Denn erst durch diese Kombination unterschiedlicher Blickpunkte konnte Woensam dem Anspruch genügen, alle »wichtigen« Bauten angemessen darzustellen, was beispielsweise bedeutete, sie um ihrer vollen architektonischen Wirkung willen unverdeckt wiederzugeben.

Zugleich wird eine Hierarchie der Bauwerke hinsichtlich ihrer Darstellungwürdigkeit erkennbar. An der Spitze dieser Hierarchie stehen die Sakralarchitektur, die

5 Zum Kölnprospekt Anton Woensams vgl.: Leonard Ennen, Die Prospekte der Stadt Köln aus dem XV. bis XVIII. Jahrhundert, in: Jahrbuch der Königlich Preußischen Kunstsammlungen, II, 1881, S. 78–88; Else Schulz, Zum Holzschnittwerk des Anton Wonsam von Worms, Diss. phil. (masch.), Köln 1950; Wolfgang Braunfels, Anton Woensams Kölnprospekt von 1531 in der Geschichte des Sehens, in: Wallraf-Richartz-Jahrbuch. Westdeutsches Jahrbuch für Kunstgeschichte, XXII, Köln 1960, S. 115–136; Hugo Borger/Frank Günter Zehnder, Köln. Die Stadt als Kunstwerk. Stadtansichten vom 15. bis 20. Jahrhundert, Köln 1982, S. 115 ff.

6 Braunfels (wie Anm. 5), S. 116 und 129.

Repräsentationsbauten und die Befestigungen der Stadt, während Privatbauten vielfach nur schematisch wiedergegeben und unbebaute Flächen so gut wie gar nicht berücksichtigt sind. Köln erscheint bei Woensam also als ein mit Bauten dichtgefülltes Ganzes, in dem es Leerräume nicht gibt, dessen Bild vielmehr in einer Art gesteigerter Silhouettenwirkung vor allem durch das Zusammenspiel der zahlreichen, oft überhöht wiedergegebenen Türme geprägt wird. Dabei handelt es sich um die Stifts-, Kloster- und Pfarrkirchen des »Heiligen Köln«, aber auch um Tore, Wehrtürme und Torburgen im Mauerring der Stadtbefestigung und nicht zuletzt um den mit machtvollem Anspruch in die Höhe strebenden Rathausturm im Zentrum, in dem das Selbstverständnis der freien Reichsstadt sozusagen zweifach zum Ausdruck kommt: in der Architektur wie im Modus ihrer Wiedergabe. Die meisten dieser Bauten, aber beispielsweise auch der Gürzenich, sind in Woensams Holzschnitt durch kleine gerahmte Täfelchen namentlich gekennzeichnet und damit besonders hervorgehoben. Dem Palast des einstigen erzbischöflichen Stadtherrn wird diese Ehre allerdings nicht zuteil. Für den Gesamteindruck des Blattes spielt dieses Gebäude, das für den unkundigen Betrachter im Häusermeer deshalb kaum auszumachen ist, mithin keine Rolle.

Bei Woensams Prospekt, in dem sich, wie Braunfels ausgeführt hat, mittelalterliche Erlebnisformen mit der Sehweise der Renaissance verbinden[7], handelt es sich also um ein Stadtportrait, dessen erstaunliche Detailfülle keineswegs nur im Dienste einer möglichst exakten Wiedergabe der sichtbaren Wirklichkeit steht. Sie ist vielmehr in erkennbarer Absicht überformt und bei aller topographischen Verläßlichkeit geprägt von dem Wunsch, die Stadt so zu zeigen, wie sie in der Vorstellung ihrer Bürger lebt[8]. Vordergrund und Himmelszone verstärken diesen Eindruck noch. Die gesamte untere Bildhälfte wird vom Rhein beherrscht. Mit einer faszinierenden Fülle von Einzelheiten wird hier im geschäftigen Flußufer die Wirtschaftskraft einer führenden exportorientierten Handels- und Gewerbestadt vor dem Beschauer ausgebreitet. In der Himmelszone über der türmereichen Stadtsilhouette schweben Stadtgründer, Engel und Stadtpatrone. Unterhalb der Darstellung präsentiert ein Fries (Abb. 3) die Bildnisse Karls V. und Ferdinands I. sowie einen Katalog der zahlreichen Kölner Kirchen und ihrer Reliquien, der die bildlich vermittelte Vorstellung vom »Heiligen Köln« unterstreichen soll. Ferner erscheint hier in aufschlußreicher Kombination von graphischer Stadtdarstellung und literarischem Städtelob[9] ein längeres Preisgedicht auf Köln in lateinischer Sprache, das auf den Humanisten Hermann von dem Busche zurückgeht. Vor allem jedoch der monumentale Prospekt mit seiner Präsentation einer dichtgefügten, türmereichen und wehrhaften Stadt am Fluß vermittelt ein in seinem Formenreichtum höchst eindrucksvolles Bild der freien Reichsstadt Köln als der *praenobilis totius Alemanniae civitas et sancta metropolis*.

Ähnlich wie für Köln entstanden damals für eine ganze Reihe europäischer Städte solche graphischen Portraits im Monumentalformat. Stets handelte es sich dabei um Frontalansichten oder – im Bestreben, die Ausdehnung der Stadt möglichst umfassend zu vermitteln – um Darstellungen aus der Vogelschau: so etwa Florenz (um 1480),

7 Ebd., S. 117.
8 Ebd., S. 131.
9 Vgl. dazu den Beitrag von Walther Ludwig in diesem Band.

Venedig (1500) oder Augsburg (1521), um nur einige der frühesten Blätter zu nennen. Bei einigen von ihnen sind wir relativ gut über Künstler und Auftraggeber unterrichtet[10], in anderen Fällen wissen wir über den Entstehungszusammenhang sehr wenig. Die Mehrheit der großformatigen graphischen Stadtdarstellungen scheint im übrigen erst nach der Mitte des 16. Jahrhunderts entstanden zu sein, und meist war es der Rat der Stadt, der den Auftrag vergab oder ihn doch zumindest billigte und die Unternehmung honorierte. Zu berücksichtigen ist bei solchen Aussagen allerdings stets die lückenhafte Überlieferung, da manch damals entstandenes Blatt sich nicht erhalten hat und gelegentlich sogar allein aus der archivalischen Überlieferung bekannt ist, daß der Rat einer Stadt sich im 16. Jahrhundert um einen solchen Prospekt bemühte[11].

Sowohl die erhaltenen wie die verschollenen Blätter belegen indessen hinreichend, daß unter den vielfältigen Formen städtischer Repräsentation das graphische Stadtportrait im 16. Jahrhundert einen neuen Stellenwert errungen hat. Ähnlich wie damals städtische Repräsentationsarchitektur[12] zum Ausdruck bürgerlicher Identität und Gegenstand kommunalen Stolzes werden konnte oder das Gesamterscheinungsbild einer Stadt in seiner gestalteten Physiognomie Leistungsfähigkeit, Macht und Ambitionen der Kommune demonstrierte, avancierte – was im Rahmen unserer Fragestellung von Bedeutung ist – nun auch das graphische Abbild zu einem Medium, um Rang und Geltungsanspruch einer Stadt zu artikulieren.

Welche Rolle spielte dieses neue Medium aber nun für die Residenzstadt des 17. und 18. Jahrhunderts? In den Residenzstädten waren weltliche oder geistliche Fürsten in der Regel die größten Auftraggeber für topographische Darstellungen. Dabei suchten sie zunächst, ihre neuerbauten Schloß- und Gartenanlagen durch aufwendig gestaltete Kupferstichblätter beziehungsweise Folgen von Architekturstichen bekannt zu machen. Nicht nur die Schönborns legten, wie man weiß, größten Wert darauf, ihre umfangreiche Bautätigkeit unverzüglich im Kupferstich festgehalten und verbreitet zu sehen[13]. Da dies häufig noch vor der Vollendung der Bauten geschah, wurden auch Bauprogramme publiziert, die nie Wirklichkeit geworden sind, was der hohen Wertschätzung solcher Kupferstichfolgen allerdings keinen Abbruch tat.

Schon bald aber suchte höfisches Repräsentationsbedürfnis seinen Ausdruck in graphischen Darstellungen auch der Residenzstadt, galt doch deren architektonische Gestaltung weithin als eine der selbstverständlichen Ausdrucksformen herrscherlichen Ranges, dynastischer Geltung und politischer Macht. Herrscherportraits mit der Residenzstadt im Hintergrund sind deshalb bekanntlich keine Seltenheit. In der Graphik des 17. Jahrhunderts waren dies vorzugsweise Reiterbildnisse der Fürsten. Als eine typische Darstellungsform des 18. Jahrhunderts seien die großformatigen Blätter

10 Z. B. bei der Vogelschauansicht von Venedig. Vgl. dazu: Jürgen Schulz, Jacopo de' Barbari's view of Venice. Map making, city views and moralized geography before the year 1500, in: The Art Bulletin. A Quarterly published by the College Art Association of America, Vol. 60 (1978), Nr. 2, S. 425–474.

11 Max Schefold, Alte Stadtansichten von Heilbronn, Stuttgart 1955, S. 6 (Veröffentlichungen des Stadtarchivs Heilbronn, Heft 3).

12 Vgl. die Beiträge von Bernd Roeck und Johannes Zahlten in diesem Band.

13 Vgl. Harald Keller, Das alte Europa. Die hohe Kunst der Stadtvedute, Stuttgart 1963, S. 46f. et passim.

benannt (Abb. 4), auf denen das Bildnis eines Fürsten gerahmt wird von einer in Kolumnen rechts und links angeordneten Aufzählung der Generationenfolge des Herrscherhauses, einer Karte des Territoriums und einer Ansicht der Residenzstadt. Aber auch losgelöst von der Person des Fürsten wird die Residenzstadt, deren Erscheinungsbild in jener Zeit möglichst dem höfischen Wunsch nach sichtbarer Repräsentation unterworfen wurde, nun zum Motiv der Druckgraphik. Von einigen solcher Darstellungen ist bekannt, daß sie fürstliche Auftragswerke gewesen sind. So hat 1769 beispielsweise »Maria Theresia selbst ... an Joseph Daniel Hopfer den Auftrag erteilt, ein solches Gesamtbild von Wien im Kranze seiner Vorstädte in einem monumentalen Stich mit allen Einzelheiten festzuhalten«[14].

Gleichwohl ist bei der Mehrzahl der bekannten Darstellungen von Residenzstädten ein direkter fürstlicher Auftrag nicht oder nicht mehr nachweisbar und eher verlegerische Initiative anzunehmen. Für den süddeutschen Raum sind vor allem Verleger aus Augsburg oder Nürnberg, den damaligen Zentren für Druckgraphik in diesem Gebiet, tätig geworden. Die von ihnen herausgegebenen Kupferstichblätter wiesen zwar nicht mehr die Monumentalmaße der frühen Holzschnitte auf, waren aber doch häufig in einem anspruchsvollen Format gehalten, das den Druck von zwei oder mehr Kupferplatten erforderlich machte. Offenbar spekulierten die Verleger auf landesherrlichen Bedarf, bezogen aber sicher auch andere, an höfischer Repräsentation partizipierende Kreise in die Kalkulation mit ein. Denn anders als die frühen Holzschnitte, die wohl meist in nur sehr wenigen Exemplaren gedruckt worden sind[15], waren die Kupferstiche und Radierungen des 17. und 18. Jahrhunderts auf weitere Verbreitung angelegt und erschienen daher in einer wesentlich höheren Auflage. Außerdem wurden diese Blätter in der Regel nach relativ kurzer Zeit aktualisiert. Bauliche Veränderungen vor allem im Bereich des Residenzschlosses oder an den Festungswerken führten darüber hinaus aber nicht selten auch zur Herausgabe eines ganz neuen Blattes (Abb. 5)[16].

Es war mithin nicht zuletzt die rege Bautätigkeit der Fürstenhöfe, die den Residenzstädten eine weit dichtere Folge von druckgraphischen Stadtportraits bescherte als den meisten damaligen Reichsstädten. So kommt es auch, daß das Erscheinungsbild der barock geprägten Residenzstadt des 18. Jahrhunderts in der Regel durch aktuelle

14 Wolfgang Braunfels, Abendländische Stadtbaukunst. Herrschaftsform und Baugestalt, Köln 1976, S. 264 (DuMont Dokumente: Reihe Kunstgeschichte/Wissenschaft). Direkte landesherrliche Aufträge für Gemälde und für Graphik nachgewiesen am Beispiel Berlins: Thomas Wellmann, »Das Auge schweift über das Weichbild der Stadt«. Ansichten Berlins in Graphik und Malerei bis zu den Napoleonischen Kriegen, in: Stadtbild. Berlin in der Malerei vom 17. Jahrhundert bis zur Gegenwart. Katalog Berlin-Museum, 2. Aufl. Berlin 1987, S. 13.

15 Eine relativ beschränkte Auflage hatten auch noch die großformatigen Kupferstiche bzw. Radierungen des späten 16. Jahrhunderts wie z. B. die Darstellung Ulms von Jonathan Sauter von 1593. In den Ulmer Ratsprotokollen ist 1594 von 42 Exemplaren die Rede, für die Sauter 100 Gulden erhielt. Vgl. Max Schefold, Ulm. Das Bild der Stadt in alten Ansichten, Weißenhorn 1967, S. 20.

16 Die großformatige, von zwei Platten gedruckte Ansicht der Residenzstadt Mannheim, die in der bekannten Folge europäischer Stadtansichten des Augsburger Verlags Jeremias Wolff Erben erschien, ist bereits die zweite repräsentative Darstellung Mannheims, die dieser Verlag – rund zwei Jahrzehnte nach dem ersten Blatt – herausgebracht hat, um den inzwischen eingetretenen baulichen Veränderungen Rechnung zu tragen.

Einzeldrucke wesentlich besser dokumentiert ist als die Gestalt der meisten anderen Städte jener Zeit[17].

Daß diese Feststellung freilich nur mit gewissen Einschränkungen gilt, sei am Beispiel Mannheims kurz erläutert. Diese Stadt war 1720 durch die Entscheidung Kurfürst Carl Philipps von der Pfalz, den Hof von Heidelberg nach Mannheim zu verlegen, zur Residenzstadt geworden. Sie darf als eine der reinsten Verkörperungen dieses Städtetyps im 18. Jahrhundert gelten[18]. Im Unterschied zu Karlsruhe war Mannheim keine Neugründung – vielmehr war es schon im frühen 17. Jahrhundert und unter ganz anderen Voraussetzungen entstanden. Stark zerstört, wie die Stadt seit 1689 war, verlangte sie jedoch beim Wiederaufbau wenig Rücksichtnahme bei der Verwirklichung der kurfürstlichen Bauvorstellungen. Und so entstand seit 1720 im Mündungsdreieck von Rhein und Neckar eine der prägnantesten Schöpfungen in der stattlichen Reihe der nach französischem Vorbild entstandenen fürstlichen Residenzen im deutschen Südwesten.

In unserem Zusammenhang ist von Belang, daß sich mit der Erhebung Mannheims zur Residenz nicht nur das architektonische Erscheinungsbild dieser Stadt wandelte, sondern auch der bevorzugte Darstellungstypus[19]. Im 17. Jahrhundert war es üblich gewesen, Mannheim im Grundriß oder aus der Vogelschau wiederzugeben. Dabei kamen die mächtige Bastionsbefestigung und das regelmäßige, den Idealstadtentwürfen der Renaissance verpflichtete Planschema dieser Stadtanlage besonders eindrucksvoll zur Geltung. Merian war nur einer, allerdings der berühmteste, unter vielen, die damals die befestigte Anlage zwischen Rhein und Neckar mit ihrer streng geometrischen Binnenstruktur in dieser Weise gestellt haben (Abb. 6).

Mit dem Neuaufbau im 18. Jahrhundert veränderte sich diese lokale Darstellungstradition indessen signifikant. Neben Grundrißpläne und Vogelschaudarstellungen traten seit 1730 erstmals und bald in größerer Zahl nun auch Profilansichten der neuen Residenzstadt der Kurpfalz. Alle präsentierten sie Mannheim von der Rheinseite in vorteilhaft gewähltem Fernblick. Gegenüber dem 17. Jahrhundert hat sich also nicht nur der Darstellungstyp verändert, sondern es hat auch ein Blickpunktwechsel stattgefunden: Während die Grundrißpläne und Vogelschauansichten Mannheim vorzugsweise vom Neckar her darstellten, wird hier die Rheinfront zur eigentlichen Schauseite der Stadt. Denn aus dieser Blickrichtung steht das Schloß, das wichtigste Bauwerk einer

17 Michael Schmitt, Vorbild, Abbild und Kopie. Zur Entwicklung von Sehweisen und Darstellungsarten in druckgraphischen Stadtabbildungen des 15. bis 18. Jahrhunderts am Beispiel Aachen, in: Civitatum Communitas. Studien zum europäischen Städtewesen. Festschrift Heinz Stoob zum 65. Geburtstag, hg. von H. Jäger, F. Petri u. a., Köln/Wien 1984, Teil 1, S. 322–354, hier S. 353.

18 Jürgen Voss, Mannheim. Residenz der Kurfürsten von der Pfalz, in: Residenzen. Aspekte hauptstädtischer Zentralität von der frühen Neuzeit bis zum Ende der Monarchie, hg. von Kurt Andermann, Sigmaringen 1992, S. 323–336 (Oberrheinische Studien, hg. von der Arbeitsgemeinschaft für geschichtliche Landeskunde am Oberrhein e. V., Bd. 10).

19 Vgl. Max Schefold, Alte Ansichten aus Baden, hg. von der Kommission für geschichtliche Landeskunde in Baden-Württemberg, 2 Bände 1971; Mannheimer Stadtansichten des 18. Jahrhunderts. Graphische Gesamtdarstellungen der kurpfälzischen Residenzstadt, bearb. von Margrit Arnscheidt, Mannheim 1989 (Bildhefte des Städt. Reiß-Museums, Kunst- und Stadtgeschichtliche Sammlungen, Nr. 8).

Residenzstadt, als eindrucksvolle Anlage von hoher stilistischer Geschlossenheit und imposanter Größe dominierend in der Stadtsilhouette. Der Betrachter vom linken Rheinufer habe, wie ein Zeitgenosse 1731 formuliert, den Vorzug, das *prächtige Schloßgebäude* von der Seite zu betrachten, von der es *sein bestes Ansehen macht und die ganze Stadt mit ihren anderen Häußern gleichsam vernichtet*[20]. Auf eben diesen Eindruck kommt es den Mannheim-Ansichten des 18. Jahrhunderts offenbar vornehmlich an, sämtlich unterstreichen sie die herausragende Stellung des Schlosses in der Hierarchie der darstellungswürdigen Bauten (Abb. 7).

Bereits auf den frühesten Darstellungen wirkt das Schloß zudem vollendet, obwohl es zu jenem Zeitpunkt keineswegs fertiggestellt war. Doch wird der Eindruck einer Baustelle geschickt vermieden. Indem man – wie sich im einzelnen leicht nachweisen läßt – der Realität vorgreift, wird dem Bild der kurpfälzischen Residenzstadt vorab bereits jene Geschlossenheit verliehen, die die Planungen erwarten ließen, und versucht, dem Beschauer Schönheit, Stärke, Rang und Bedeutung der Residenzstadt Mannheim vor Augen zu führen. Dieser Kunstgriff der Antizipation findet sich auf allen Darstellungen der Residenzstadt Mannheim aus der ersten Hälfte des 18. Jahrhunderts. Besonders frappierend wirkt das Verfahren allerdings auf einer lavierten Federzeichnung von der Hand Franz Karl van Douwes (Abb. 8), die sich einerseits durch außergewöhnliche Detailgenauigkeit in der Wiedergabe des vorgefundenen Baubestands auszeichnet, die andererseits aber keinerlei Bedenken erkennen läßt, Mannheim – der Realität kühn vorgreifend – als eine Residenzstadt zu präsentieren, in der alle relevanten Bauvorhaben bereits verwirklicht sind. So bildet van Douwe beispielsweise die Jesuitenkirche lange vor ihrer Fertigstellung ab, und zwar – was er nicht wissen konnte – in einer von der späteren Ausführung stark abweichenden Gestalt. Als zukünftige Große Hofkirche und designierte Grablege des regierenden Fürstenhauses schien dieser Bau indessen ein solch unverzichtbarer Bestandteil des architektonischen Residenzprogramms, daß er auf einer repräsentativen Stadtansicht keinesfalls fehlen durfte.

Die Bildinformation wird auf diesem Blatt durch die Vordergrundgestaltung noch verdeutlicht und verstärkt. Vielerlei Requisiten weisen auf die Präsenz des Hofes in dieser Stadt hin. Neben verschiedenen Staffagegruppen an beiden Flußufern sind dies vor allem die detailliert und kenntnisreich geschilderten kurfürstlichen Prunkjachten auf dem Rhein. Diese luxuriös ausgestatteten Wasserfahrzeuge, deren Reisekomfort höchsten Ansprüchen zu genügen vermochte, zählten als Instrumente fürstlicher Repräsentation zum selbstverständlichen »Zubehör« einer rheinischen Fürstenresidenz zumal einer Stadt, in der sich der Hof während des Schloßbaus elf Jahre lang mit dem bescheidenen Rahmen einer Interimsresidenz begnügen mußte[21]. Im Zentrum der Ansichten des 18. Jahrhunderts stand also deutlich die Darstellung des kurfürstlichen Mannheim. Alles, was diesem Bereich nicht angehörte, wurde nur summarisch, formel-

20 Max Arnim, Johann Friedrich von Uffenbachs Reise durch die Pfalz 1731, in: Mannheimer Geschichtsblätter XXIX (1928), Sp. 163.

21 Hans Wolfgang Kuhn, Barock auf dem Wasser. Die Jachtschiffe der Kurfürsten von der Pfalz auf Rhein und Neckar, in: Barock am Oberrhein, hg. von Volker Press, Eugen Reinhard und Hansmartin Schwarzmaier, Karlsruhe 1985, S. 233 (Oberrheinische Studien, hg. von der Arbeitsgemeinschaft für geschichtliche Landeskunde am Oberrhein e. V., Bd. VI).

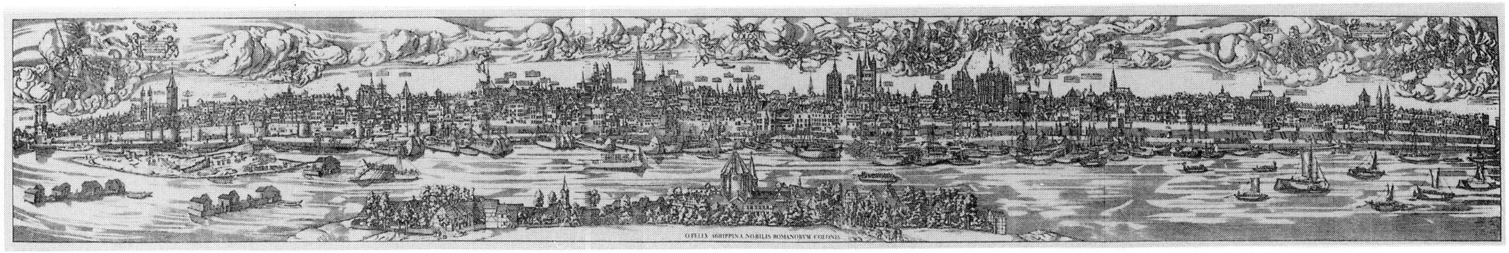

Abb. 1 Große Ansicht von Köln. Holzschnitt von Anton Woensam, Köln: Peter Quentell, 1531 (Kölnisches Stadtmuseum)

Abb. 2 Große Ansicht von Köln. Holzschnitt von Anton Woensam (Ausschnitt), Köln: Peter Quentell, 1531 (Kölnisches Stadtmuseum)

Abb. 3 Große Ansicht von Köln. Holzschnitt von Anton Woensam (Ausschnitt), Köln: Peter Quentell, 1531 (Kölnisches Stadtmuseum)

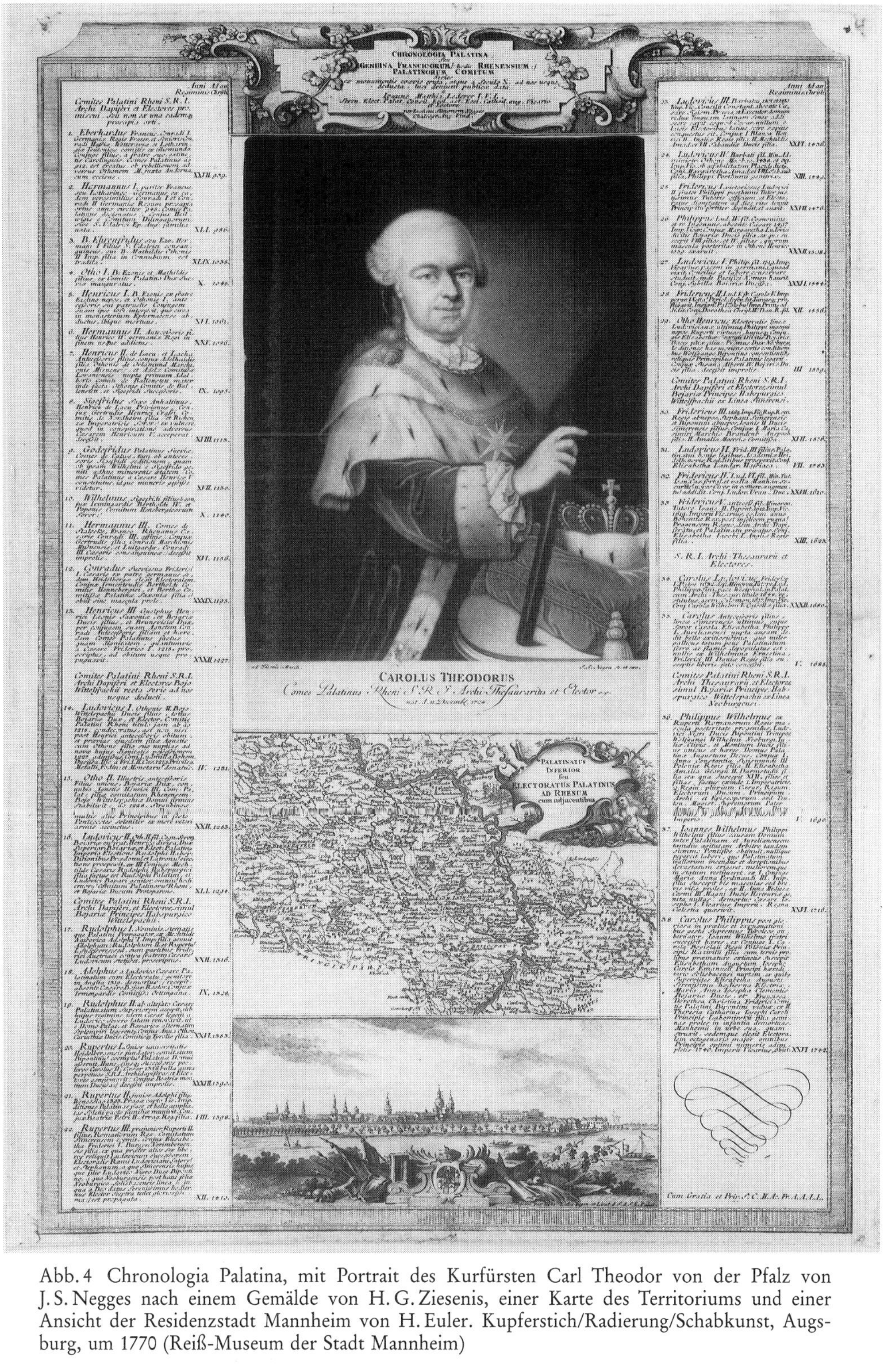

Abb. 4 Chronologia Palatina, mit Portrait des Kurfürsten Carl Theodor von der Pfalz von J. S. Negges nach einem Gemälde von H. G. Ziesenis, einer Karte des Territoriums und einer Ansicht der Residenzstadt Mannheim von H. Euler. Kupferstich/Radierung/Schabkunst, Augsburg, um 1770 (Reiß-Museum der Stadt Mannheim)

Abb. 5 Gesamtansicht der kurpfälzischen Residenzstadt Mannheim um die Mitte des 18. Jahrhunderts. Kupferstich (2 Platten), Augsburg: Johann Friedrich Probst, Jeremias Wolff Erben, um 1755 (Reiß-Museum der Stadt Mannheim)

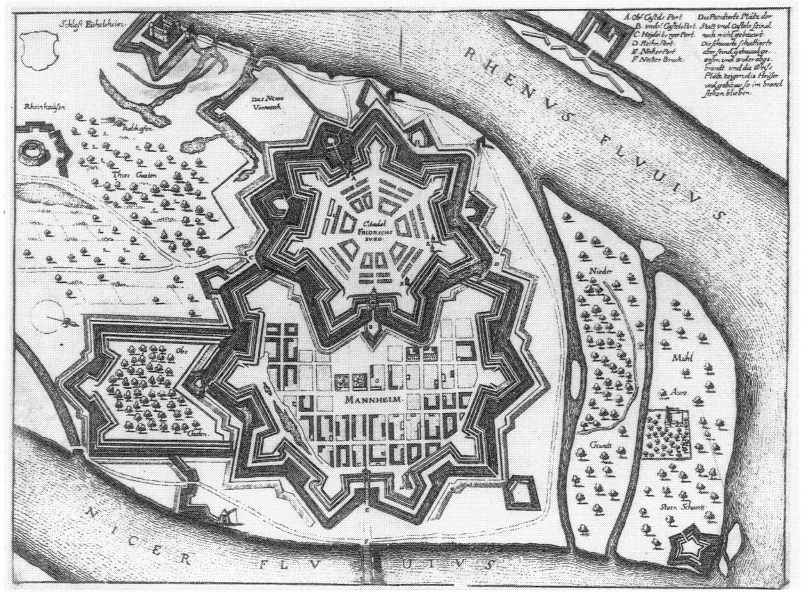

Abb. 6 Grundriß der Stadt Mannheim und der Zitadelle Friedrichsburg vor der Zerstörung 1622. Kupferstich von Matthäus Merian, 1645 (Reiß-Museum der Stadt Mannheim)

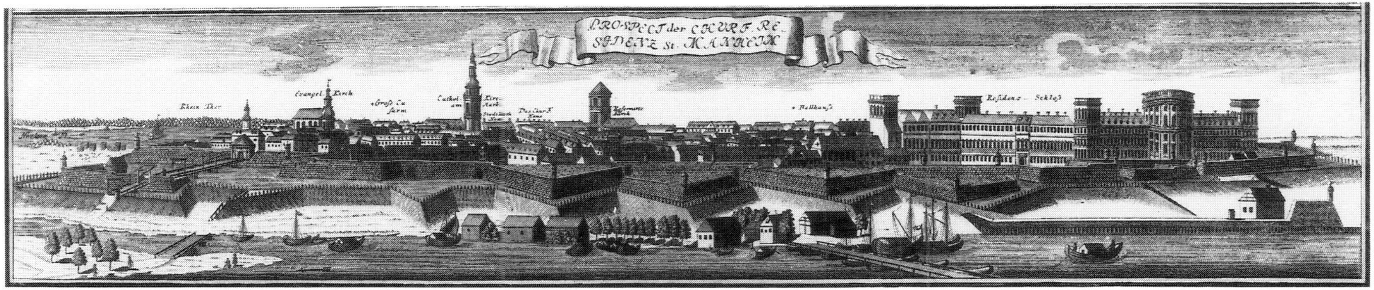

Abb. 7 »Prospect« der kurfürstlichen Residenzstadt Mannheim. Kupferstich nach der zeichnerischen Aufnahme von F. B. Werner aus dem Jahre 1729, Nürnberg: Homann, 1735/41 (Reiß-Museum der Stadt Mannheim)

Abb. 8 Die Residenzstadt Mannheim von der Rheinseite. Federzeichnung, Tusche laviert, von Franz Karl van Douwe um 1735 (Kurpfälzisches Museum der Stadt Heidelberg)

Abb. 9 »Mannheim die Residenz-Stadt von Seiten des Rheins im Perspectiv anzusehen«. Radierung von Barthélemy de La Rocque, 1756 (Reiß-Museum der Stadt Mannheim)

Abb. 10 Ansicht der kurpfälzischen Residenzstadt Mannheim auf einem Kundschaftsformular der Mannheimer Zünfte. Kupferstich/Radierung von Egid Verhelst nach B. de La Rocque, um 1780 (Reiß-Museum der Stadt Mannheim)

Abb. 11 Köln aus der Vogelschau von Südwesten. Aquarell von Jakob Scheiner, 1896 (Kölnisches Stadtmuseum)

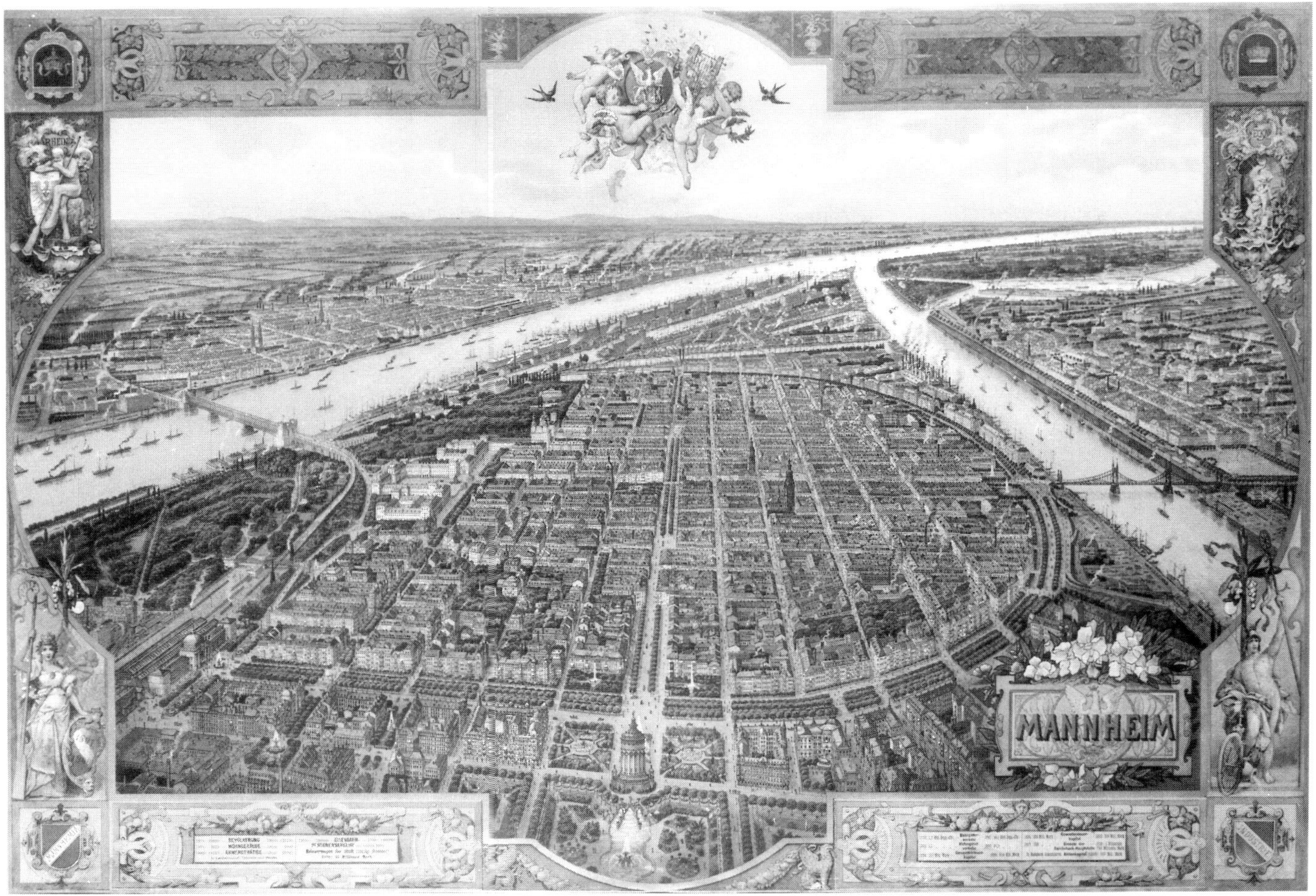

Abb. 12 Mannheim aus der Vogelschau von Osten. Farbdruck nach Entwurf von Karl Grote, Zürich: Orell und Füssli, 1899 (Reiß-Museum der Stadt Mannheim)

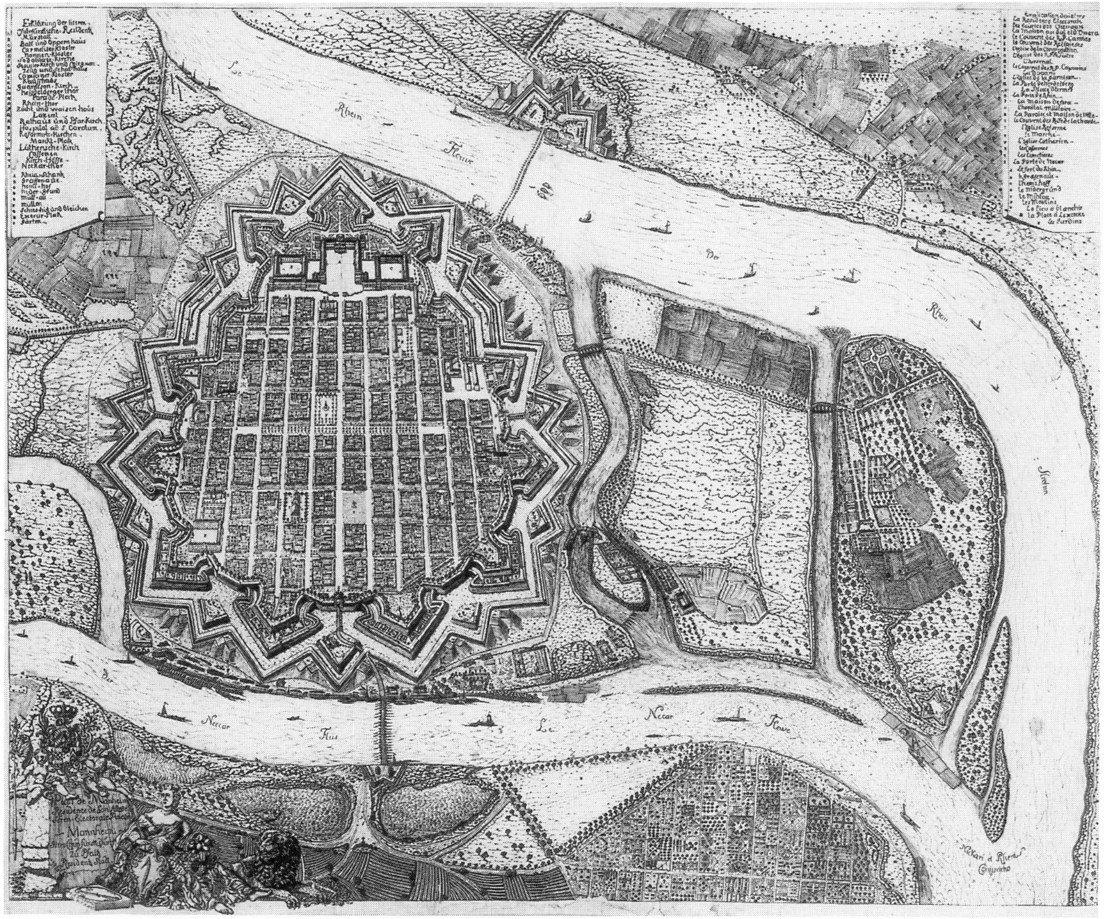

Abb. 13 Die Residenzstadt Mannheim aus der Vogelschau. Kupferstich von Joseph Anton Baertels, 1758 (Reiß-Museum der Stadt Mannheim)

Abb. 14 Mannheim aus der Vogelschau von Westen. Farbdruck nach Entwurf von Karl Grote, Zürich: Orell und Füssli, 1907 (Reiß-Museum der Stadt Mannheim)

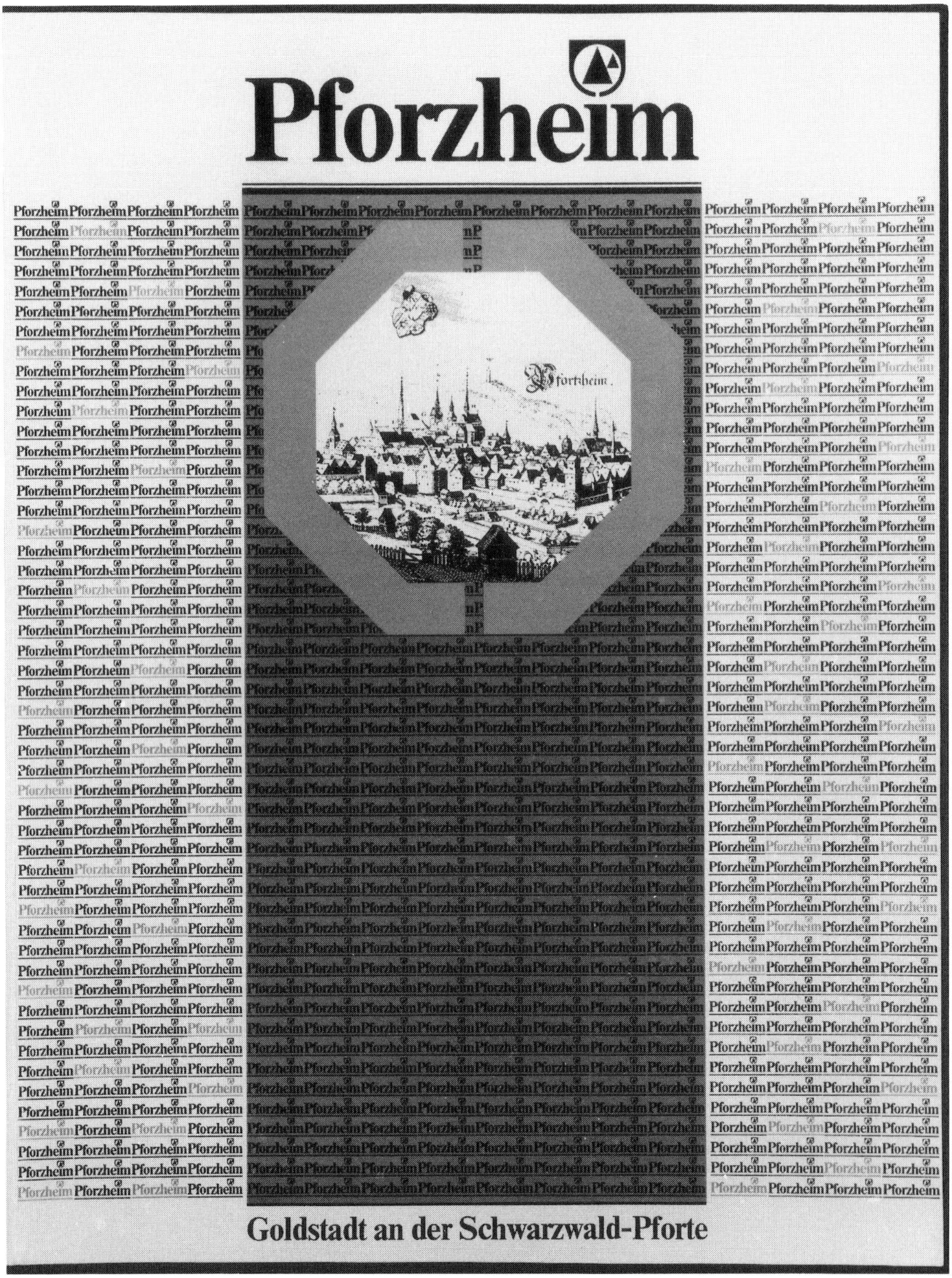

Abb. 15 Pforzheimer Stadtprospekte. Hg. von Stadt und Verkehrsverein Pforzheim, um 1992

haft oder gar nicht abgebildet. So haben etwa bürgerliche Bauten mit der großen Zahl ihrer Dächer zwar die Funktion, den Eindruck einer »volkreichen« und prosperierenden Stadt zu vermitteln, im gleichen Maße darstellungswürdig wie Schloß und Kirchen waren sie aber nicht.

Welche Verbindlichkeit diese Darstellungskonvention mit ihrer bildbeherrschenden Hervorhebung der Residenzbauten damals besessen haben muß, zeigt die Selbstverständlichkeit, mit der sie beispielsweise von den Zünften als Bildschmuck ihrer gedruckten Kundschaften übernommen wurde. Allerdings kam es bei solcher Verwendung gelegentlich zu einer bezeichnenden Bildredaktion, die an einem Beispiel kurz demonstriert werden soll: Um 1756 erschien in Mannheim ein großformatiges Blatt von Barthélemy de La Rocque, das die Rückkehr des Kurfürstenpaares Carl Theodor und Elisabeth Auguste in ihre Residenzstadt zum Thema hat (Abb. 9)[22]. In dieser Darstellung paradieren auf dem Rhein vor der Silhouette Mannheims gleich mehrere kurfürstliche Prunkjachten, die von zahlreichen festlich geschmückten Booten begleitet werden. In Nachen, die Aufschriften wie »Pro Electore« oder »Vivat Carolus Theodorus« zeigen, sorgt ein Orchester für musikalisches Divertissement. Am Ufer oder im Kavaliersnachen nimmt die versammelte Hofgesellschaft an der feierlichen Einholung des kurfürstlichen Paares teil und verleiht dem Ereignis Glanz und Gepränge eines höfischen Festes. Das in jeder Hinsicht sehr aufwendig gestaltete Blatt zeigt Mannheim also in einem Augenblick, in dem es seine damalige Bestimmung, Residenz eines Kurfürsten zu sein, in besonders sinnfälliger Weise erfüllte.

Ausgerechnet diese Stadtansicht schmückte – allerdings in wesentlich kleinerem Format und mit vollkommen ausgewechselter Vordergrundstaffage – mehr als 40 Jahre lang Arbeitsattestate wandernder Handwerksgesellen (Abb. 10)[23]. Geschickt für den neuen Zweck adaptiert, zeigte sie nunmehr – statt höfischer »Lustbarkeit unter Segeln« auf dem Rhein – im Vordergrund Schiffer zwischen Fässern und Anker sowie Männer beim Fischfang. Solche Bildredaktionen, so frappierend sie auf den ersten Blick wirken mögen, bestätigen freilich vor allem eines: die unbestrittene Geltung eines repräsentativen Darstellungstyps im 18. Jahrhundert, dessen Allgemeinverbindlichkeit erst im 19. Jahrhundert in Frage gestellt werden sollte.

Im 19. Jahrhundert hat sich Funktion und Thematik der Stadtdarstellung grundlegend gewandelt. Mit der gemalten Vedute verschwand damals eine einst hochgeschätzte Bildgattung vom Kunstmarkt. Die graphische Stadtansicht erfreute sich dagegen zunächst weiterhin ungebrochener Beliebtheit, was wohl nicht zuletzt mit der zunehmenden Reisetätigkeit zusammenhing. Die rege Nachfrage begünstigte allerdings die Produktion von Massengraphik, die durch neue Druckverfahren wie Lithographie, Holz- oder Stahlstich technisch möglich geworden war – ein Trend, der sich aus kunsthistorischer Sicht als Niedergang der Gattung darstellte. Schließlich erwuchs jedoch auch der zeichnerischen topographischen Aufnahme in der Photographie ein ernstzunehmender Konkurrent, und am Jahrhundertende löste die Postkarte das Reisebild in der Gunst des Publikums ab.

22 Zu Blatt und Künstler vgl. Mannheimer Stadtansichten (wie Anm. 19), Nr. 14, S. 32 ff.

23 Klaus Stopp, Die Handwerkskundschaften mit Ortsansichten. Beschreibender Katalog der Arbeitsattestate wandernder Handwerksgesellen, Bd. 4, Stuttgart 1983, D 315.

Gleichwohl ist die Tradition der Stadtschilderung weder in der Malerei noch in der Graphik im 19. Jahrhundert abgerissen, auch wenn diese mit der klassischen Vedute kaum noch etwas gemein hat und Wege geht, die hier nicht weiter verfolgt werden können[24]. Hervorzuheben ist immerhin, daß Gesamtdarstellungen erheblich an Bedeutung verloren, was auch – aber sicher nicht allein – mit der Entfestigung der Städte zusammenhängt, die den Siedlungen ihren geschlossenen Charakter nahm. Eine Form der Gesamtdarstellung allerdings, die bislang wenig beachtet wurde, im Rahmen des Tagungsthemas aber relevant erscheint, erfreute sich damals ungebrochener Popularität: das große Übersichtsbild aus der Vogelschau, jetzt als Selbstdarstellung der Industriestadt des ausgehenden 19. Jahrhunderts.

Die Vogelschauperspektive gewann in der zweiten Hälfte des 19. Jahrhunderts neue Verbreitung. Sie wurde beispielsweise für die Darstellung von Industrieunternehmen auf Geschäftspapieren oder in der Werbung außerordentlich geschätzt. Denn nicht nur einzelne Fabrikgebäude und Betriebsanlagen, sondern das Werk in seinem gesamten Umfang konnte auf diese Weise vorteilhaft präsentiert werden. Daß indessen industrielle Großstädte mit ihren riesigen Siedlungsflächen sich ebenfalls für diesen Darstellungstyp entschieden, mag auf den ersten Blick überraschen und vielleicht anachronistisch anmuten. Tatsächlich aber war dies ein später Versuch, mit graphischen Mitteln das Stadtganze noch einmal bildhaft anschaulich zu machen. Denn solche Vogelschauansichten haben, wenn sie die Stadt – vor allem die weit in die Umgebung ausgreifende Großstadt – auch schon nicht mehr als Ganzes abzubilden vermochten, doch überzeugend die Fortsetzung des Siedlungsgebiets in den nicht mehr sichtbaren Raum glaubhaft gemacht und damit geschickt eine Totalschau suggeriert.

Bei Darstellungen dieser Art handelt es sich durchweg um Auftragsarbeiten der Kommunen. Ausgeführt wurden sie meist von Ateliers technischer Zeichner mit Kenntnissen im Vermessungswesen, aber auch von Künstlern, die sich darauf spezialisiert hatten, Vogelschaudarstellungen vom Stadtplan her zu entwickeln. Eine Luftaufnahme – etwa von einem Ballon aus – war dazu nicht erforderlich. In Einzelheiten sind Tätigkeitsbereiche und Arbeitsweise solcher Auftragsateliers des 19. Jahrhunderts allerdings bisher noch kaum untersucht.

Zu den bekanntesten damals entstandenen Vogelschaubildern gehören die Darstellungen der Stadt Köln von Jakob und Wilhelm Scheiner[25]. 1886 erhielten die Scheiners den offiziellen Auftrag, den Kölner Stadterweiterungsprozeß im Bilde festzuhalten. 1881 hatte die Stadt die Festungsanlagen von der preußischen Militärverwaltung erworben, im gleichen Jahr noch wurde mit dem Abbruch der Stadtmauer begonnen. Fünf Jahre später hielt man die Zeit für gekommen, die Veränderungen bildlich zu

24 Joseph A. Schmoll gen. Eisenwerth, Die Stadt im Bild. Eine Skizze zum Darstellungswandel im Prozeß der Großstadtbildung, in: Ludwig Grote (Hg.), Die deutsche Stadt im 19. Jahrhundert. Stadtplanung und Baugestaltung im industriellen Zeitalter, München 1974 (Studien zur Kunst des 19. Jahrhunderts, Bd. 24).

25 Jakob Scheiner (1820–1911) und sein Sohn Wilhelm (1852–1922) arbeiteten seit 1883 gemeinsam in Köln. Vgl.: Jakob und Wilhelm Scheiner. Bilder zur Kölner Stadtentwicklung zwischen 1872 und 1922. Ausstellungs-Katalog des Kölnischen Stadtmuseums, bearb. von Uwe Westfehling, Köln 1978; Uwe Westfehling, Köln um die Jahrhundertwende in Bildern von Jakob und Wilhelm Scheiner, Köln 1979.

dokumentieren. Die Scheiners haben 1886 in einem ungewöhnlich großen Aquarell die gesamte Stadt von Südwesten aufgenommen und 1896 denselben Blick auf Köln mit der inzwischen fortgeschrittenen Bebauung in einer weiteren großen Überblicksdarstellung festgehalten (Abb. 11).

Beide Vogelschaubilder wurden und werden wegen ihrer geradezu photographischen Genauigkeit geschätzt, beide waren sie in ihrer bildmäßigen Wirkung und ihrer Farbigkeit jeder damaligen Photographie überlegen. Das dürfte auch ein wesentlicher Grund dafür gewesen sein, daß man sich in Köln für diese Darstellungsform entschied, obwohl die Herstellung eines solchen Blattes außerordentlich aufwendig und langwierig war. Die Arbeiten für das 1896 entstandene Vogelschaubild nahmen beispielsweise ein volles Jahr in Anspruch[26].

Als man sich in Mannheim gegen Ende des Jahrhunderts ebenfalls entschloß, eine repräsentative graphische Darstellung der Stadt in Auftrag zu geben, ging es wohl auch – aber nicht allein – um Dokumentation. Mannheim, das sich nach dem Wegzug des Hofes im Jahre 1778, dem Verschwinden der Kurpfalz von der politischen Landkarte und dem Übergang der Stadt an Baden von einer typischen Residenz- zu einer bedeutenden Hafen- und Handelsstadt gewandelt hatte, war inzwischen zu einer industriellen Großstadt geworden. An der Schwelle zum neuen Jahrhundert sollte in einer bildlichen Selbstdarstellung stolz Bilanz gezogen werden, wobei eine Verwendbarkeit dieser Darstellung für die Stadtwerbung von vornherein ins Auge gefaßt wurde.

Wie selbstverständlich entschied man sich 1897 für eine Wiedergabe aus der Vogelschau und knüpfte damit an eine alte, in Mannheim seit dem 17. Jahrhundert beliebte Form der Stadtdarstellung an, folgte aber vor allem wohl dem erwähnten modischen Trend. Der Auftrag wurde an Karl Grote vergeben, der in Hannover als Zeichner von Vorlagen zu Xylographien mit lokaler Thematik hervorgetreten war[27], sich später aber auf Vogelschauansichten von Städten und Industrieanlagen spezialisiert hatte. So legte er Ansichten dieser Art unter anderem von Hannover, Darmstadt und Karlsruhe vor.

Auf seiner Darstellung von Mannheim (Abb. 12), die 1899 in 2000 Exemplaren beim Züricher Artistischen Institut und Verlag Orell und Füssli im Druck erschien, präsentiert Grote die Stadt von Osten. Damit weicht er deutlich von den älteren Vogelschauansichten ab, die – wie beispielsweise die berühmte Darstellung von J. A. Baertels aus dem Jahre 1758 (Abb. 13) – Mannheim stets vom Neckar, also von Norden her zeigen, eine Darstellungskonvention, die noch bis 1850 unbestrittene Gültigkeit besaß. Aus diesem Blickwinkel erschien das Schloß mit seiner weitausgreifenden Architektur als Richtpunkt, ja geradezu als Bekrönung der gesamten Stadtanlage.

1899 dagegen hat dieses Schloß seine zuvor stets bildbeherrschende Position eingebüßt. Der Betrachter hat Mühe, die durch perspektivische Verkürzung fast unkenntlich gewordene Anlage auf Grotes Vogelschauansicht überhaupt noch auszumachen. Aber nicht nur das an den Rand gerückte Schloß ist damit seiner ursprünglichen Wirkung

26 Katalog Scheiner (wie Anm. 25), S. 16.
27 Freundliche Mitteilung von Dr. F. R. Zankl, Historisches Museum am Hohen Ufer, Hannover. – Karl Grote (1839–1907) ließ sich nach einem Studium in München und Stuttgart, wo er sich der Lithographie zuwandte, in Hannover nieder.

beraubt, sondern mit ihm treten auch die meisten Monumentalbauten des 18. Jahrhunderts wie Rat-, Kauf- oder Zeughaus nicht mit ihrer charakteristischen Fassaden, sondern nun in ungewohnter Weise mit ihrer wenig repräsentativen, teilweise geradezu unansehnlichen Seitenansicht in Erscheinung.

Der Wechsel der Blickrichtung hat angesichts des städtebaulich beherrschenden Strukturschemas der Quadrate indessen noch weitere Konsequenzen: Mit großer optischer Überzeugungskraft weist der Tiefenzug von Mannheims schnurgeraden Parallelstraßen statt zum Schloß nun nach Westen, wo im Mündungsdreieck von Rhein und Neckar die ausgedehnten Anlagen eines Hafens sichtbar werden, der damals bereits der zweitgrößte Binnenhafen des Kontinents war. Dieser Hafen mit seinen Lagerhäusern, Umschlageinrichtungen und seinem regen Schiffsverkehr ist hier in allen Einzelheiten wiedergegeben, obwohl das Gebiet aus der großen Distanz eigentlich nicht mehr genau wahrgenommen werden kann. Doch gemäß einem alten, seit den Anfängen graphischer Stadtdarstellung geübten Verfahren ist hier die perspektivische Sichtminderung zur Ferne hin nicht konsequent durchgeführt, so daß das Hafengebiet – wie mit dem Teleobjektiv aufgenommen – sich detailreich in scheinbarer Nahsicht präsentiert.

Noch dominierender erscheinen die Mannheimer Häfen auf einer weiteren Vogelschauansicht Karl Grotes, die die Stadt 1907 von Westen zeigt (Abb. 14)[28]. Anlaß für dieses neuerliche Stadtportrait war das Stadtjubiläum von 1907, das in Mannheim glanzvoll gefeiert wurde. Auf diesem Jubiläumsblatt gewinnen Größe und Modernität der Stadt noch deutlicher Gestalt als zuvor. Akzente der Zeit wie Häfen, Industrieanlagen, Verkehrsbauten etc. sind hier bis in kleinste Details wiedergegeben. Mit staunenswerter Akribie und einer scheinbar photographischen Exaktheit wird nicht nur die enorme Bautätigkeit im Zeichen fortschreitender Industrialisierung ins Bild gesetzt, sondern auch der beachtliche, mit dem ständig wachsenden Umschlag einhergehende Ausbau der Häfen. Rauchfahnen künden von Aktivität, industrieller Dynamik und Leistungsfähigkeit der Stadt; Eisenbahnen und Dampfschiffe beziehungsweise mächtige Schleppzüge auf Rhein und Neckar demonstrieren rege Handelstätigkeit.

Nicht immer vertraute die Stadtverwaltung allerdings aufs Bild allein, um Selbstbewußtsein und Fortschrittsoptimismus der Industriemetropole zum Ausdruck zu bringen. Auf dem Blatt von 1899 erscheinen am unteren Bildrand statistische Daten, die das Spektrum der durch die Darstellung bildlich vermittelten Aussage erweitern und differenzieren. Der Betrachter erfährt dort unter anderem, daß die Stadtbevölkerung sich in knapp drei Jahrzehnten mehr als verdreifachte, wobei die Zahl der Erwerbstätigen sich allein in den 13 Jahren zwischen 1882 und 1895 verdoppelte; er wird ferner darüber informiert, daß Wohnungsbau, Hafenumschlag wie auch Personen- und Güterverkehr der Bahn enorme Steigerungsraten aufwiesen und daß das Reinvermögen Mannheims nach Abzug der Schulden im Jahre 1898 35 Millionen Mark betrug.

Diese Statistik ist Teil einer Bildleiste, die die Vogelschauansicht der Stadt rahmt und die in bemerkenswertem Kontrast zu deren Realismusanspruch steht. Neben

28 Auch diese Darstellung wurde bei Orell und Füssli in Zürich gedruckt: *Die Kosten für 2000 photolithographische Abdrücke in der Bildgröße von 112x60 cm und 118x66 cm Papiergröße betrugen 3120 M* (Verwaltungs- und Rechenschaftsbericht der Großherzoglich Badischen Hauptstadt Mannheim für 1908, S. 287).

vielerlei traditionellem Dekor und zeittypischen Schmuckelementen zeigt dieser Rahmen oben Personifikationen von Rhein und Neckar. In den unteren Bildecken erscheinen die weibliche Gestalt der »Mannhemia« und – mit antiker Eule und modernem Zahnrad – die an ein Fahrrad gelehnte männliche Figur der »Industrie«. Über den rauchenden Schloten der Industriestadt schwebt eine Gruppe geflügelter Putten mit dem Mannheimer Stadtwappen, eine für die Zeit durchaus bezeichnende Kombination von realitätsbezogener und sinnbildlicher Darstellungsebene, die den Gesamteindruck solcher Blätter maßgeblich geprägt und sicher erheblich zu ihrer Beliebtheit beigetragen hat.

Daß sich Darstellungen dieser Art zudem als außerordentlich werbewirksam erwiesen, ist ein Faktum, das nicht außer acht bleiben darf. Großformatige Vogelschaubilder waren eine beliebte Form städtischer Selbstdarstellung und Werbung auf nationalen und internationalen Ausstellungen, aber man setzte sie gezielt auch an anderen Orten mit hoher Besucherfrequenz ein. So war Grotes Bild von Mannheim nicht nur auf verschiedenen in- und ausländischen Bahnhöfen zu sehen, sondern beispielsweise auch am Eingang zum Heidelberger Schloß[29]. In verkleinerter Schwarz-Weiß-Version erreichten diese Stadtportraits noch erheblich weitere Kreise. Immer wieder tauchen die beiden Vogelschaubilder damals in offiziellen Publikationen der Stadtverwaltung auf, ein Indiz, wie sehr die prosperierende Industriestadt Mannheim sich mit dieser Darstellungsweise identifiziert und sie als Selbstdarstellung geschätzt hat.

Zudem fanden die Überblicksbilder in Mannheimer Drucken unterschiedlichster Art Verwendung[30], sie kamen aber auch als Postkartenmotive auf den Markt. Das Vogelschaubild von 1899 wurde dabei gleich in mehreren Varianten gedruckt und, da es offenbar den Publikumsgeschmack traf und sich großer Nachfrage erfreute, in aktualisierten Fassungen über einen längeren Zeitraum verkauft.

Verdienste um Verbreitung und Vermarktung der beiden Vogelschaubilder hat sich vor allem der Mannheimer Verkehrsverein erworben. Dieser Verein, der sich in Mannheim nach mehreren gescheiterten Anläufen relativ spät – erst im Januar 1906 – konstituierte, hat die Werbestrategien der Stadtverwaltung beträchtlich intensiviert. Für »Reklame«- oder »Propagandazwecke«, wie man damals formulierte, setzte er in seiner Frühzeit vorzugsweise die beiden Stadtdarstellungen aus der Vogelschau ein und nutzte dabei möglichst die gesamte Palette der verfügbaren Werbemittel. So beteiligte sich der Verkehrsverein nicht nur am gezielten Versand der 2000 Exemplare des Groteschen Blattes von 1907[31], sondern sorgte beispielsweise auch dafür, daß diese Darstellung in verschiedenen Theatern in Berlin, Hamburg, Düsseldorf und Frankfurt *durch Projek-*

29 Ebd.; vgl. auch Verwaltungsbericht (wie Anm. 28) (für 1911), S. 309.

30 So findet sich Grotes Vogelschaubild von Mannheim beispielsweise in Broschüren der Mannheimer Hotelwerbung oder in Firmenschriften wie der um 1907 erschienenen Veröffentlichung »Zur Erinnerung an den Großabnehmer-Kongress der Sunlight Seifenfabrik G.m.b.H. Rheinau-Mannheim am 27. und 28. Juni 1907«.

31 Der Versand beschränkte sich übrigens keineswegs auf das Jubiläumsjahr 1907. Noch 1912 wurden *200 Exemplare des von der Stadtverwaltung zur Verfügung gestellten Vogelschaubildes ... an zweckdienliche auswärtige Adressen versandt*. Verwaltungsbericht (wie Anm. 28) (für 1913), S. 243.

tionsapparat zur Vorführung kam[32]. Er ließ ferner 10000 Reklamepostkarten mit diesem Motiv kostenlos an Firmen und private Interessenten verteilen. Selbstverständlich wurde das Vogelschaubild von 1907 als repräsentative Gesamtansicht der Stadt Mannheim auch in zahlreiche Veröffentlichungen des Verkehrsvereins aufgenommen. Mit geringfügigen Veränderungen erschien es bis 1914 in den verschiedenen Ausgaben der Stadtführer[33], aber auch in Informationsbroschüren über die Mannheimer Hafenanlagen – Publikationen, die gleichermaßen dem Fremdenverkehr wie der Wirtschaftswerbung dienten[34].

Vor allem aber zierte Grotes Vogelschaubild die Vorderseite eines vierseitigen Prospekts, worunter nun das kostenlos verteilte, bebilderte Faltblatt verstanden wurde, das mit hoher Auflage in breiter Streuung ein möglichst großes Publikum erreichen sollte. Bezeichnend ist, daß auf diesem Faltprospekt das Vogelschaubild Mannheims zwar noch als dekorativer, farbiger Blickfang genutzt wird, daß die eigentliche Präsentation der Stadt im Innern des Prospekts jedoch bereits anderen Gesetzen folgt[35]. Hier deutet sich in der Werbung ein Wandel an, den Malerei und Graphik lange vorbereitet hatten mit ihrer Abkehr vom repräsentativen Überblick über die gesamte Stadt und ihrer Vorliebe für die nahsichtige, ausschnitthafte Stadtansicht. Auch die Werbung zog nun Konsequenzen aus der Tatsache, daß die moderne Großstadt weder mit einer charakteristischen Schauseite noch aus der Vogelschau als Ganzes noch angemessen zu erfassen ist, daß Gesamtansichten also ihre einstige Aussagekraft verloren hatten. Die Prospektwerbung setzte folgerichtig auf den repräsentativen »Ausschnitt«, auf ein Pars-pro-toto-Verfahren, bei dem neben dem werbewirksamen Slogan vor allem dem »Wahrzeichen« mit seinem Erkennungseffekt eine immer größere Bedeutung zuwuchs. In Mannheim war es der Wasserturm, der damals zum Rang eines Wahrzeichens aufstieg[36] und in dieser Funktion bis heute auf Prospekten der Stadt figuriert.

Im modernen Prospekt wurde das Bild der Stadt also nicht mehr als Ganzes präsentiert, sondern in einer wohlüberlegten Abfolge sorgsam ausgewählter Aus-

32 Verwaltungsbericht (wie Anm. 28) (für 1908), S. 288.

33 Beispielsweise wurde in den »Führern durch Mannheim« von 1912 und 1913 oder dem »Guide de Mannheim« von 1914 die Jahreszahl »1907« in der Himmelszone der Stadtdarstellung getilgt, um größere Aktualität vorzutäuschen, als fünf bis sieben Jahre nach dem Erscheinen von Grotes Vogelschaubild tatsächlich gegeben war.

34 Daß der Verkehrsverein mit dem Vogelschaubild nicht nur für Hafenrundfahrten der Touristen warb, sondern auch potentielle Investoren zu überzeugen suchte, hängt mit der Tatsache zusammen, daß bis zur Einrichtung eines städtischen Hafen- und Industrieamts im Jahre 1913 auch Wirtschaftswerbung zu den Aufgaben des Mannheimer Verkehrsvereins gehörte.

35 Verwaltungsbericht (wie Anm. 28) (für 1908), S. 287: Der Verkehrsverein ließ *einen vierseitigen Prospekt in 10000 Exemplaren herstellen, dessen Vorderseite das farbige Vogelschaubild unserer Stadt zeigt, während die anderen Seiten einen kurz gefaßten Rundgang durch Mannheim und allgemeine Anhaltspunkte enthalten.*

36 Daß von der modernen Architektur Mannheims gerade der Wasserturm als *gewaltiges Symbol des Elementes, dem Mannheim so viel verdankt*, zum Wahrzeichen wurde, lag einerseits sicher an seiner monumentalen Bauform und der damit verbundenen optischen Dominanz, andererseits aber wohl auch an seinem Standort zwischen der historischen Quadratestadt und dem östlichen Stadterweiterungsgebiet und seiner zentralen Rolle in den Feierlichkeiten des Jubiläumsjahres 1907.

schnitte sukzessiv entfaltet. Die Photographie mit ihrer vermeintlich höheren Authentizität lief dabei der graphischen Darstellung recht schnell den Rang ab. An die Stelle der einstigen repräsentativen Gesamtansicht der Stadt trat demnach ein Vorstellungsbild, das systematisch aus charakteristischen Einzelelementen aufgebaut und werbewirksam propagiert wurde. Daß in der modernen Prospektwerbung der historische »Prospectus« als Zitat aber durchaus Verwendung finden kann, zeigt ein aktuelles Beispiel aus der Tagungsstadt Pforzheim (Abb. 15), womit sich der Kreis unserer Betrachtung schließt: Der Prospectus Merianscher Provenienz wird als visueller Beweis einer bedeutenden Vergangenheit imagebildend eingebunden, in den modernen »Prospekt« der Stadt.

Das Lüneburger Ratssilber –
Patrimonium einer Hansestadt

VON STEFAN BURSCHE

Unser Begriff von »Repräsentation« als Darstellung eines gehobenen gesellschaftlichen Status durch auf Wirkung nach außen bedachten Aufwand ist wesentlich geprägt von Bräuchen, die sich seit der Renaissancezeit im höfischen Bereich entwickelten. Um so weniger sind uns heute die auf einem anderen Selbstverständnis beruhenden Würdeformen der mittelalterlichen Stadt vertraut. Die Ratssilberschätze bilden hier eine wichtige historische Quelle; sie lassen sich seit dem 14. Jahrhundert in zahlreichen Städten des deutschsprachigen Raums und der Niederlande nachweisen. Mit der Ausnahme von Lüneburg haben davon aber nur wenige kleine Ensembles und Einzelstücke die Einschmelzungen überstanden, und man kann sich von ihrem einstigen Umfang und Glanz nur durch Beschreibungen in Inventaren ein Bild machen. Von Beginn an kamen ihnen verschiedene Funktionen zu: Zum einen dienten sie als Tafelgerät, wobei es sich in der Hauptsache um Trinkgefäße und Schalen handelte, zum anderen stellten sie Erinnerungsstücke dar, spielten auf politische oder religiöse Ereignisse an oder wurden bei bestimmten Zeremonien und Rechtsakten benötigt.

Daß ihre Wertschätzung keineswegs allein materieller Art war, wird durch einen bemerkenswerten Beschluß des Lüneburger Rats aus dem Jahr 1476 belegt, das Silber niemals, außer in der größten Not, zu veräußern: *dat men neyne cleynode, se syn klene edder grot, de demsulven rade to der stadt eren van sulverwercke gegeben und geschencket werden, neynewiis wedder vorandern, vorschencken edder van dem radhusse vorgeven scall, sunder scollen dar ewigen bliven in, id enwere denn dat den radt und de stadt de utherste noed darhen drünge, dat men dar upp van der grotesten noed wegen gripen moste, dat got almechtich ymmer affkeren mote.* Verbindlich war dieser Beschluß bis ins 19. Jahrhundert, und ihm ist es auch zu verdanken, daß das Lüneburger Ratssilber in seinen wichtigsten Stücken erhalten geblieben ist. Mit ihnen waren allgemeine Erinnerungen und Vorstellungen verbunden, die ganz wesentlich die Stadt und ihre führenden Institutionen betrafen und bis in die Gründungsphase vornehmlich nordeuropäischer Städte im hohen Mittelalter zurückreichen. Bestimmt von Schwurverbänden, Kaufmannsgilden, Zünften und religiösen Bruderschaften, war für diese Vereinigungen neben dem Eid die gemeinschaftsstiftende und gemeinschaftserhaltende Funktion ritueller Mahle und Trinkgelage, des Kultes und des Totengedächtnisses konstituierend. Letzteres hat sich zum Beispiel in norddeutschen Hansestädten in dem bis in römische Zeit zurückreichenden, der Totenehrung mit Mahl dienenden Fest Petri Stuhlfeier, das auf den 22. Februar fällt, manifestiert. Zugleich Feier des Amtsantritts Petri als Bischof in Rom, diente es der Amtseinführung neuer

Ratsmitglieder und war damit auch Zeichen der Legitimation der Ratsgewalt. In Lüneburg gründete diese aber vor allem in einer ungebrochenen Tradition, beschworen im Gedenken an verstorbene Ratsmitglieder, die mit ihren geistigen Vermächtnissen in Stiftungen an den Rat lebendig blieben. Die eigene Geschichte veranschaulichend, war das Ratssilber zum Patrimonium einer Führungsschicht geworden, die über Jahrhunderte, wie kaum anderswo, die Geschicke der Stadt bestimmt hat.

Wie die Zusammensetzung des Lüneburger Ratssilbers zeigt – und dies gilt allgemein für die Gattung – diente es vor allem Umtrünken und der Darbietung von Konfekt. Eigentliches Eßgeschirr hat es niemals enthalten, vielmehr war es üblich, solches bei größeren Festmählern auszuleihen. Wir wissen kaum etwas über die näheren Umstände des Gebrauchs noch über die Präsentationsformen in der Öffentlichkeit. Aus der Art der Unterbringung in dem relativ kleinen, weitgehend unverändert erhaltenen Alten Ratssaal im Lüneburger Rathaus möchte man allerdings schließen, daß nur wenige Menschen das Silber überhaupt zu Gesicht bekamen. Aufbewahrt wurde es in drei Wandschränken, sogenannten Schenkschiven, deren mittlerer Teil wie bei einem Schreibsekretär heruntergeklappt werden und als Stellfläche dienen kann. Wesentlich war eben nicht allein das Zurschaustellen materiellen Reichtums, sondern die Aura des Ehrwürdigen, die seine Gegenstände umgab und sie so zu Insignien der Macht werden ließ. Daß dies einem verbreiteten Verständnis entsprach, mögen Abbildungen von stufenförmigen Silberbuffets belegen, die etwa bei den Krönungsfeierlichkeiten im Frankfurter Römer aufgestellt wurden: Jeder der Kurfürsten hatte wie der Kaiser seine eigene Kredenz, wobei jenen drei, diesem fünf Stufen zustanden. Der Brauch hat sich übrigens bis zum Ende des Alten Reichs erhalten.

Vom Lüneburger Ratssilber sind 39 Stücke überliefert. Dabei bilden 17 Pokale, zwei Becher und ein Trinkhorn gegenüber elf Schalen, zwei Gießgefäßen, einem Gießbecken und zwei Bestecken die größte Gruppe. Einst war der relative Anteil von Schalen erheblich höher. Um 1600, als das Ratssilber seinen größten Umfang erreichte, standen 50 Pokale und Becher rund 100 Schalen und einer größeren Anzahl von Bier- und Weinkannen, kleinen Trinkbechern, Becherschrauben, Bestecken, einigen Salzfässern sowie Gießgeräten für Handwaschungen gegenüber. Aufschlußreich ist die Herkunft der Stücke: Nach einem Inventar von 1598, das Nachträge bis zum Jahr 1611 enthält, wurden von 253 Stücken 81 vom Rat selbst angeschafft, ein Pokal wurde von Herzog Friedrich an die Stadt geschenkt, 53 gaben Patrizier, acht Geistliche, elf Beamte, vier gingen durch testamentarische Verfügungen an die Stadt, und der Rest stammte von Bürgern. Bei den vom Rat erworbenen Arbeiten handelte es sich in der Hauptsache um Gebrauchsgeräte, aber auch um solche, die für die sogenannte Schenkbank, das heißt für Ehrengaben an hochgestellte Persönlichkeiten, bestimmt waren. Diese allgemein verbreitete Sitte diente vor allem politischen Zwecken. Besonders Lüneburg hat mit derartigen, in viele Richtungen gehenden Geschenken versucht, seine stets ungesicherte Lage zu festigen. Dabei wurde hin und wieder, wenn kurzfristig kein angemessenes Geschenk zu beschaffen war, entgegen dem Ratsbeschluß von 1476 selbst der unveräußerliche Bestand nicht geschont. Um ihm trotzdem zu genügen, sind solche Stücke dann nachgearbeitet worden.

Den schmerzlichsten Verlust erlitt das Lüneburger Ratssilber im Dreißigjährigen

Krieg. Um die Stadt vor der Plünderung durch schwedische Truppen zu schützen, mußte der Rat im Jahr 1636 in »äußerster Not« den größten Teil des Ratssilbers verkaufen. Es verblieben nur 45 Stücke, bei denen es sich aber offenbar um diejenigen handelte, die sowohl durch ihre Gestaltung und ihre inhaltliche Bedeutung als auch durch das Gedächtnis an die damit verbundenen Personen aus der großen Zeit Lüneburgs dem Rat besonders teuer waren. Nach einigen weiteren Abgaben war der Bestand bereits 1694 auf die uns heute bekannten Stücke reduziert worden. Bis auf einen großen Pokal, der Herzog Georg Ludwig 1706 als Huldigungsgeschenk überreicht wurde und noch erhalten ist, konnte die Stadt das Ratssilber die folgenden 180 Jahre unverändert bewahren. Erst schwindendes Traditionsbewußtsein – viele der führenden Lüneburger Familien wanderten ab oder starben aus – ließ Nützlichkeitsdenken, das den Schatz als totes Kapital ansah, die Oberhand gewinnen. Trotz zahlreicher auch von außerhalb Lüneburgs vorgebrachter Einwände und Proteste, die sich nicht zuletzt auf die sich überall regenden historistischen Bestrebungen berufen konnten, war der Verkauf an den Preußischen Staat im Jahr 1874 nicht mehr zu verhindern. Seither befindet sich das Ratssilber bis auf drei Stücke im Berliner Kunstgewerbemuseum.

So klein das erhaltene Ensemble gegenüber dem ursprünglichen Bestand ist, umfaßt es doch erstaunlich viele Form- und Funktionstypen, die zudem mit zahlreichen Inschriften und Bildprogrammen versehen sind. Zusammen mit einem umfangreichen, in Lüneburger Archiven verwahrten Quellenmaterial gibt es über den hier angedeuteten Rahmen hinaus wichtige Einblicke in kunst- und kulturhistorische Zusammenhänge im Spätmittelalter und in der Renaissancezeit. Entstanden zwischen der Mitte des 15. und dem Anfang des 17. Jahrhunderts, kamen die Arbeiten mit wenigen Ausnahmen aus Werkstätten Lüneburger Goldschmiede. Auftragnehmer der anspruchsvollen Führungsschicht einer durch das Salz zu Wohlstand gelangten Stadt konnten sich diese in künstlerischer und handwerklicher Hinsicht durchaus mit Goldschmiedezentren wie Nürnberg oder Augsburg messen.

Die wichtigsten Stücke des Lüneburger Ratssilbers sollen im folgenden vorgestellt werden. Relativ zahlreich sind Beispiele mit christlicher Motivik, ja sakralen Formen vertreten. Eindeutig sakraler Bestimmung ist eine gegen 1510 entstandene, 69 cm hohe Marienstatue. Sie geht auf einen bedeutenden – vermutlich Lüneburger – Bildhauer zurück, der, wie es üblich war, ein Holzmodell für den Goldschmied geliefert haben dürfte. Die prächtig gekleidete Maria ist mit einer aus durchbrochenem Blattwerk gebildeten Krone versehen und trägt das wie thronend sitzende Christuskind auf dem Arm. In der Rechten hält sie einen Zweig mit Blüten und Birnfrüchten, die hier wohl als Fruchtbarkeitssymbol zu verstehen sind. Im achtseitigen, mit Maßwerk und Fialen verzierten Sockel befinden sich, sichtbar hinter Marienglas, Reliquien der Heiligen Katharina, Veit, Vinzenz, Stephanus und Ansgar. Das Werk stammt aus der Lüneburger Hauptkirche St. Johannis und kam erst 1573 in den Besitz des Rates der Stadt, als infolge der Reformation die Kirchenschätze aufgelöst und, soweit aus Edelmetall, größtenteils eingeschmolzen wurden. Zum Ratssilber hat die Statue anfangs nicht gehört, denn in den darauf bezüglichen Inventaren wird sie erst seit dem Jahr 1671 genannt. Über die Umstände des Erwerbs ist uns nichts bekannt, doch lassen die noch in vorreformatorische Zeit zurückreichenden Besitz- und Interessenverflechtungen zwischen Stadtgemeinde und Kirche vermuten, daß neben finanziellen Erwägungen noch andere Motive bestimmend waren. Vielleicht gehörte das Werk einst einer Gilde oder geistlichen Bruderschaft, von denen viele eigene Altäre in der Kirche unterhielten. Für den konservativen Rat, von dessen Mitgliedern nicht wenige länger am alten Glauben festhielten, könnte hier ein Motiv gelegen haben, historisches Bewußtsein zu demonstrieren. Allerdings lehnte die protestantische Lehre die Marienverehrung keineswegs ab, und so wäre es durchaus denkbar, daß die Statue auch bei den Gottesdiensten des Rates, die in der neben dem Rathaus gelegenen Kirche des ehemaligen Franziskanerklosters – übrigens einer Marienkirche – abgehalten wurden, noch eine Funktion besessen hat.

Der sogenannte Hilgenschrein oder Bürgereidkristall (Abb. 1), ein kleines Gerät von 24,5 cm Höhe, ist das älteste erhaltene Stück des Ratssilbers. Er wurde 1443 vom Lüneburger Goldschmied Hans Lafferde gearbeitet und im ältesten Rechnungsband der Stadt als erste Eintragung verzeichnet: *To dem ersten leten wi maken einen suluern Hilgenschryn, da de borgere up to swerende pleget.* Er diente also der Vereidigung von Neubürgern und neu eingeführten Ratsmitgliedern und gehörte wie die Marienfigur nicht zum eigentlichen Ratssilber. In der Form einer gotischen Kapelle ist der Bürgereidkristall an den Typus großer kirchlicher Reliquienschreine angelehnt. Auf dem Dach befindet sich die von zwei Engeln gehaltene Reliquienkapsel, darunter die Inschrift: *ITE:VENITE* und *BENEDICTI PATRIS MEI*, das heißt nach Matthäus 25,34/41« *Gehet hin von mir, ihr Verfluchten* und *Kommt her, ihr Gesegneten meines Vaters* – ein mahnender Hinweis auf die Scheidung der Gerechten und der Verfluchten beim Jüngsten Gericht.

Die Reliquien sind schon in der Reformationszeit entfernt worden, statt dessen legte man ein kleines Exemplar des Neuen Testaments in den Kasten. Das aus getriebenem und gegossenem Silber bestehende Reliquiar ist teilweise vergoldet und emailliert und mit farbigem Glas besetzt. Entsprechend seiner auf Recht und Gericht bezogenen Bestimmung sind auch die figürlichen Darstellungen auf den Wandungen des Schreins zu deuten. An der Vorderseite thront Christus in der Mandorla, umgeben von den Evangelistensymbolen. Fürbittend sind ihm Maria und Johannes der Täufer zugewandt, flankiert von zwei Engeln, die zum Jüngsten Gericht blasen. Die Gegenseite zeigt die Kreuzigung Christi mit Maria und Johannes und vier Aposteln, während an den Schmalseiten der heilige Georg als Drachentöter und eine weibliche Heilige, wohl die hl. Ursula, die Lüneburger Stadtpatronin, erscheinen. Für die gewöhnlichen Eide dienten in Lüneburg noch zwei kleinere, vereinfachte Ausführungen des Bürgereidkristalls aus Holz.

In thematischer Hinsicht besteht ein Zusammenhang mit den Weltgerichtsbildern, die in zahlreichen mittelalterlichen Rathäusern und Gerichtsstätten im deutschsprachigen und im niederländischen Raum nachweisbar sind. Ein Beispiel findet sich auch im Lüneburger Alten Ratssaal. Die Vergegenwärtigung des »Letzten Urteils« sollte strenge und unbestechliche Gerechtigkeit gewährleisten, und im Hinblick darauf kam auch dem Bürgereid als für die mittelalterliche Stadtgemeinde konstitutiver Rechtsakt eine gar nicht hoch genug zu veranschlagende Bedeutung zu. Man schwor dabei durch das

Berühren von Reliquien, der Evangelien oder des Kreuzes und des Evangeliums. In Lüneburg wurde die Reliquie sichtbar präsentiert, wobei man sich mit dem Motiv des knienden Engelspaares einer verbreiteten Form bediente. Eidesreliquiare sind noch in einer Reihe von Hansestädten nachzuweisen, wo als Rechtsbuch lange der Sachsenspiegel galt und dessen Anweisung, den Eid auf das Heiltum abzulegen. Bekanntestes Beispiel ist der aus Messing gefertigte Schwurkasten in Tangermünde von 1461, der ebenfalls die Gestalt einer Kapelle hat. Ein sehr prächtiges Stück hat Hamburg besessen, wie einer Bilderhandschrift seines Stadtrechts von 1497 zu entnehmen ist. In Lüneburg ist das Eidesreliquiar übrigens noch weit bis in das 19. Jahrhundert in Gebrauch gewesen.

Zentrale Bedeutung bei den Lüneburger Ratsmählern dürften zwei prächtige, an Brunnenformen erinnernde Schalen (Abb. 2) von 31 beziehungsweise 32 cm Durchmesser besessen haben. Die eine, 1474 vom Lüneburger Goldschmied Cord Hagen hergestellt, zeigt als Flachrelief in ihrer Mitte den Weltenrichter, thronend auf dem Regenbogen, und die Weltkugel zu seinen Füßen. Eine umlaufende Schrift in gotischen Minuskeln bezieht sich wieder auf die schon beim Bürgereidkristall zitierte Stelle nach dem Matthäus-Evangelium. Die Stützen der Schalen werden von den vier Evangelistensymbolen gebildet, die auf einem an eine Stadtmauer mit Türmen und Zinnen erinnernden Kranz ruhen. Die zweite, 1476 entstandene Schale geht auf eine testamentarische Stiftung des Lüneburger Apothekers Matthias Must zurück, der ausdrücklich verfügte, daß sie in Anlehnung an die vorhergehende ausgeführt sowie ein weiteres Stück gearbeitet werden sollte. Es befanden sich zu dieser Zeit also drei derartige Schalen im Ratssilber. Tatsächlich besteht große Ähnlichkeit mit der Schale von 1474, nur erscheint an Stelle des Medaillons mit dem Weltenrichter das emaillierte Stifterwappen, und die vier Stützen sind als kirchenstuhlartige Gebilde mit Baldachinen gebildet, in denen die vier großen lateinischen Kirchenväter thronen: Hieronymus und Augustinus als Bischöfe mit einem Buch, Gregor mit der päpstlichen Tiara und Ambrosius mit einem großen Nagel, den er einem Löwen aus der Tatze zieht.

Für das auf den Schalen dargebotene Konfekt, klebrige, als *Krut* bezeichnete, vom Apotheker gelieferte Süßigkeiten, nach denen sie auch *Krutvatte* hießen, bediente man sich sogenannter *Krutschuffeln*. Zwei derartige, äußerst zierlich gearbeitete Bestecke aus dem Jahr 1480 haben sich im Ratssilber erhalten. Es handelt sich um dreizinkige Gabeln, die durch Aufschieben einer breiten Laffe in eine Art kleine Schaufel verwandelt werden können. Der Stil ist an seinem Ende mit einer männlichen Figur in gotischem Blattwerk geziert. Mit den beiden Schalen werden grundlegende Glaubenswahrheiten angesprochen: Der Hinweis auf das Jüngste Gericht bei der Evangelistenschale verbindet sich beispielsweise mit der Vorstellung vom Himmlischen Jerusalem (Mauerring), dem endzeitlichen Ort, der Stadt des Paradieses, die vom Strom des lebendigen Wassers durchflossen wird, der vom Thron Gottes und des Lammes ausgeht (Apok. 21 und 22), ein Zusammenhang, auf den auch die Brunnenform der Geräte anzuspielen scheint. Doch werden offenbar nicht allein Inhalte des Heilsgeschehens veranschaulicht, sondern es ist zudem auf das zentrale Sakrament der Kirche Bezug genommen, die Eucharistie, die Gegenwärtigsetzung des Opfers Christi. Versinnbildlicht wurde die Eucharistie allgemein durch die vier großen lateinischen Kirchenväter, mit denen deren grundlegende Lehre von der Transsubstantiation angedeutet ist, und durch weitere Vierergruppen, besonders die Evangelistensymbole, die Kardinaltugenden oder die Personifikationen der Paradiesflüsse. Hier scheinen Vorstellungen auf, die nicht nur auf das bruderschaftliche Mahl eines kleinen Kreises beschränkt waren, sondern, wie schon angedeutet, auf die ganze, als »Sakralgemeinschaft« verstandene Kommune übertragen wurden.

Kurz nach den beiden großen Konfektschalen entstanden drei weitere Schalen ähnlicher Größe und Gestaltung. Wichtiges Motiv ist ein in der Mitte sich erhebender Hügel, auf dem, umgeben von einem minutiös gearbeiteten Flechtzaun mit Tor und Vorhängeschloß, ein goldener Hirsch ruht. Er ist zu deuten als Symbol Christi und der Garten als der sogenannte, auf die Reinheit der Muttergottes bezogene *hortus conclusus* aus Salomons Hohem Lied. Auch die umgebenden Kränze ornamentalen Laubwerks weisen auf diese christologischen Zusammenhänge hin. Die älteste dieser Schalen, 1482 aus dem Nachlaß des Ratsherren Johannes vam Loh gestiftet, ist übrigens deutlich den beiden früheren Beispielen verpflichtet. Nur erscheinen hier als Tragefiguren drei phantastische Kriegergestalten.

Neben den aufsatzartigen Konfektschalen – auf zwei später entstandene ist noch zurückzukommen – finden sich im Lüneburger Ratssilber einige einfacher gestaltete Beispiele, die flach aufliegen beziehungsweise auf Kugelfüßen ruhen. Darunter ist als schönstes Stück die große, von dem Lüneburger Bartold Stolterbole gestiftete und vor 1535 entstandene Buckelschale mit Granatäpfeln zu nennen. Sechs dieser Früchte – wegen ihrer zahlreichen Samen Sinnbild der Gemeinde Christi – erscheinen in hohem Relief im Spiegel der Schale, während drei vollplastisch ausgebildete Granatäpfel unter dem Boden als Füße dienen.

An sakrale Geräte erinnerte auch das wohl prächtigste Stück des Ratssilbers, der 1486 entstandene, nicht weniger als 68 cm hohe und 76 cm lange Elefantenzahn, der seit 1945 verschollen ist. Das reich mit Silber gefaßte und vergoldete Trinkgefäß ruhte auf einem von zwei Elefanten mit Kampftürmen getragenen Gestell, in dessen spätgotischer, wie ein Triumphbogen gestalteter Architektur sich kleine Kriegerfigürchen tummelten und die Halbfigur eines Engels mit den Wappen der Familien Lange und Schomaker erschien. Fein graviertes Blattrankenwerk und plastisch aufgelegte Blattkränze zeichneten Mündung und Deckel des Gefäßes aus. Der ovale Deckel konnte – eine Vorkehrung gegen Beschädigung und Verlust – auf die Spitze des Zahnes aufgeschraubt werden. Stifter des Geräts war der Patrizier Cord Lange, der sich, seit 1486 Bürgermeister, sehr um Lüneburg verdient gemacht hatte. Ihm sind noch zwei weitere Stücke des Ratssilbers zu verdanken: der Januspokal und eine der Schalen mit Hirschjagd.

Der Gebrauch von Trinkhörnern scheint vor allem im nordeuropäischen Raum verbreitet gewesen zu sein und reicht in heidnische Zeit zurück. Zumeist aus Büffelhorn bestehend und als sogenannte Greifenklauen gestaltet, denen man giftabweisende Eigenschaften zuerkannte, dienten solche Gefäße, wie auch Maserholz- oder Kokosnußpokale, beim Minnetrinken, der »Heiligenminne«, mit der man volkstümliche Heilige, besonders Johannes den Täufer, ehrte und deren wundertätige Hilfe erbat. Länger scheinen Trinkhörner in Gilden und Zünften gebräuchlich gewesen zu sein, ein

Umstand, der ihre Verwendung auch bei Ratszeremonien wahrscheinlich macht. Sie hatten überdies rechtliche Bedeutung, zum Beispiel beim Abschluß von Verträgen.

Ähnliche Funktion kam auch den sogenannten Schoßbechern (Abb. 3) zu, von denen sich im Lüneburger Ratssilber ursprünglich zwei Exemplare befanden. Das kleinere, 42,7 cm hohe, wohl 1522 von Hinrich Grabow gefertigte Gefäß, das aber später verändert wurde, ist erhalten. Sein glockenförmiger Kelch wird von drei Löwen gestützt, die das Lüneburger Wappentier versinnbildlichen, das außerdem – mit dem Stadtwappen – den Deckel bekrönt. Am Deckelrand weist ein kleines Faß auf den Verwendungszweck des Pokals hin: Er wurde den Bürgern, die im Rathaus die jährliche Vermögenssteuer, den Schoß, zu zahlen hatten, zum Trunke gereicht.

Die Trinkzeremonien waren nirgends vielfältiger, spielten nirgendwo eine größere Rolle als in Deutschland und waren doch andererseits der Anlaß ausschweifender, in den Quellen oft beklagter Gelage. Erinnert sei nur an das Darbieten des »Willkomms« zur Begrüßung der Gäste, das Gesundheitstrinken sowie die Verlobungs- und Hochzeitstrünke. Entsprechend vielgestaltig war das Trinkgerät, und besonders erschien der repräsentative Pokal – bestehend aus dem eigentlichen Gefäß, der Kuppa, und einem Fuß mit Schaft sowie meist einem Deckel – in unzähligen Formvarianten. Das Spektrum der Möglichkeiten können die 16 sehr verschiedene Typen verkörpernden Pokale des Lüneburger Ratssilbers gut veranschaulichen – eine Reihe, an der sich zudem die stilistische Entwicklung vom Spätmittelalter bis zur Spätrenaissance ablesen läßt: vom filigranen wie plastisch bewegten, in gebuckelten Oberflächen seinen Ausdruck findenden Dekor über klar gebaute, an der Antike geschulte bis zu eher schematischen Formen und einer erneut aufkommenden Schmuckfreude.

Das früheste Beispiel stellt der Jaspispokal dar (Abb. 4; 39 cm hoch), dessen auf drei Löwen ruhender Fuß und der Schaft ihr Vorbild in mittelalterlichen Meßkelchen oder Reliquiaren haben. Anlaß hierfür gab möglicherweise die den unteren Teil der Kuppa bildende Jaspisschale, ein Geschenk des Herzogs Friedrich von Braunschweig an den Rat. Jaspis war ein in seiner Art im Mittelalter hochgeschätztes Kleinod, das wie andere Edelsteine auch religiöse Bedeutung haben konnte – wurde doch der Jaspis in der Offenbarung Johannes dem göttlichen Antlitz verglichen –, ebenso wie man bestimmten Edelsteinen magische, vor allem giftabweisende Eigenschaften zuerkannte. An den Stifter des von Hinrick Sommer 1473 im Auftrag des Rats gearbeiteten Pokals erinnern die um den Deckelrand laufende Inschrift und das von einem Ritter gehaltene herzogliche Wappen auf dem Deckel.

Daß religiöse Inhalte beim Profangerät auch noch nach der Reformation eine Rolle spielten, zeigt der ganz einem Meßkelch ähnelnde, auf eine Stiftung des 1561 verstorbenen Bürgermeisters Nikolaus Stöterogge zurückgehende Wurzel-Jesse-Pokal (Abb. 5). Auf dem dreipassigen Fuß ist in hochgetriebenem Relief der liegende Erzvater Jesse dargestellt, aus dessen Leib der zugleich als Schaft des Gefäßes dienende Stammbaum Christi als Weinstock wächst, und dessen Geäst die Wandungen von Kuppa und Deckel überzieht. Im Blattwerk erscheinen als Halbfiguren die Vorfahren Christi. Die Bekrönung des Deckels wird von einer Blüte gebildet, aus der sich die Halbfigur Marias mit dem Kinde erhebt. Der profane Charakter des Gefäßes wird durch eine um den Kelchrand laufende Inschrift in niederdeutscher Mundart betont, die, wenn auch in moralisierender Verbrämung, den Benutzer zum fröhlichen Zechen auffordert. Im Inneren ist zu diesem Zweck eine Reihe von Pegelmarken angebracht.

Drei Stücke des Ratssilbers geben einen interessanten Einblick in politische Auseinandersetzungen der Zeit. Der sogenannte Interimspokal (Abb. 6), 60 cm hoch, wurde um 1552/53 wahrscheinlich vom Lüneburger Goldschmied Jochim Worm geschaffen und stellt eines der originellsten Goldschmiedewerke der Renaissance dar. Sehr ungewöhnlich ist schon die als Schaft des Gefäßes dienende, massiv gegossene Figur des segnenden Christus, der auf dem besiegten Antichrist steht, einem Drachen mit Köpfen von Teufel, Papst und Türke. Auf der Kuppa befinden sich vier Reliefs: die Taufe im Jordan, die Verklärung Christi, die Predigt des Apostels Paulus und die Versuchung Christi, die durch lateinische Bibelzitate unter dem Deckelrand erläutert werden. Auf dem Deckel sind vier weitere Reliefs mit je zwei knienden Figuren zu sehen: Papst und Kardinal, Kaiser und König, Fürst und Ritter, Priester und Mönch. Die Szenen sind der bekrönenden Figur, der babylonische Hure auf dem siebenköpfigen Ungeheuer (nach der Offenbarung Johannes 17), zugeordnet, die auf ihrem heute fehlenden Kopf wohl eine Tiara trug und als Versinnbildlichung – im protestantischen Sinne – der katholischen Kirche zu verstehen ist. Der theologisch-politische Hintergrund des Ganzen wird in einer lateinischen Inschrift am Pokalfuß erklärt. Sinngemäß lautet sie: *Das Interim hat in Augsburg unter Kaiser Karl V. im Jahre 1548 begonnen und wurde durch Kurfürst Moritz von Sachsen und die Verbündeten wieder beseitigt im Jahre 1552.*

Das »Interim« oder die »kaiserliche Zwischenreligion«, die von Kaiser Karl V. nach seinem Sieg gegen den Schmalkaldischen Bund veranlaßte und vom Reichstag am 30. Juni 1548 verabschiedete Religionsordnung, ging von katholischen Grundpositionen aus, kam aber den Protestanten in einigen Fragen entgegen. Diese betrafen unter anderem Messe, Laienkelch, Priesterehe und geistliche Güter, doch konnte auf diese Weise keine der Glaubensparteien befriedigt werden. Nach langanhaltendem und heftigem publizistischen Streit erfolgte anstatt des erhofften konfessionellen Friedens die vollständige Entzweiung, und es kam in der Folge unter Führung von Kurfürst Moritz von Sachsen zur Fürstenrebellion gegen Karl V. 1552 wurde im Passauer Vertrag in Vorwegnahme der künftigen reichsrechtlichen Regelung das Interim de facto abgeschafft und der Religionsfriede von 1555 vorbereitet. Diese Ereignisse bringt der Lüneburger Pokal in einzigartiger Weise zur Anschauung. Man hat dabei auf bildliche Formulierungen aus dem Bereich polemischer Flugblätter und Schmähmedaillen zurückgegriffen, die damals in großer Zahl verbreitet waren. Darin wird das Interim mit dem Bösen überhaupt gleichgesetzt und in verschiedenen Zusammenhängen als dreiköpfiger Drache – anstatt des Türken erscheint ebenso der Kopf des Kaisers – dargestellt.

Das Programm des Pokals, das der hochgebildete, der protestantischen Sache verpflichtete spätere Bürgermeister Franz Witzendorff angeregt haben dürfte, greift aber über den aktuellen Anlaß hinaus. Als Gegenpol zu Christus, der das Böse besiegt, ist scheinbar triumphierend die babylonische Hure auf den Deckel gesetzt. Das Motiv geht auf einen Holzschnitt Dürers von 1498 zurück und fand in zahlreichen Abwandlungen Verbreitung. Es wurde zur antipäpstlichen Agitation benutzt, ganz im Sinne Luthers, der den Untergang der römischen Kirche als das eigentliche Thema der

1 Bürgereidkristall.
Hans von Lafferde,
Lüneburg 1443. H. 24,5 cm

2 Konfektschale auf
drei Schildhaltern mit
Hirsch im Gehege.
Lüneburg, um 1480.
H. 20 cm

3 Schoßpokal. Hinrich Grabow, Lüneburg, wohl 1522. H. 42,5 cm

4 Jaspispokal. Hinrik Sommer, Lüneburg, 1473 und früher. H. 39 cm

5 Pokal mit dem Stammbaum Christi. Franz Gruwel (?), Lüneburg 1562. H. 54 cm

6 Interimspokal. Jochim Worm (?), Lüneburg, wohl 1552/53. H. 60 cm

7 Buckelpokal. Berthold Holthusen (?) oder Jakob Plate, Lübeck, gegen 1504. H. 60 cm

8 Münzpokal. Jochim Worm (?), Lüneburg 1536. H. 47,5

9 Großer Gießlöwe. Jochim Worm (?), Lüneburg 1540. H. 35 cm, L. 48 cm

Photos Kunstgewerbemuseum Berlin

Apokalypse, als die antikatholische Prophezeiung der Bibel ansah. Das Papsttum, gekennzeichnet durch die Tiara, wird mit dem Antichrist gleichgesetzt und läßt sich an Stelle Christi von der Welt anbeten. Daß ein solches Gerät auch zu praktischem Gebrauch bestimmt war, zeigen die im Innern angebrachten Markierungen als Zechmaße für den gemeinsamen Umtrunk. Franz Witzendorff hat den Pokal unmittelbar nach Aufhebung des Augsburger Interims privat in Auftrag gegeben. Er starb, wie auch im Deckelinneren angegeben, im Jahr 1574; das Stück kam erst mit dem 1617 erfolgten Tod seines Sohnes, des Bürgermeisters Heinrich II Witzendorff, an den Rat. In dessen Testament heißt es: *Sie sollen nach meinem Tode, wofern Ich solches bey meinem Leben selbst nicht tue vnd verrichten würde, wie ich doch mit Gottes Hülfe vorhabens bin, an mein gros-, aus vndt inwendig verguldet Trinkgeschirr, das Interim geheißen, Mein und meiner sehl. lieben Hausfrawen Wappen machen lassen, vnd einem Erbarn Rathe alhie, cum debita reverentia, meinthalben vnd zu meiner Gedechtnus dasselbe aufs Rahthaus vorehren vnd zustellen.*

Wohl vom selben Goldschmied wie der Interimspokal stammt das sich durch reine Renaissanceformen auszeichnende große Gießbecken mit einem Durchmesser von 61 cm, das, wie der Elefantenzahn – ein nicht nur in Hinblick auf seinen künstlerischen Rang besonders schmerzlicher Verlust – seit 1945 verschollen ist. 1556 von Bürgermeister Hieronymus Witzendorff gestiftet, trug es auf dem Rand Reliefdarstellungen aus der römischen Geschichte und im Spiegel eine mahnende Devise, die von den Vorfahren errungene Freiheit mit höchster Sorgfalt zu wahren. Die Darstellungen zeigten beispielhafte Fälle von Fürstenwillkür und -gewalttätigkeit wie vorbildlichem Bürgermut, der die Freiheit Roms von der Tyrannei der Könige rettete. Sie sind, wie die Mahnung des Brutus bei der Bestattung der Lukretia an das Volk, für die Freiheit einzustehen, vor dem Hintergrund eines für die lüneburgische Unabhängigkeit einschneidenden Ereignisses zu sehen: Noch hatte Kaiser Karl V. 1555 in einem Schreiben von *unser und des Reiches Stat Lunenburg* sprechen können, als sich mit dem im selben Jahr erfolgten Regierungsantritt Herzogs Franz-Otto die politische Lage der Stadt erheblich verschlechterte. Schon 1556 erklärte nämlich der Herzog sämtliche landesherrlichen Privilegien Lüneburgs für ungültig. In der sich daran anschließenden Auseinandersetzung, die 1562 in einem Vergleich endete, spielte Franz Witzendorff, der Sohn von Hieronymus Witzendorff, eine entscheidende Rolle. Er dürfte das Programm des Silberbeckens auch wesentlich bestimmt haben – ein Denkmal bürgerlichen, aus der Tradition schöpfenden Selbstbewußtseins und des Kampfes um das Fortbestehen eines frei verfaßten Gemeinwesens, der sich doch sehr bald als vergeblich herausstellen sollte.

1570 wurde von Franz Witzendorff der sogenannte Kurfürstenpokal in Auftrag gegeben und dem Rat gestiftet. Sein Name rührt von den vollplastisch ausgeführten Figürchen der sieben Kurfürsten auf der zylindrischen Wandung her, die zu einer Reihe kleiner Reliefs auf Fuß, Kuppa und Deckel mit Darstellungen aus der alten Geschichte in Beziehung gesetzt sind; als Bekrönung figuriert ein römischer Krieger mit Lanze. Auch dieses Programm dürfte einen aktuellen politischen Hintergrund gehabt haben. Franz Witzendorff, dessen und seiner Frau Wappen, von Greifen gehalten, am Fuß des Pokals angebracht sind, wählte dafür wie beim großen Gießbecken Ereignisse und Legenden vornehmlich der römischen Geschichte aus, die von Mannesmut, Charakterstärke und Patriotismus im Dienste eines von Recht und Gesetz bestimmten und der Tradition verpflichteten Gemeinwesens zeugen. Als Anlaß sind hier nicht nur die Auseinandersetzungen Lüneburgs mit dem Herzog zu vermuten, sondern vor allem der auch nach dem Augsburger Religionsfrieden von 1555 – der eine dauernde Schwächung des Kaisertums bedeutete – sich fortsetzende Konfessionsstreit und die Gefährdung des damit zusammenhängenden Machtgleichgewichts im Reich. Allerdings dominierte noch längere Zeit die Fürstengeneration, deren Werk der Friede gewesen war. Mit den Gestalten der Kurfürsten mag sie insgesamt angesprochen und damit der Hoffnung auf fortdauernden Frieden und die Wahrung der Besitzstände Ausdruck verliehen worden sein.

Im Lüneburger Ratssilber befindet sich noch eine Reihe von Pokalen mit Darstellungen allgemeineren Inhalts. Einen verbreiteten spätgotischen Typus, der wahrscheinlich in Nürnberg seinen Ursprung hat, vertritt ein 60 cm hoher Pokal, der nach testamentarischer Verfügung des Lüneburger Propstes Johannes Barum um 1504 in Lübeck in Auftrag gegeben wurde (Abb. 7). Das reich gebuckelte, außen und innen vergoldete Gefäß in der Form einer Akeleiblüte entfaltet mit seinen raffiniert berechneten Reflexen edelsteinhafte Pracht. Die Bewegtheit wird noch durch die schrägen Züge der Kuppaeinschnürung gesteigert, die dem Pokal den Anschein einer Drehung geben. Ein Distelgewächs auf zierlichem Stiel mit einem wappenhaltenden Landsknecht schmückt den Deckel. Der Pokal hat in Lüneburg prägende Wirkung gehabt, denn noch Jahrzehnte später wurde er zweimal kopiert. Das eine Stück ist mit 36 cm Höhe wesentlich kleiner und trägt eine Eichel als Deckelbekrönung. Es geht auf ein Vermächtnis des hochangesehenen Lüneburger Goldschmieds Cord Hagen zurück – dieser fertigte die beiden großen Konfektschalen des Ratssilbers – und wurde 1523 von Hinrich Grabow gearbeitet. Bemerkenswert ist, daß auch bei diesem Profangerät wieder christliche Motive erscheinen: im Deckel und unter dem Fuß ist je eine emaillierte Akeleiblume als Symbol der Erlösung und der Fruchtbarkeit, dazu auf dem Grunde des Kelchs das Christusmonogramm IHS angebracht. Der andere Pokal, sein Vorbild noch um 6 cm überragend, wurde 1528 von Cord Olbrecht hergestellt. Er ersetzte ein 1486 vom Bürgermeister Ludolf Garlop gestiftetes, aber 1528 an Herzog Ernst den Bekenner von Braunschweig-Lüneburg geschenktes Stück. An den Stifter erinnern die um den Deckel laufende Inschrift und das auf dem Deckel zu sehende, vom heiligen Christophorus mit dem Jesusknaben gehaltene Wappen auf wild wucherndem Distelgewächs.

Fünf Jahre nach dem Christophorus-Pokal schuf Cord Olbrecht einen dem Stilempfinden der Zeit deutlich näher stehenden Pokal, der ebenfalls einen früheren, 1506 vom Bürgermeister Cord Lange gestifteten Pokal ersetzte. Die auf dem Balustergriff des Deckels angebrachte Darstellung des Walfisches, der den Propheten Jonas ausspeit, ist als Hinweis auf die Auferstehung Christi und wohl zugleich auf die Erlösung der Seele des Stifters zu verstehen.

Eine der schönsten Arbeiten des Ratssilbers ist der wahrscheinlich wieder aus der Werkstatt von Jochim Worm kommende Münzpokal mit dem Januskopf (Abb. 8). 1536 entstanden und mit 48 cm von mittlerer Größe, zeichnet er sich durch eine niedrige, breit ausladende Kuppa aus, die für die Präsentation von Münzen besonders geeignet erscheint. Die Janusbüste mit dem Haupt eines Jünglings und eines Greises umgibt ein lateinischer und in niederdeutscher Mundart wiederholter Spruch, der sinngemäß lautet:

Wie ein zweiköpfiger Janus,
das Bild des Klugen,
bedenke mit Umsicht
Vergangenheit, Gegenwart und Zukunft.

Der Stifter des Pokals, Johannes Koller, war der letzte katholische Propst in Lüneburg. Er starb 1536 im Alter von 70 Jahren. Er hat sich vehement gegen die 1530 in Lüneburg eingeführte Reformation gewandt und die *bosheyt der Lutheranschen sectenn* angeprangert. Noch im gleichen Jahr flüchtete er nach Schwerin und verfaßte einen schriftlichen Protest, der eines der wichtigsten Dokumente der Lüneburger Reformationsgeschichte darstellt. Wie das Nachlaßinventar vom April 1536 ausweist, war Koller ein sehr wohlhabender Mann. Neben zahlreichen Goldschmiedearbeiten sind darin auch mehrere tausend Münzen verzeichnet. In Anbetracht des ungewöhnlichen, mit dem Janusmotiv verbundenen Programms des Pokals ist davon auszugehen, daß der Propst den Auftrag, wenn nicht noch selbst erteilt, so doch im einzelnen festgelegt hat. Dem Gott Janus war bekanntlich in Rom ein Tempel geweiht, dessen Tore nur im Frieden geschlossen wurden. Er stand für den Anfang aller Dinge, für den Jahres- und Zeitenwechsel, und ist im Namen des Monats Januar lebendig geblieben. Auch erscheint er auf römischen Münzen, und die Münzprägung selbst wurde auf ihn zurückgeführt. Neben den durch die Münzen angedeuteten, humanistisch orientierten Auffassungen soll wohl die Janusdarstellung allgemein an Wandel und Vergänglichkeit erinnern. Doch ist im Hinblick auf Kollers leidenschaftliche Verteidigung des alten Glaubens zu vermuten, daß die Mahnung auch eine politische Botschaft an den Lüneburger Rat enthält.

Mit einer weiteren erstrangigen Arbeit, dem gegen 1580–1590 entstandenen sogenannten Jagdpokal, ist der Typus des Spätrenaissancepokals vertreten. Ganz mit Reliefdekor überzogen, zeigt er Schweifwerkornament, Putten, Fruchtbuketts sowie Landschaften mit Jagdszenen und mythologischen Figuren. Bekrönt wird er von einem antikisch gerüsteten Kriegerfigürchen. Der Dekor stellt einen komplexen Bedeutungszusammenhang dar. Die Jagdmotive und die verstreuten Früchtebuketts sind als Zeichen des »Herbstes« zu deuten, auf den sich die übrigen Szenen als die drei anderen Jahreszeiten beziehen lassen, das heißt, es handelt sich letztlich um ein Sinnbild der Fruchtbarkeit, unter deren Motto der ganze Pokal steht und dem sich ebenso die Liebesmotivik und die versteckten Symbole der vier Elemente (so Vögel als »Luft«) zuordnen lassen. Entsprechende Dekore sind bei repräsentativen Goldschmiedearbeiten der Renaissance- und Barockzeit häufig zu finden – zu verstehen als Hinweise auf Glück und Reichtum sowie auf eine erfolgreiche Staatsführung und ein prosperierendes Gemeinwesen.

Von einem im 16. Jahrhundert sehr beliebten Typus, dem Doppelpokal, findet sich im Lüneburger Ratssilber nur ein Beispiel. Dies mag damit zusammenhängen, daß derartige Trinkgefäße, die vornehmlich als Braut- und Ehrengeschenke gebräuchlich waren, im Rahmen der Ratszeremonien keine Verwendung fanden. Das von Claus Harders gegen 1585 hergestellte und von dem Brauer Hinrich Kröger dem Rat gestiftete Exemplar mißt zusammengesteckt – beide Teile gleichen sich – 70 cm und gehört damit zu den größten Stücken des Schatzes. Schmunzelnd liest man die auf den Kelchrändern angebrachte Inschrift: *Der Segen des Herrn machet reich ohne alle Mühe. Hinrich Kröger. Anno 1585.*

1541 wurde der Goldschmied Lutke Olrikes vom Rat beauftragt, zwei Konfektschalen unter Verwendung von zwei älteren *Krutvate* zu schaffen. Beide, gleich gestaltet, messen 25 cm in der Höhe und 40,5 cm im Durchmesser. In der Mitte tragen sie ein großes, farbig emailliertes Stadtwappen. Sie gehören zu den frühesten nachweisbaren Beispielen hoher Fußschalen überhaupt, die, belegt mit Früchten oder Konfekt, als Aufsätze die festliche Tafel schmückten.

Wie Konfektschalen waren – jedenfalls bis zur allgemeinen Einführung von Eßbestecken – Becken mit Gießgefäßen zur Handwaschung beim Mahl ein unentbehrliches Zubehör des Tafelgeräts. Sie wurden häufig auch als Schaustücke auf die Buffets gestellt. Zum schon besprochenen Gießbecken des Lüneburger Ratssilbers wäre, wie üblich, als Gießgefäß ein hoher schlanker Kannentypus zu erwarten, doch wurde in Lüneburg, wohl aus Tradition und in Hinblick auf das Wappentier der Stadt, den beiden vorhandenen, 1540 und 1541 entstandenen Exemplaren die Gestalt eines Löwen verliehen (Abb. 9). Solche an kirchliche Bronzeaquamanilien des Mittelalters erinnernden Geräte, die der Priester bei der liturgischen Waschung am Altar benötigte, sind auch in zünftigem Gebrauch gewesen und gehen letztlich auf den berühmten, 1166 von Heinrich dem Löwen vor der Burg Dankwarderode in Braunschweig aufgestellten Bronzelöwen zurück. Diesem ähnelt in seiner starken Stilisierung besonders das kleinere Lüneburger Exemplar. Von geringerem Fassungsvermögen, war es allerdings wesentlich leichter handhabbar als der große Gießlöwe, der bei einer stattlichen Länge von 47 cm ein Leergewicht von fast 6½ Kilo hat! Wieder aus der gleichen Werkstatt wie das Gießbecken sowie der Münz- und der Interimspokal kommend, unterscheidet er sich von dem kleinen Gießlöwen durch eine bemerkenswert realistische und lebendige Darstellung. Drohend reißt er sein Maul auf und faßt mit der rechten Vordertatze mächtig das Wappen seines Stifters Bürgermeister Hartwig Stöterogge und dessen Frau Margareta Stoketo. Gleichwohl kann er seinen Fabelcharakter nicht verleugnen. Mit ornamentalem Schwung ist der als Griff dienende Schweif nach vorn geworfen, einem springenden kleinen Drachen Halt gebend, der sich in den Hinterkopf des Löwen verbissen hat. Zwei Drachenköpfe bilden auch den Ausguß des Gefäßes, und unter der rechten Vorderpranke des Löwen windet sich eine Schlange, wie die Drachen ein Symbol des Bösen.

Obwohl von zeitgemäßer Formgebung, ist das Werk inhaltlich noch deutlich dem Mittelalter verhaftet. Mit ihm lassen sich verschiedene Bedeutungsschichten verbinden. Als Wappentier Lüneburgs und ebenso des Herzogtums Braunschweig-Lüneburg galt der Löwe vor allem als Symbol von Macht und Stärke, wie er ja auch – und das trifft schon für den Braunschweiger Löwen zu – Wahrzeichen des Gerichts war. Gleichwohl ist wie bei anderen Stücken des Ratssilbers davon auszugehen, daß mit dem Gießlöwen christliche Sinngehalte verknüpft worden sind: der Löwe als Christus und Messias, als

Richter und Erlöser von Sünde und Tod, der das Böse in Gestalt von Schlangen und Drachen besiegt, wie er andererseits Teil des Dämonischen ist, das nur in dienender Funktion in einem Gerät gebändigt erschien.

Mit dieser Skulptur ist Lüneburg gleichsam ein Denkmal gesetzt worden, welches das Wesen dieser Stadt in seiner Blütezeit auf das schönste verkörpert: ein von hoher Bildung ihrer führenden Persönlichkeiten getragenes Traditionsbewußtsein ebenso wie eine zukunftweisende Betonung individueller, aber ihre Grenzen in der Verantwortung für das Ganze des Gemeinwesens findenden Freiheit, und nicht zuletzt eine tiefe Frömmigkeit.

LITERATUR

Stefan BURSCHE u. a.: Das Lüneburger Ratssilber. Bestandskatalog XVI des Kunstgewerbemuseums Berlin, Berlin 1990 (mit ausführlicher Literatur).

Die Darstellung südwestdeutscher Städte in der lateinischen Literatur des 15. bis 17. Jahrhunderts

VON WALTHER LUDWIG

Da der Humanismus sich in Städten entwickelte und vor allem in Städten seine Heimstätte fand, wird man auch eine besondere Beachtung der Städte in der vom Humanismus geprägten neuzeitlichen lateinischen Literatur erwarten dürfen. Die relativ bekannteste humanistische Form der Stadtdarstellung sind sicher die Stadtlobreden und Stadtlobgedichte[1]. Aber dies sind nicht die einzigen literarischen Formen, in denen Städte eine Darstellung finden[2]. Dazu gehören zunächst auch solche, in denen Städte zwar nicht der primäre Gegenstand sind, aber doch notwendigerweise mit zum Gegenstandsbereich gehören. Das gilt für die chorographischen Gedichte, in denen ein

1 Vgl. die Forschungsübersicht von H. GOLDBRUNNER, *Laudatio Urbis*. Zu neueren Untersuchungen über das humanistische Städtelob, Quellen und Forschungen aus italienischen Archiven und Bibliotheken 63 (1983) S. 313ff.; zusätzlich H. KUGLER, Stadt und Land im humanistischen Denken, in: H. LUTZ (Hg.), Humanismus und Ökonomie, Weinheim 1983, S. 159ff., DERS., Die Vorstellung der Stadt in der Literatur des deutschen Mittelalters, München 1986 (dazu J.-D. MÜLLER, Zeitschrift für Deutsches Altertum und Deutsche Literatur 100, 1989, S. 126ff.); K. ARNOLD, Konrad Celtis und sein Buch über Nürnberg, in: *Acta Conventus Neo-Latini Guelpherbytani*, Proceedings of the Sixth International Congress of Neo-Latin Studies, ed. by P. REVARD, F. RÄDLE, M. A. DI CESARE, Binghamton 1988, S. 1ff.; W. LUDWIG, J. P. Ludwigs Lobrede auf die Reichsstadt Schwäbisch Hall und die Schulrhetorik des siebzehnten Jahrhunderts, in: Jahrbuch des Historischen Vereins für Württembergisch Franken 74 (1990) S. 247ff.; F. P. T. SLITS, Het Latijnse Stededicht. Oorsprong en Ontwikkeling tot in de zeventiende Eeuw, Amsterdam 1990 (Gesamtübersicht seit der Antike mit Berücksichtigung der Entwicklung in Italien, Frankreich, Deutschland und den Niederlanden); C. J. CLASSEN, Lodovico Guicciardini's Descrittione and the tradition of the Laudes and Descriptiones Urbium, in: P. JODOGNE (Hg.), Lodovico Guicciardini (1521–1589), Actes du Colloque International des 28–30 mars 1990, Brüssel 1991, S. 99ff.; H. J. FRINGS und K. A. NEUHAUSEN, Neue lateinische Gedichte zum Lob der Stadt Bonn, in: Bonner Geschichtsblätter 39/40 (1990/91), S. 1ff., sowie (demnächst erscheinend) K. A. NEUHAUSEN, *Urbs Bonna quomodo Latinis litteris inde a decimo sexto ineunte fere saeculo descripta sit et laudata*, in: *Acta Conventus Hauniensis*, Proceedings of the Eighth International Congress of Neo-Latin Studies, Kopenhagen, 12.–17. August 1991.

2 K. VOIGT, Italienische Berichte aus dem spätmittelalterlichen Deutschland. Von Francesco Petrarca zu Andrea de' Franceschi (1333–1492), Stuttgart 1973, S. 16ff., charakterisiert instruktiv die für seinen Untersuchungsgegenstand wesentlichen »literarischen Formen der Berichterstattung« und gibt dabei eine wenngleich noch unvollständige Übersicht über die Textformen, in denen Städte dargestellt werden. Auf Reiseberichte, Autobiographien, Tagebücher, Chroniken und Briefe stützt sich E. W. ZEEDEN, Das Erscheinungsbild der frühneuzeitlichen Stadt, in: H. E. SPECKER (Hg.), Stadt und Kultur, Sigmaringen 1983, S. 70ff. Zeeden fragt nach der Stadt in der Berichterstattung der frühen Neuzeit und zeigt, worauf die Zeitgenossen achteten, beschäftigt sich aber nicht mit der literarischen Form der Stadtdarstellungen.

Land beziehungsweise ein Territorium mit seinen Städten dargestellt wird[3], und die *Hodoeporica*, die Reisegedichte, in denen Reisen von einer Stadt zur anderen beschrieben werden[4]. Dazu kommen geographische und historiographische Prosaschriften, in denen Städte teils nur namentlich erwähnt, teilweise aber auch ausführlich vorgestellt werden[5]. Eine dritte Gruppe bilden dann die literarischen Formen, die nicht notwendigerweise, aber doch gelegentlich mehr oder weniger eingehende Städtedarstellungen enthalten. Dazu gehören Briefe, Dialoge[6] und Dramen[7] ebenso wie lyrische, elegische oder epische Gedichte verschiedener Art, zum Beispiel Lehrgedichte[8], panegyrische

3 Vgl. unten S. 46.

4 Vgl. unten S. 47.

5 Flavius Blondus (1392–1463) hatte mit seiner Schrift *Italia illustrata* (zuerst gedruckt Verona 1482, in Basel zuerst 1531) ein Beispiel für eine historisch-geographische Landesbeschreibung gesetzt (vgl. jetzt O. Clavuot, Biondos *Italia Illustrata* – Summa oder Neuschöpfung, Tübingen 1990), dem deutsche Humanisten mehrfach mit einer *Germania illustrata* zu folgen suchten, ohne daß eine solche Schrift je dem Vorbild entsprechend gelang. Bereits Johann Cochlaeus bedauert dies 1512 hinsichtlich des Projekts von Celtis im Nachwort zu seiner *Brevis Germaniae descriptio* (neu hg. von K. Langosch, Darmstadt 1976, dort S. 162). Seine eigene Arbeit bietet keinen Ersatz, sondern folgt mehr dem Typ des kurzen geographischen Leitfadens, für den Pomponius Mela ein antikes Modell gab. Städte werden hier in der Regel nur genannt und kaum charakterisiert. Dem Ziel am nächsten, wenn auch der Abstand von Blondus groß blieb, kam Franciscus Irenicus. Als er 23 Jahre alt war, veröffentlichte er als Rektor der Katharinen-Burse in Heidelberg: *Germaniae exegeseos volumina duodecim a Francisco Irenico Ettelingiacensi exarata. ... Urbis Noribergae descriptio, Conrado Celte enarratore,* Hagenau 1518 (die *Exegesis* auf 229, die *Norimberga* auf 13 Folioblättern). Die Bücher 11–12 enthalten nach einem Hinweis auf die die Städte regional ordnenden Darstellungen von *Aeneas Sylvius* (1515, siehe unten Anm. 12) und *Cocleus* in alphabetischer Ordnung eine Darstellung der *civitates* und *nobiliora coenobia* auf Bl. 198–229, wobei Irenicus meist einige historische Erläuterungen gibt. Besonders ausführlich ist er bei seiner Heimatstadt Ettlingen. Typischer ist die Behandlung von Esslingen, die als Beispiel und als Kontrast zu dem nachher interpretierten Gedicht von J. Molitorius zitiert sei (Bl. 210): *Eslingiacum olim villa, anno MCCLXXXV a Foederico II muro circumdata imperio cessit, ut nostri annales dicunt. Respondent illis Hermannus et Urspergensis. Comes Wirtenbergensis ipsam cinxit agmine anno MCCCLXXVII. Verum per imperiales civitates Sueviae occubuit. Hanc urbem praterfluit Neccharus.* (Vgl. zu Irenicus: G. Cordes, Die Quellen der Exegesis Germaniae des Franciscus Irenicus und sein Germanenbegriff, Diss. Tübingen 1966, sowie Ders., Franziscus Irenicus von Ettlingen – Aus dem Leben eines Humanisten und Reformators, in: Oberrheinische Studien 3, 1975, S. 353 ff.) Eine Untersuchung der Stadtdarstellungen in den historiographisch-geographischen Werken des 15. und 16. Jahrhunderts etwa bis zu A. Romanus, *Parvum theatrum urbium praecipuarum totius orbis brevis et methodica descriptio,* Frankfurt/Main 1595, und M. Crusius, *Paraleipomenos rerum Suevicarum liber, in quo exponuntur Sueviae regiones, principatus, comitatus, nobilitas, Wirtembergicae et aliae Suevicae urbes, monasteria, arces et pagi ...,* Frankfurt/Main 1596, steht aus.

6 Ulrich von Hutten leitet seinen Dialog *Trias Romana* mit einem Lob der Stadt Mainz ein (siehe *Hulderichi Hutteni Eq. Germ. Dialogi,* Mainz 1520, Bl. G3).

7 Nikodemus Frischlin gibt in seiner *Comoedia Iulius Redivivus* in Akt 1, Szene 1, eine Darstellung von Straßburg (seit 1585 mehrfach gedruckt).

8 Eine Beschreibung von Hafenstädten an Nord- und Ostsee findet sich z. B. in dem hexametrischen Lehrgedicht des Dänen Erasmus Michaelius Laetus: *De re nautica libri IIII*, Basel 1573; vgl. dazu W. Ludwig, *Multa importari, multa exportarier inde* – ein humanistisches Loblied auf Hamburg aus dem Jahre 1573, in: *Humanistica Lovaniensia* 32 (1983), S. 289 ff. (= Ders., *Litterae Neolatinae,* Schriften zur neulateinischen Literatur, hg. von L. Braun u. a., München 1989, S. 131 ff.).

Epyllien, Epicedien, Epithalamien und Liebeselegien[9]. Sogar in Ton gesetzte Gedichte auf eine Stadt waren möglich[10]. Auch in gewissen Urkunden werden Städte charakterisiert, wie man für die Universitätsgründungsurkunden festgestellt hat[11], und nicht zuletzt können Städte in Sammlungen der überwiegend lateinisch verfaßten Epitaph-Inschriften ihrer herausragenden Bürger repräsentativ dargestellt werden[12]. Schließlich ist an eine sozusagen negative, aber sehr beeindruckende Form der Stadtdarstellung zu erinnern, an die poetische Wiedergabe der Zerstörung einer Stadt durch Brand oder Krieg[13].

Für kein deutsches Land sind bisher die in den verschiedenen lateinischen Textgattungen sich findenden Städtedarstellungen auch nur zusammengestellt worden[14],

9 Vgl. unten S. 48 und W. Ludwig, Joachim Münsinger und der Humanismus in Stuttgart, in: Zeitschrift für Württembergische Landesgeschichte 52 (1993) S. 91 ff. Daß die Humanisten auch die in andere Dichtungen eingefügten Stadtdarstellungen als solche würdigten, beweist der Umstand, daß in der von Julius Micyllus herausgegebenen Sammlung der Gedichte seines Vaters Jacobus Micyllus, *Sylvarum libri quinque* ... Frankfurt/Main 1564, der interessierte Leser im Index unter dem Lemma *Descriptio* auf die Darstellungen aufmerksam gemacht wird, die Micyllus von der Elbinsel vor Wittenberg, der Mosel, von Heidelberg, der Burg Königstein im Taunus, von Straßburg, Erfurt, Seligenstadt, Bretten, der Burg Frundeck am Neckar, von Speyer und von Kemberg bei Wittenberg gegeben hat und die sich innerhalb von elegischen Episteln, Epithalamien, Epicedien und einem Hodoeporicon finden.

10 Eine um 1487/88 von dem Berner Kantor Bartholomäus Frank komponierte Motette auf Ravensburg behandelt im Zusammenhang mit anderen Motetten dieser Art M. Staehelin, *Plaude ravensburga laudabilis*, eine Wappenmotette des Bartholomäus Frank aus dem späten 15. Jahrhundert, in: Schriften des Vereins für Geschichte des Bodensees und seiner Umgebung 108 (1990) S. 69 ff. (freundlicher Hinweis von Dr. P. Eitel, Stadtarchiv Ravensburg). Der Text besteht aus 36 lateinischen, in der Regel reimenden iambischen Dimetern.

11 Vgl. Goldbrunner (wie Anm. 1), S. 326 f. Auch in der Gründungsurkunde der Universität Tübingen findet sich ein derartiger die Stadt lobender Passus.

12 Die neuzeitlichen Inschriftensammlungen einzelner Städte verdienten eine Zusammenstellung. Sie sind gedruckt (wie für Augsburg und Basel) oder handschriftlich überliefert (letzteres für Stuttgart, Landesbibliothek Stuttgart Cod. hist. 0 18 *Inscriptiones monumentorum, quae sunt Stutgardiae ... collectae et conscriptae per M. Johannem Schmid* ... 1640). Dazu kommen die Sammlungen mit Inschriften verschiedener Städte wie z. B. N. Chytraeus, *Variorum in Europa itinerum deliciae,* Herborn 1594, 1599, 1606.

13 Hierzu gehört die Beschreibung der Zerstörung von Calw durch die kaiserlichen Truppen nach der Schlacht bei Nördlingen in 2084 elegischen Distichen durch Mag. Christoph Lutz, die J. V. Andreae veröffentlichte: *Virgae divinae urbi Calvae Wirtemb. IV et III. Eid. Septembr. MDCXXXIV inflictae* ..., Stuttgart 1643 (vgl. R. Stahlecker, Allgemeine Geschichte des Lateinschulwesens und Geschichte der Lateinschulen ob der Steig, in: Geschichte des humanistischen Schulwesens in Württemberg, Bd. 3, 1, Stuttgart 1927, S. 1 ff., hier S. 267 ff.). Auf ein in diese Kategorie fallendes Gedicht machte mich freundlicherweise Dr. L. Schnurrer, Stadtarchiv Rothenburg o. d. T., aufmerksam: *De incendio candidissimi praetorii inclyti oppidi Rotenburgii cuius vallem Tubarus inundat Ioannis Beusselii Rotemburgensis Elegidion,* Leipzig 1501, mit 81 elegischen Distichen (siehe A. Schnizlein, Der Rathausbrand von 1501. Ein lateinisches Gedicht des Rothenburgers Joh. Beuschel, mit deutscher Übersetzung, Alt-Rothenburg 1917–1919, S. 31 ff.).

14 Für Bayern bietet eine wichtige Vorarbeit H. Weisshaar-Kiem, Lobschriften und Beschreibungen ehemaliger Reichs- und Residenzstädte in Bayern bis 1800. Geschichte der Texte und ihre Bibliographie, Mittenwald 1982. Die Sammlung von A. Hartmann, *Basilea Latina.* Lateinische Texte zur Zeit- und Kulturgeschichte der Stadt Basel im 15. und 16. Jahrhundert, Basel 1931, stellt nur eine Anthologie dar, bestimmt zur Ergänzung des Lateinunterrichts und für Liebhaber der Geschichte Basels. Sie enthält einerseits auch Texte, die Basel nicht unmittelbar betreffen, sondern nur von Baslern verfaßt sind; andererseits fehlt die Beschreibung der Stadt Basel, die Beatus

geschweige daß sie als literarische, historische und mentalitätsgeschichtliche Zeugnisse interpretiert worden wären. Eine solche territoriale Zusammenstellung würde jedoch sehr dazu beitragen, das kulturelle Profil des betreffenden Landes in der frühen Neuzeit zu erhellen. Dieses würde besonders auch durch einen Vergleich mit den Städtedarstellungen in anderen Territorien an Deutlichkeit gewinnen. Die bisherige mangelhafte Kenntnis auf diesem Gebiet hängt natürlich mit der noch ungenügenden Erforschung der neuzeitlichen lateinischen Literatur überhaupt zusammen[15].

Die bisherigen Feststellungen gelten auch für das südwestdeutsche Gebiet, wobei ich diesen geographischen Begriff innerhalb der folgenden Untersuchung nicht im Sinne der historischen Verhältnisse des 15. bis 17. Jahrhunderts, sondern strikt im Sinne des heutigen Landes Baden-Württemberg benütze. Trotz der relativ guten und oft mit Recht gerühmten regionalgeschichtlichen Durcharbeitung dieses Landes sind seine lateinsprachigen Städtedarstellungen in der Regel wenig oder nicht beachtet worden, und es ist weder bekannt, wo überall es welche gibt, noch im allgemeinen bewußt, wie ergiebig sie als historische Quellen im weitesten Sinn sein können. Auch nur ihre Katalogisierung macht ziemliche Schwierigkeiten, da sie oft weder in literaturwissenschaftlicher noch in historischer Literatur erwähnt werden. Die Experten für die Geschichte bestimmter Städte kennen manchmal Texte, die für die betreffende Stadt relevant sind, aber in dieser Vereinzelung ist ihre zureichende Interpretation und Auswertung gar nicht möglich. Deshalb sei an dieser Stelle gerade an solche Experten appelliert, durch geeignete Hinweise eine künftige Erschließung solcher Texte im Zusammenhang mit anderen zu ermöglichen.

Nach Lage der Dinge kann ich im folgenden keinen auch nur annähernd vollständigen Überblick über die für die südwestdeutschen Städte in dieser Beziehung relevanten lateinischen Texte geben. Vielmehr werden in einem ersten Teil einige Beispiele für die Darstellung südwestdeutscher Städte aus den verschiedenen vorher angeführten Textgattungen vorgestellt werden, wonach in einem zweiten Teil die frühesten umfänglicheren Stadtlobgedichte aus unserem Raum näher interpretiert werden sollen. Auf diese Weise können sowohl die Vielfalt dieser Texte als auch die aus ihnen gewinnbaren Erkenntnisse im einzelnen etwas deutlicher werden.

Rhenanus, *Rerum Germanicarum libri III*, Basel 1531, S. 138–142, bringt (es ist die einzige ausführliche Stadtbeschreibung in diesem Werk außer der von Schlettstadt auf S. 151–160).

15 Trotz der erheblichen Fortschritte der neulateinischen Philologie in den letzten Jahrzehnten gilt bei Nicht-Latinisten noch weithin, was der Germanist R. ALEWYN in der Deutschen Literatur Zeitung 1931, Sp. 396, pointiert so ausdrückte: »Die neulateinische Literatur erfreute sich stets eines besonders abschreckenden Rufes. Das sprachliche Hindernis, das nicht nur den Zugang zu ihr erschwerte, sondern auch jede Aussicht auf eine dichterische Wiedererweckung für einen größeren Kreis von Menschen von vornherein abschnitt, machte das Thema nicht einladender.« Das sprachliche Hindernis ist leider inzwischen noch größer geworden. Ich habe mich dazu in meinem Aufsatz »Über die Folgen der Lateinarmut in den Geisteswissenschaften«, in: Gymnasium 98 (1991), S. 139ff., geäußert; vgl. in diesem Zusammenhang auch meine Besprechung von »Die Renaissancefamilie Borgia – Geschichte und Legende«, hg. von Elisabeth SCHRAUT, Sigmaringen 1992, in: Zeitschrift für Württembergische Landesgeschichte 52 (1993), S. 458ff., wo geradezu auf einen Lateinnotstand hinzuweisen war.

Zuvor jedoch noch eine Bemerkung: Im 15. bis 17. Jahrhundert war der Raum des heutigen Baden-Württemberg von einer Reihe größerer und sowohl wirtschaftlich als auch kultureller bedeutenderer Städte wie Augsburg, Basel und Straßburg umgeben, denen sich innerhalb dieses Raumes keine Stadt von gleichem Gewicht an die Seite stellen ließ[16]. Das kulturelle Profil dieses Gebiets wird also erst dann in seiner richtigen Relation zu seiner Umgebung gesehen, wenn auch die lateinischen Städtedarstellungen aus den umgebenden Gebieten verglichen werden, was hier nicht oder nur in sehr beschränktem Umfang geschehen kann.

Die älteste für unseren Raum bekannte Stadtlobrede ist die von Petrus Antonius de Clapis genannt Finariensis auf Heidelberg, die 1499 gedruckt wurde: *Oratio in genere demonstrativo in laudem Civitatis Universitatisque Heydelbergensis inclytissimique et serenissimi principis comitis Rheni Palatini et Bavarie ducis.* Gerhard Ritter hat 1936 zuerst wieder auf sie hingewiesen. Guido Kisch zeigte 1969, daß der Verfasser seine eigene Lobrede auf Basel aus dem Jahr 1464 als Modell benützte, das er adaptierte und teilweise wörtlich übernahm. Jan-Dirk Müller hat 1989 diese Beziehung im einzelnen noch näher untersucht[17].

Die jüngste bisher bekannte lateinische Stadtlobrede ist die von Johann Peter Ludwig auf Schwäbisch Hall, die er 1687 als Primaner bei einem Schulakt hielt und die 1688 als *Hallarum Nobilis ac Liberae S. Romani Imperii Civitatis Encomium* gedruckt wurde. Ich habe sie 1990 ediert, übersetzt und analysiert[18]. Außer ihrer Einordnung in ihren biographischen, schulgeschichtlichen und gesellschaftlichen Kontext gelang der Nachweis, daß Ludwig als Modell eine Stadtlobrede auf Gießen benützt hatte, die in dem im Haller Gymnasium für den Rhetorikunterricht verwendeten Buch von Konrad

16 Dies wirkt sich auch auf die Qualität, Quantität und Chronologie der lateinischen Stadtdarstellungen aus, die diesen Städten zuteil wurden. So hat keine Stadt Südwestdeutschlands von humanistischer Seite eine so gewichtige historische Darstellung erfahren, wie sie M. Welser, *Rerum Augustanarum Vindolicarum libri VIII*, (Venedig) 1594, für Augsburg bietet, keine wurde so früh beschrieben wie Basel, das Aeneas Silvius Piccolomini 1434 und 1438 unter Benützung von Leonardo Brunis *Laudatio* von Florenz beschrieb (vgl. B. Widmer, Enea Silvios Lob der Stadt Basel und seine Vorlagen, in: Basler Zeitschrift für Geschichte und Altertumskunde 58/9, 1959, S. 111 ff.), und keine hat in N. Reusners Sammlung von Stadtlobgedichten so viele Texte verschiedener Verfasser erhalten wie Straßburg (siehe unten Anm. 21, S. 34 ff.). Umgekehrt nennt Aeneas Silvius in seiner 1457/58 verfaßten und 1515 gedruckten *Germania* (siehe A. Schmidt, Aeneas Silvius *Germania* und Jakob Wimpfelings *Respona et Replicae ad Eneam Silvium,* Köln–Graz 1962) unter 73 Städten im deutschsprachigen Raum aus Südwestdeutschland nur Konstanz wegen seines Konzils und Ulm: *habent Suevi trans Danubium multas urbes, regina tamen omnium Hulma est, et ipsa potens et non immunda civitas.* Die übrigen waren ihm keine Nennung wert, wohl aber darum herum Basel, Straßburg, Worms, Speyer, Mainz, Frankfurt, Würzburg, Nürnberg, Rothenburg, Augsburg, Memmingen und Kempten.

17 Siehe G. Ritter, Petrus Antonius Finariensis, der Nachfolger Peter Luders in Heidelberg. Ein Beitrag zur Geschichte des Frühhumanismus am Oberrhein, in: Archiv für Kulturgeschichte 26 (1936), S. 89 ff.; Ders., Die Heidelberger Universität, Bd. 1, Heidelberg 1936, S. 461 ff.; G. Kisch, Gestalten und Probleme aus Humanismus und Jurisprudenz, Berlin 1969, S. 241 ff.; Voigt (wie Anm. 2), S. 154 ff., J.-D. Müller, Der siegreiche Fürst im Entwurf der Gelehrten. Zu den Anfängen eines höfischen Humanismus in Heidelberg, in: A. Buck (Hg.), Höfischer Humanismus, Weinheim 1989, S. 17 ff.

18 Vgl. Ludwig (wie Anm. 1).

Dieterich (*Institutiones oratoriae*, 1613 und öfter) als Musterrede enthalten war, und daß Ludwig auch die dort zitierten Stadtlobreden auf Marburg und Rostock von Reinhard Lorichius und David Chytraeus verwertet hatte. Auf der Grundlage einer derartigen rhetorischen Analyse ergab sich dann auch ein besserer Zugang zu ihren auf Schwäbisch Hall bezogenen Aussagen. Die Rede wurde nachweislich in benachbarten Reichsstädten gelesen. Unbekannt ist bisher, ob andere derartige Reden in unserem Raum im 17. Jahrhundert gehalten wurden.

Die ältesten Stadtlobgedichte in ihm scheinen die handschriftlich überlieferte Motette des Bartholomäus Frank auf Ravensburg von 1487/88[19] und das *Elegiacum in laudes civitatis Heydelbergensis et ... Principis Philippi* des Robert Gaguin von 1492[20] sowie ein hexametrisches Lobgedicht auf Ulm zu sein, das Hartmann Schedel in sein 1493 in Nürnberg Gedrucktes *Liber Chronicarum* an Stelle einer prosaischen Beschreibung der Stadt einfügte[21]. 1509 veröffentlichte Heinrich Bebel ein Epigramm in acht

19 Vgl. oben Anm. 13.

20 Siehe K. Gaquoin, Denkschrift zum 400. Todestage des Robertus Gaguinus nebst seinen Elegien zum Lobe Heidelbergs und des deutschen Geistes, Heidelberg 1901, S. 10ff.; *Roberti Gaguini, Gallorum regis oratoris, Elegiacum in laudes civitatis Heydelbergensis et pientissimi principis Philippi r. c.* Gedruckt vermutlich Heidelberg 1492) umfaßt 22 elegische Distichen und preist, wie V. 2 ankündigt, Heidelberg *flumine* (V. 3–6: Neckar, Fische, Handelsschiffahrt), *colle* (V. 7–12: Obstbäume, Weingärten), *duce* (V. 14–44: Pfalzgraf Philipp) und ist also mehr ein Lob des Fürsten als der Stadt, von der selbst nur die unter der *arx* gelegenen *moenia* (V. 17) und der friedliche Sinn ihrer Bürger (V. 13) genannt sowie der *sacer templi cultor* (V. 37) und die *schola* (V. 39) zum Lob des Fürsten aufgefordert werden. In der Ausgabe des Gedichts durch K. Gaquoin sind in V. 12 *ferucat* in *ferveat* und in V. 19 *circu* in *circum* zu verbessern.

21 In der lateinischen Ausgabe der Weltchronik, Nürnberg 1493, Bl. CXC, wird das Gedicht so eingeführt: *Ideo* (d. h. aufgrund der prosaischen mit *Ulma insignis urbs Sueviae* ... beginnenden Beschreibung Ulms) *in eius laudem ac descriptionem urbis metra heroico deducta carmine edita sunt.* Es folgen auf Bl. CXCf. 42 Hexameter, beginnend mit *Ulma decus Sueviae* ... Sie sind unterschrieben mit den in griechischen Buchstaben gedruckten Worten *Telos, monokolou. apogrammatos* (wohl mit Druckfehler für *epigrammatos*; »Ende des aus einer Versart bestehenden Kurzgedichts«). Eine frühere Publikation des Gedichts ist bis jetzt nicht bekannt. In der deutschen Fassung der ›Weltchronik‹ vom gleichen Jahr (Bl. cxcf.) ist der Inhalt des Gedichts in deutsche Prosa umgesetzt. Das lateinische 42 Hexameter umfassende Gedicht fand im 16. und 17. Jahrhundert mehrfach Beachtung: Irenicus (wie Anm. 5), Bl. CCXXVIII, und S. Münster, Cosmographie, Basel 1628, ND Lindau 1984, S. 1024, zitieren die ersten Verse; Crusius (wie Anm. 5), S. 64, das ganze Gedicht, ebenso – mit geringen Abweichungen – N. Reusner, *Germania, sive Maiestas, Gloria et potentia S. Imperii Romani Urbium Imperialium Liberarum variis authorum Elogiis et praeconiis decantata et illustrata*, Oberursel 1605, S. 140f. (2. Aufl. Frankfurt/Main 1651 unter dem Titel *Urbes Imperiales*). Mehrere Teile nahm M. Merian, *Topographia Sueviae* ..., Frankfurt/Main 1643, S. 199f., in seine Beschreibung Ulms auf. Das Gedicht wird von Irenicus bis Merian ohne Verfassernamen zitiert. In der stadt- und literaturgeschichtlichen Forschung des 20. Jahrhunderts galt Johann Böhms Gedicht von 1515 als das älteste Lobgedicht auf Ulm (H. Greiner, Hans Böhm und sein Loblied auf die Reichsstadt Ulm, in: Ulmische Blätter 1, Nr. 1, 1924, S. 2f., Nr. 2, 1924, S. 10ff., hier S. 10: »Es ist das älteste Loblied, das wir von Ulm kennen«; W. Hammer, Latin and German Encomia of Cities, Diss. Chicago 1937, und Slits [wie Anm. 1] erwähnen Schedels Gedicht nicht). In Schedels Liber Chronicarum finden sich nur sehr wenige andere Verseinlagen: 7 leoninische Hexameter auf die ersten Regensburger Bischöfe, 6 Hexameter auf Nürnberg, 12 teilweise leoninische Hexamter auf Salzburger Reliquien, 27 teilweise leoninische Hexameter Gottfrieds von Viterbo auf Bamberg, 39 Hexameter auf den Tod und 17 sapphische Strophen auf Gott und Kaiser Maximilian. Ulm wird durch das relativ umfangreiche Lobgedicht also deutlich

Hexametern auf Konstanz[22], 1515 folgten Philipp Engelbrechts elegische Beschreibung von Freiburg[23] und Johann Böhms sapphisches Loblied auf Ulm[24], 1522 Johann Molitorius' *Encomion* auf Esslingen[25]. Dies waren, soweit bis jetzt bekannt, die frühesten Stadtlobgedichte in unserem Raum. Dabei macht es keinen Unterschied, daß Engelbrecht von einer *descriptio Friburgi*, Molitor von einem *encomion Esselingae* sprach. Beide Gedichte gehören zu dem gleichen Genus der dichterischen *laudes urbium*. Die Begriffe werden vorher und später mit Bezug auf den gleichen Gegenstand verwendet[26]. Das Gedicht von Molitorius wird nachher noch eingehender in seinen literarischen Zusammenhängen interpretiert. Es wird sich dabei unter anderem ergeben, daß der Esslinger, der in Freiburg bei Engelbrecht studiert hatte, sein Gedicht auf Esslingen primär nach dem strukturellen und stilistischen Modell von Engelbrechts Gedicht, aber auch unter Verwendung von Motiven und Wendungen in Böhms Gedicht verfaßte, wodurch die spezifischen Abweichungen von beiden um so bedeutsamer werden.

Die Gedichte von Engelbrecht, Böhm und Molitor haben 430, 124 und 204 Verse und gehören damit zu dem Formtyp des längeren einzelnen Stadtgedichtes. Es gab außerdem den des kürzeren Stadtgedichts, den das Epigramm Bebels auf Konstanz repräsentiert. Solche kurzen Stadtgedichte wurden gerne, wie es schon bei ihrem klassischen Vorbild, den Stadtgedichten des Ausonius, geschehen war, mit mehreren anderen ihrer Art zusammengestellt, so daß sich Sammlungen von Gedichten auf verschiedene Städte ergaben. Anregend wirkte dabei nach Ausonius insbesondere Julius

ausgezeichnet. Teilweise kommt Schedel selbst als Autor dieser Gedichteinlagen in Frage, so auch im Falle des Ulmgedichts.

22 Siehe *In laudem urbis Constantiae, Epigramma Henrici Bebelii*, in: *Opera Bebeliana ...*, Pforzheim 1509, Bl. Iiv.

23 Siehe *Philippi Engelbrechti Engentini Epistola florentissimae Urbis Friburgi apud Brisgoicos descriptionem complectens ...*, Straßburg 6. März 1515, 2. verbesserte Auflage Basel 1. August 1515 (mit Einleitung und Anmerkungen ediert von J. NEFF, Helius Eobanus Hessus *Noriberga illustrata* und andere Städtegedichte, Berlin 1896, S. XXVIff., XXXIIff., XXXIXf., XLIII, 55ff.).

24 Siehe *Ulmae Sueviae metropolis laus et descriptio Ioannis Boemi Aubensis Theutonici Franci*, in: (I. Boemus), *In hoc libello continentur liber heroicus de Musicae laudibus, Carmen sapphicum de laude et situ Ulmae civitatis imperialis Sueviae ...*, Augsburg 14. Dezember 1515, Bl. c ii–c iv (Bayer. Staatsbibliothek München, Sign. 4 P.o.lat. 111m.). Das Ulmgedicht wurde ediert und übersetzt von GREINER (wie Anm. 21), S. 10–12, (folgende Abweichungen gegenüber der Erstausgabe sind in Greiners Text zu verbessern: V. 15 *Noribergam*: richtig *Nornbergam*, V. 46 *vesono*: richtig *resono*, V. 97 *invenes*: richtig *iuvenes*, V. 119 *tua:* richtig *tum.*) Den Hinweis auf die der Stadtlobliteratur unbekannte Veröffentlichung H. GREINERS (1862–1927, Nachruf in: Ulmer Historische Blätter 3, 1927) verdanke ich Dr. Weig, Stadtarchiv Ulm.

25 Siehe *Esselingae Encomion Io. Molitorii*, Stuttgart (1522, Widmungsbrief datiert 13. Juni 1522); Württ. Landesbibliothek Stuttgart Sign. 35C/985; O. MAYER, Geistiges Leben in der Reichsstadt Eßlingen vor der Reformation der Stadt, Angeschlossen ist des Johannes Molitorius' *Esselingae Encomion* vom Jahr 1522 mit Übersetzung und Erläuterungen, Erweiterter Sonderdruck aus den Württ. Vierteljahresheften für Landesgeschichte N.F. IX, Stuttgart 1900, S. 89ff. (die Edition findet sich nur in dem Sonderdruck). Das Gedicht ist über Esslingen hinaus in der Forschung bisher nicht rezipiert worden und findet sich auch nicht bei HAMMER (wie Anm. 21) oder SLITS (wie Anm. 1).

26 Vgl. C. J. CLASSEN, Die Stadt im Spiegel der *Descriptiones* und *Laudes urbium*, Hildesheim 1980.

Caesar Scaliger, dessen Sammlung *Urbes* hundert Städte aus der ganzen Welt bedichtet (nur eine davon, Heidelberg, liegt in unserem Raum) und die innerhalb seiner *Poemata* zwischen 1574 und 1621 viermal in Heidelberg gedruckt wurden[27]. Nicolaus Reusner faßte mit unter dem Eindruck dieser Gedichte Scaligers den Entschluß, einen Band zusammenzustellen, indem er zu allen deutschen Reichsstädten eine prosaische Darstellung und anschließend ein kurzes, Epigramm genanntes Gedicht von ihm selbst gab, dem er dann noch jeweils andere Gedichte anderer Verfasser auf dieselbe Stadt anschloß, sofern sie ihm bekannt waren. Das war bei den zwanzig Reichsstädten in unserem Raum mit Ausnahme von Heilbronn und Ulm allerdings nicht der Fall (für Heilbronn zitiert er ein bisher unbeachtetes Lobgedicht des 1593 gestorbenen Heilbronner Lateinschulrektors und Poeta laureatus Johann Lauterbach)[28]. Der Band erschien 1605[29].

Das klassische Vorbild der chorographischen Gedichte waren die Erdbeschreibungen des Dionysios Periegetes beziehungsweise seine lateinischen Versübersetzungen. Ich habe 1979 darauf aufmerksam gemacht, daß in ihrem Gefolge der italienisch-niederländische Humanist Hugo Favolinus in einem lateinischen Lehrgedicht zu dem Kartenwerk des Ortelius 1585 in Antwerpen auch ein Gedicht über Württemberg veröffentlichte, in dem er innerhalb der Landesbeschreibung auf die Städte Stuttgart, Wildbad und Tübingen einging, und daß Nicolaus Reusner mit unter dem Einfluß des Favolinus 1586/88 dem Direktor der württembergischen Hofkanzlei Melchior Jäger von Gärtringen ein Gedicht, betitelt *In urbes provinciae Wirtebergicae* schickte, das 35 württembergische Städte mit kurzen Charakterisierungen auflistet. Reusner, der sich damit für eine Stelle im herzoglich württembergischen Dienst empfehlen wollte, veröffentlichte dieses Gedicht 1593 in einer Ausgabe seiner gesammelten Gedichte, wo mir das in der Landesgeschichtsforschung bis dahin unbekannte Gedicht aufgefallen war[30].

27 Vgl. I. C. Scaliger, *Poemata omnia* (Heidelberg), 1621, T. I, S. 543 ff. Von Scaligers durchweg in elegischen Distichen verfaßten Städtegedichten betreffen 8 den deutschsprachigen Raum (Leipzig, Heidelberg, Wien, Köln, Magdeburg, Frankfurt am Main, Lübeck und Nürnberg). Peter Lindeberg aus Rostock (1562–1596, *Poeta laureatus* 1595) folgte Scaliger mit einer *Urbes* betitelten Gedichtsammlung (zuerst Hamburg 1592). Sie ist gleichfalls in elegischen Distichen verfaßt und enthält Gedichte auf 31 Städte, darunter 18 im deutschsprachigen Raum. Unter anderem werden Nürnberg, Augsburg, Basel, Straßburg und Frankfurt am Main bedichtet, aber keine Stadt dazwischen: S. P. Lindebergius, *Iuvenilium partes tres*, Frankfurt am Main 1595, S. 21 ff.

28 Vgl. zu J. Lauterbach U. Siegele, Die Musiksammlung der Stadt Heilbronn, Heilbronn 1967, S. 7 ff. (freundlicher Hinweis von Frau Geisler, Stadtarchiv Heilbronn).

29 Vgl. Reusner (wie Anm. 21). Lauterbachs Gedicht in 42 elegischen Distichen befindet sich auf S. 172 ff.

30 Vgl. W. Ludwig, Die poetischen Beschreibungen des Herzogtums Wirtemberg durch Hugo Favolinus und Nicolaus Reusner, in: Zeitschrift für Württ. Landesgeschichte 36 (1977), 1979, S. 96 ff. (= *Litterae Neolatinae* [wie Anm. 8], S. 145 ff.). Eine Sonderart der chorographischen Gedichte sind die Flußgedichte, für die Ausonius mit seiner *Mosella* ein unerreichtes Muster gab. Der Preuße Felix Fidler (stud. Wittenberg 1545, *Poeta laureatus*, † 1553 bei der Belagerung von Metz) schrieb eine *Fluminum Germaniae descriptio* mit 30 Gedichten in elegischen Distichen, die P. Schede Melissus 1574 in Frankfurt am Main als Anhang zu seinen *Schediasmata* erstmals veröffentlichte (Städte werden an den Flüssen in unterschiedlichem Maße genannt, am Neckar nur Tübingen und Esslingen). Eine ausführliche poetische Darstellung des Rheins und seiner Städte

Für die Reisegedichte hat Hermann Wiegand 1984 eine ausführliche Untersuchung vorgelegt. Ihr lassen sich die *Hodoeporica* entnehmen, die unseren Raum betreffen[31]. Nur drei der so dargestellten Reisen enden hier. Es ist erstens eine Reise des Joachim Camerarius, die 1538 von Würzburg über Schwäbisch Hall und Wildbad nach Tübingen führt, zweitens eine Reise des Deutsch-Ungarn David Sigemundus, der 1579 von Speyer über Heidelberg nach Tübingen und Stuttgart gelangt, und drittens eine Exkursion des Dänen Franciscus Ripensis, der 1559 mit Lotichius von Heidelberg über Neckarsteinach, Hirschhorn, Eberbach, Buchen und Lauda nach Würzburg und wieder zurück reiste. In der Mehrheit querten die humanistischen Verfasser von Reisegedichten unseren Raum, etwa von Augsburg über Ulm, Tübingen und den Schwarzwald nach Straßburg oder von Basel über Freiburg und Heidelberg nach Frankfurt. Heidelberg, Tübingen und Freiburg sind die am häufigsten auf der Durchreise besuchten Städte. Die Reisegedichte können sowohl Aufschluß über die Routen humanistischen Reisens als auch über die von humanistischen Reisenden beachteten Städte geben. Als Nicolaus Reusner 1580 in Basel eine Anthologie von Reisegedichten verschiedener Autoren unter dem Titel *Hodoeporicorum sive Itinerum totius fere Orbis Libri VII* veröffentlichte, schickte er außerdem Zusammenstellungen der Gesichtspunkte voraus, die der humanistische Reisende beim Besuch einer Stadt beachten sollte[32].

Ulm, die in den fraglichen Jahrhunderten in unserem Raum wohl immer größte Stadt, hatte schon um 1488 in einem historiographischen Werk eine ausführliche Beschreibung gefunden. Der Dominikaner Felix Fabri[33] hatte an den Anfang des zweiten Buches seiner *Historia Suevorum* ein Kapitel *De forma vel facie civitatis*

gab Bernardus Mollerus, *Rhenus et eius descriptio elegans a primis fontibus usque ad Oceanum Germanicum: ubi urbes, castra et pagi adiacentes, item flumina et rivuli in hunc influentes, et si quid praeterea memorabile occurrat plenissime carmine elegiaco depingitur*, Köln 1570, 1571 und 1596, 320 S.

31 H. Wiegand, *Hodoeporica.* Studien zur neulateinischen Reisedichtung, Baden-Baden 1984. Einen Hinweis verdient die Zusammenstellung mittelalterlicher und neuzeitlicher prosaischer und poetischer Reisebeschreibungen durch J. A. Fabricius, *Bibliotheca latina mediae et infimae aetatis* (1. Bd.), Hamburg 1734, S. 316ff. – P. J. Brenner, Der Reisebericht in der deutschen Literatur. Ein Forschungsüberblick als Vorstudie zu einer Gattungsgeschichte, Tübingen 1990, führt im neulateinischen Bereich nicht über Wiegand hinaus.

32 Siehe ebd. B. ß2ff. *Hieronymi Turleri praecepta omnibus iter facientibus necessaria et maxime observanda* (vgl. zu H. Turler E. Trunz, Der deutsche Späthumanismus um 1600 als Standeskultur, in: R. Alewyn [Hg.], Deutsche Barockforschung, Köln–Berlin 1965, S. 147ff., hier S. 164). Turler betont, daß man immer *loci nomen, figuram, capacitatem, iurisdictionem, et situm* beachten solle, bei Städten seien wichtig *opera publica vel sacra (basilicae, monasteria) vel profana (palatia, fora, campi, theatra, curia, scholae, xenodochia, nosocomia, arces, armamentaria, propugnacula, turres, tota ratio munitionis)* und *opera privata (civium aedes, picturae, horti, fontes, pharmacopolia, bibliothecae), nomen urbis ac fundatoris, ratio gubernationis, homonum mores, victus, vestitus et vivendi ratio.* Es folgen auf Bl. ß7 Auszüge aus D. Chytraeus und V. Strigelius, in denen etwa die gleichen Gesichtspunkte anders gewichtet werden, sowie auf Bl. ß8 der tabellarisch gegliederte *Methodus apodemica* von Theodorus Zvingerus. Derartige Übersichten über das, was man auf Reisen beobachten soll, stehen auch am Beginn frühneuzeitlicher Inschriftensammlungen wie der von Chytraeus (siehe Anm. 12).

33 Zu ihm vgl. H. Wiegandt, Felix Fabri, Dominikaner, Reiseschriftsteller, Geschichtsschreiber 1441/42–1502, in: Lebensbilder aus Schwaben und Franken 15 (1983), S. 1ff., und G. Veesenmeyer, *Fratris Felicis Fabri Tractatus de Civitate Ulmensi …*, Tübingen 1889.

Ulmensis gesetzt und anschließend die Geschichte der Stadt erzählt. Melchior Goldast von Haiminsfeld brachte dieses Geschichtswerk 1605 in seinen *Rerum Suevicarum Scriptores aliquot veteres* zuerst zum Druck. Fabri gab wesentlich mehr an topographischem und historischem Detail, als es den humanistischen Autoren von Stadtbeschreibungen angemessen schien. Aber gerade dies schien Goldast, der sonst Fabri als Historiker wegen seiner Ehrlichkeit sehr schätzte, vom literarischen Standpunkt aus mehr als überflüssig. *Quas gerras nectit in civitatis Ulmensis taediosa enarratione?* (»In welchen Lappalien ergeht er sich in seinem langweiligen Bericht über die Stadt Ulm?«) schreibt Goldast im Vorwort. Als Goldasts Sammelwerk 1727 in Ulm in einer verbesserten zweiten Auflage gedruckt wurde, setzte sich der Drukker und Verleger Daniel Bartholomaei in seiner Vorrede für den Leser eben mit dieser Kritik Goldasts kritisch auseinander und wünscht, daß nicht alle so wie Goldast denken[34]. Die Bedeutung Ulms unter den Reichsstädten mache die Mitteilungen Fabris willkommen. Das lokale historische Interesse stellt sich mit Erfolg dem humanistischen literarischen Geschmack entgegen. Vielleicht blieben zahlreiche Stadtchroniken aber auch mit Rücksicht auf ihre als unzureichend empfundene literarische Gestaltung ungedruckt.

Die erste poetische Darstellung Stuttgarts findet sich nicht in einem Stadtlobgedicht, sondern gelegentlich eines mythologisch-panegyrischen Epyllions. Joachim Münsinger, der sich später den Zunamen »von Frundeck« beilegte, schrieb 1532 als Student in Padua das hexametrische Kleinepos *Necchardes*, das er 1533 in Tübingen zusammen mit einem Brief an den österreichischen Statthalter in Württemberg, Philipp Pfalzgraf bei Rhein, drucken ließ. *Neccharides* sind die Neckarnymphen, die Münsinger – angeregt durch die antiken Nymphen und im literarischen Anschluß an die Jordannymphen Sannazaros – erfand und in einer Höhle des Neckar versammelte, um dort eine der Nymphen ihren Genossinnen erzählen zu lassen, daß Philipp zum neuen Regenten Württembergs ernannt wurde. Sein Einzug in Stuttgart am 11. Juni 1532 wird so vor Augen geführt:

Scilicet ingreditur tandem fortissimus heros
moenia ter quater et Baccho Stutgardiae amata
cinctaque praecipue Lenaei gurgitis unda
(»Es zieht endlich ein der tapferste Held
in die drei- und viermal von Bacchus geliebten Mauern Stuttgarts,
die vor allem von der Woge des lenaeischen Strudels umgürtet sind.«)

Nachdem die Stadt so inmitten ihrer Reben vorgestellt ist, wird Philipps Empfang in der Stadt durch die begeisterten Bürger und Ratsherren geschildert. Münsinger hebt hervor, daß Stuttgart von allen Seiten von Weingärten umgeben ist; hierdurch unterschied es sich vorteilhaft sogar von Freiburg und Esslingen, deren Stadtlobgedichte von 1515 und 1522 die Weingärten auf drei Seiten beziehungsweise auf einer Seite dieser Städte gerühmt hatten. Dieses erste, einem humanistischen Publikum vorgestellte Bild

34 Siehe *Rerum Suevicarum scriptores aliquot veteres ..., ex Bibliotheca et recensione Melchioris Haiminsfeldii Goldasti Editio secunda, emendatior*, Ulm 1727, unnum. Bl. 4vf.

Stuttgarts wurde aus verständlichen Gründen – Münsinger rühmte die österreichische Herrschaft – in Württemberg bald vergessen[35].

Wie Heidelberg in lyrischen und elegischen Gedichten vorgestellt werden konnte, ist der von Wilhelm Kühlmann und Hermann Wiegand 1988 herausgegebenen Anthologie *Parnassus Palatinus* zu entnehmen[36]. Diese Beispiele für die Darstellungen südwestdeutscher Städte in verschiedenen lateinischen Textformen müssen hier genügen. Einige weitere Texte sind aus der Literatur bekannt, gewiß nicht alle, so daß ich an dieser Stelle die anfängliche Bitte um Hinweise wiederholen möchte.

Es soll nun einer der angeführten Texte, das *Encomion* auf Esslingen von Johannes Molitorius, zusammen mit seinen wichtigsten literarischen Vorläufern, dem Freiburggedicht Engelbrechts und dem Ulmgedicht Böhms, etwas näher interpretiert werden. Das Gedicht auf Esslingen ist 1900 von Otto Mayer nach der bis dahin einzigen Erstausgabe erneut ediert und auch übersetzt und erläutert worden[37]. Seit dieser für ihre Zeit guten Arbeit wurde das Gedicht zwar gelegentlich zitiert[38], aber kein Erkenntnisfortschritt erzielt mit der Ausnahme, daß Tilmann Matthias Schröder 1987 richtig bemerkte, das Gedicht enthalte entgegen Mayers Annahme keinen »direkten Angriff auf den Esslinger Klerus« (allerdings auch keine ironische Distanzierung, wie Schröder glaubt)[39]; Mayer sind außerdem ein paar textliche Mißverständnisse unterlaufen, insbesondere aber mußten ihm die Gestaltung, die Besonderheit, die Funktion und die Bedeutung des Gedichts entgehen, da er es noch nicht in seinen literarischen

35 Vgl. meine in Anm. 9 zitierte Untersuchung.

36 W. Kühlmann/H. Wiegand, *Parnassus Palatinus*. Humanistische Dichtung in Heidelberg und der alten Kurpfalz, Heidelberg 1989. Die Zusammenstellung hat den Charakter einer Anthologie und strebt nicht nach Vollständigkeit, auch sind keine Texte aus dem 15. und frühen 16. Jahrhundert aufgenommen, da die Herausgeber das Zeitalter des Späthumanismus illustrieren wollen, so auch nicht die Elemente eines Stadtlobs enthaltende Ode des Celtis *Ad Ioannem Vigilium sodalitatis litterariae Rhenanae hospitem in situm Hedelbergae et quare decennio peregrinatus fuerit* (*Odarum liber* 3,5, zuerst gedruckt Straßburg 1513; bei F. Pindter, *Conradus Celtis Protucius, libri Odarum quattuor, liber Epodon, Carmen Saeculare*, Leipzig 1937, S. 68 ff.). Celtis hat in mehreren seiner Gedichte Stadtlobelemente verwendet, aber kein eigentliches Stadtlobgedicht verfaßt. So ist z. B. ein Lob auf Freiburg eingeschlossen in einen Panegyrikus auf Zasius in *Od.* 3, 25: *Ad Udalricum Zasium Friburgensen cancellarium.*

37 Siehe Anm. 25. Otto Mayer (1846–1932), der viele Jahre Rektor des Esslinger Gymnasiums war, sind mehrere wichtige Arbeiten zur Esslinger Bildungsgeschichte zu verdanken; vgl. auch Anm. 43 und 132.

38 Vgl. O. Schuster, Kirchengeschichte von Stadt und Bezirk Esslingen, Stuttgart 1946, S. 90, 132 f., 135 f.; O. Borst, Buch und Presse in Esslingen am Neckar, Esslingen 1975, S. 164; Ders., Geschichte der Stadt Esslingen am Neckar, 3. Aufl., Esslingen 1978, S. 222.

39 Siehe T. M. Schröder, Das Kirchenregiment der Reichsstadt Esslingen, Esslingen 1987, S. 43, Anm. 122. Mayers Auffassung stützte sich erstens wohl auf den prosaischen Widmungsbrief des Gedichts, wo Molitor schreibt, einige *sacrificuli*, d. h. wohl Kaplane, würden die besten Männer, darunter Johannes Lonicerus, aus Neid verleumden. Das richtet sich aber nicht gegen den Esslinger Klerus insgesamt. Zweitens meinte Mayer, Molitors Ton gegenüber den Mönchen und Nonnen, dem Meßgottesdienst und dem Pfarrer der Stadtkirche Dr. Balthasar Sattler sei »reserviert«. Seine Äußerungen sind da aber nur knapp, nicht negativ und sicher nicht ironisch. Völlig unzutreffend ist das pauschale Urteil von Borst, Buch und Presse (wie Anm. 38), S. 42: »Das Esslinger Encomion des Johannes Molitorius von 1522 spricht von der Masse der Priester nur als einem recht elenden Gesindel.«

Kontext einordnen konnte und er insbesondere das 1896 von Joseph Neff wieder edierte Gedicht Engelbrechts zur Zeit seiner Edition ebensowenig kannte wie das erst 1924 von Hans Greiner wieder publizierte Gedicht Böhms.

Joannes Molitoris beziehungsweise *Molitorius*[40] war um 1502 in Esslingen geboren und gehörte zu einer der mehreren damals dort ansässigen Familien mit Namen Müller beziehungsweise Miller, deren Haushaltsvorstände ein Handwerk ausübten (Bader, Faßbinder und Schuhmacher werden in Urkunden genannt). Sehr wahrscheinlich war sein Vater oder Onkel der Schuhmacher-Zunftmeister Hans Miller, der 1520–1522 und 1524–1526 im Esslinger Rat saß und auch Spitalpfleger war[41]. Apollonia Müller, die 1532 eine Nonne im Esslinger St. Klara-Kloster war, könnte eine nahe Verwandte gewesen sein[42]. Der junge Hans besuchte zunächst die Esslinger Lateinschule, die damals unter der Leitung des Mag. Caspar Heininger stand, den Jakob Wimpfeling zu den *theologi excellentes* Schwabens gezählt hatte[43]. Wie groß seine lateinischen Autorenkenntnisse waren, als er Esslingen 1520 zum Studium verließ, ist unbekannt. Sie müssen aber beträchtlich gewesen sein, denn als er nach etwa einem Freiburger Jahr das *Esselingae Encomion* verfaßte, bewies er Lektürekenntnisse in Horaz, Ovid, Vergil und Livius, benützte Stellen aus Plinius, Quintilian und den *Adagia* des Erasmus, kannte andere zeitgenössische Literatur und zeigte eine so weitgehende Fähigkeit, elegische Distichen zu komponieren, daß er mit erheblichen Vorkenntnissen nach Freiburg gekommen sein muß.

Am 22. März 1520 immatrikulierte er sich dort zusammen mit dem aus einem Esslinger Ratsherrengeschlecht stammenden Hieronymus Ammann, der 1522 sein Studium in Ingolstadt fortsetzte[44]. Spätestens in Freiburg gewann Molitorius eine prohumanistische und antischolastische Einstellung, die aus seinen 1522 gedruckten Epigrammen hervorgeht. Der zur gleichen Zeit geschriebene Widmungsbrief zeigt ihn proerasmisch und antilutherisch. Er besuchte in Freiburg den Unterricht des *Poetices lector ordinarius* Mag. Philipp Engelbrecht, der, weil er aus Engen stammte, sich den

40 Die genitivische Namenform *Molitoris* zeigt der Freiburger Immatrikulationseintrag (siehe Anm. 44), die Form *Molitorius* der Stuttgarter Druck (siehe Anm. 25). Die Latinisierung des Familiennamens dürfte beim Eintritt in die Universität vorgenommen worden sein.

41 Dies nach 1992 im Stadtarchiv Esslingen durchgeführten archivalischen Ermittlungen. Näheres in dem unten S. 67 angekündigten Aufsatz in der Zeitschrift Esslinger Studien.

42 Siehe F. Fezer, Die Konvente von Sankt Klara und Sirnau, in: Esslinger Studien Zeitschrift 23 (1984), S. 45 ff., hier S. 57.

43 Vgl. Mayer (wie Anm. 25), S. 49 ff.; O. Herding/D. Mertens, Jakob Wimpfeling, Briefwechsel, München 1990, S. 533. Heininger hatte wohl auch Zugang zu der damals mit humanistischen Texten vorzüglich ausgestatteten Esslinger Pfarrbibliothek; vgl. dazu O. Mayer, Die ältesten Druckschriften der einstigen Eßlinger Stadt-, Kirchen- und Schulbibliothek, in: Württ. Vierteljahreshefte für Landesgeschichte 32, (1925/26), S. 188 ff., 33, 1927, S. 167 ff. Dazu zwei Berichtigungen: Die Bibliothek enthielt nicht Werke von Giovanni Pico della Mirandola (S. 177), sondern seines Neffen Giovanni Francesco (Borst [wie Anm. 38], 1975, S. 199, übernahm Mayers Fehler) und keine Gedichte des kroatischen Marcus Marullus (S. 180), sondern die *Epigrammata et Hymni*, Straßburg 1509, des Michael Tarchaniota Marullus: StA Esslingen, Bestand Reichsstadt, Zu F. 224E, B146 und C105,4. Ich beabsichtige, einen Katalog des erschließbaren Bestands der vorreformatorischen Esslinger Pfarr- und Klosterbibliotheken herauszugeben.

44 Siehe H. Mayer, Die Matrikel der Universität Freiburg im Breisgau von 1460–1656, Bd. 1, Freiburg 1907, S. 241 f. Zur Familie Ammann in Esslingen vgl. Fezer (wie Anm. 42), S. 69, 73.

humanistischen Beinamen *Engentinus* beigelegt hatte[45]. Er war im Oktober 1514 als bereits bekannter Humanist[46] aus Wittenberg nach Freiburg gekommen und hatte während der Fastnacht 1515 eine elegische *Epistola florentissimae urbis Friburgi apud Brisgoicos descriptionem complectens* an seinen Freund und früheren Wittenberger Kommilitonen *Hieronymus Husaerus* geschrieben[47] und die Epistel mit einem vorausgestellten prosaischen Widmungsbrief an Rektor und Senat der Universität Freiburg drucken lassen, zuerst am 6. März, dann noch einmal in verbesserter Form am 1. August 1515 zusammen mit einem empfehlenden Epigramm von Johann Zwick aus Konstanz. Er selbst hatte in seinem ersten Widmungsbrief die Hoffnung ausgesprochen, daß die Beschreibung Freiburgs der ganzen Stadt, besonders aber der Universität nicht geringen Ruhm erwerben werde[48]. Und sie wurde auch sehr positiv aufgenommen. Der Freiburger Jurist Zasius schrieb: »Engelbrechts Gedichte, da sie bis aufs Letzte durchgefeilt sind, empfiehlt und schätzt die Universität sehr«[49]. Diese Gedichte trugen gewiß viel dazu bei, daß Engelbrecht 1516 mit der *lectio poetica* betraut wurde, nachdem er seinen Vorgänger Caspar Baldung 1515 bereits vertreten hatte, als dieser Dekan der Juristenfakultät geworden war.

Welche Vorgänger hatte Engelbrechts Freiburggedicht im 15. und 16. Jahrhundert im deutschsprachigen Raum? Freiburg selbst hatte noch kein eigentliches Stadtlobgedicht erhalten, auch wenn Celtis in seiner 1513 gedruckten Ode an und auf Ulrich Zasius die Stadt wegen ihrer Lage im rebenreichen Breisgau und am Schwarzwald und wegen ihres Herrschers, Kaiser Maximilian, gerühmt hatte[50]. Heidelberg hatte der

45 Zu seiner Biographie vgl. H. Schreiber, Geschichte der Universität Freiburg, Freiburg 1857, S. 84ff.; ADB 6 (1877), S. 134ff. (Horawitz), NDB 4 (1959), S. 529f. (H. Grimm). P. G. Bietenholz/Th. B. Deutscher, Contemporaries of Erasmus, Bd. 1, Toronto 1985, S. 432.

46 Daß Engelbrecht bereits in Wittenberg als engagierter Humanist bekannt war, geht aus seiner Erwähnung in den *Epistulae obscurorum virorum* (Alt. vol., zuerst 1517, Frankfurt 1557, Bl. L 9v) hervor, wo er in dem von Ulrich von Hutten verfaßten *Carmen Rithmicale* des fiktiven Philippus Schlauraff in Wittenberg nach Georg Sibutus und Balthasar Fabricius aus Vacha (Professor an der Artistenfakultät, siehe M. Grossmann, Humanism in Wittenberg 1485–1517, Nieuwkoop 1975, S. 65) so erwähnt wird: *Tunc Philippus Engentinus, qui non est vexator minus / incepit unam guerram, tunc quaesivi aliam terram.* Engelbrecht hatte in Wittenberg 1511 zu dem Druck der *Ars versificandi* Ulrich von Huttens ein Epigramm beigesteuert (vgl. D. F. Strauss, Ulrich von Hutten, 2. Aufl., Leipzig 1871, S. 56) und 1513 ein *Epithalamion* auf die Hochzeit von Herzog Johann von Sachsen mit Prinzessin Margarete von Anhalt drucken lassen.

47 *Hieronymus Hauster de Bludencz Dioc. Curien.* immatrikulierte sich im Sommersemester 1513 in Wittenberg. Als Engelbrecht die poetische Epistel an ihn verfaßte, stand er anscheinend in Wittenberg in sächsischem Militärdienst (Engelbrecht *F.* 19ff. *Te retinent olim praeduri Saxones armis, / Albis ubi effusus cornua bina facit* – zu der Umschreibung von Wittenberg siehe unten Anm. 65).

48 Nach Neff (wie Anm. 23), S. XXXIV: *diutius in hac descriptione versatus ea generatim plenis velis sum complexus, quae toti civitati nedum vobis apud exteros non minimam, ut spero, gloriam sunt paritura.*

49 Siehe A. Hartmann, Die Amerbachkorrespondenz, 2. Bd., Basel 1943, S. 45; U. Zasius an B. Amerbach, Freiburg 22. VIII. 1515: *Carmina sua* (sc. *praeexcellentis poetae Phylippi Egentini*), *ut sunt ad unguem elegantia, commendat et magni facit Universitas.*

50 Siehe oben Anm. 36. Irenicus (wie Anm. 5), Bl. CCXII, bemerkt zu Freiburg: *cuius laudes Celtes odarum li.iii., Eckius, et nuper Philip. Engedinus explicaverunt.* Auf welche Äußerungen von (Johann) Eck er sich bezieht, ist noch unbekannt.

französische Humanist Robert Gaguin, der als Gesandter des französischen Königs am Heidelberger Hof weilte, in einem kurzen elegischen Gedicht gepriesen[51]. Sonst war für die wenigen Lobgedichte auf deutsche Städte meist im Anschluß an die klassischen Stadtlobgedichte des Ausonius der Hexameter gewählt worden, so 1488 von Wimpina in seinem Gedicht auf Leipzig, 1493 in dem Gedicht in Schedels Weltchronik auf Ulm[52] und 1504 beziehungsweise 1508 von Hermann van dem Busche in seinen Gedichten auf Leipzig und Köln[53].

Engelbrecht kannte zumindest Busches Gedicht auf Leipzig aus seiner Studienzeit in Sachsen. Dies beweisen einige phraseologische und motivische Übereinstimmungen, so daß auch die wichtigen Übereinstimmungen und die Unterschiede in der thematischen Struktur bewußt gewesen sein müssen. Phraseologische und motivische Übereinstimmungen bietet insbesondere der erste, die Natur der Umgebung *(rura)* betreffende Abschnitt[54]. Der zweite Abschnitt *(tecta)* erwähnt zwar jeweils die Stadtbefestigung; Busche spricht aber, ohne eine Kirche hervorzuheben, von den Straßen, Plätzen und dem Rathaus, während Engelbrecht das Freiburger Münster ausführlich würdigt. Im dritten Abschnitt behandelt Busche die *mores* der Bürger und des Rats, Engelbrecht entsprechend die Art der Regierung und Bevölkerung. Im vierten Abschnitt geht Busche auf ein Leipziger Spezifikum ein, die Messe und allgemein den Handel *(commercia)*, während Engelbrecht hier mit der Unterdrückung des Bundschuhaufstands von 1513 ein ganz anderes Freiburger Spezifikum wählte. Übereinstimmend preisen Busche und Engelbrecht dann zum Schluß die Universität ihrer Städte, wobei der erstere sich jedoch auf die Artistenfakultät konzentriert[55], während Engelbrecht alle vier Fakultäten behandelt. Die *Lipsica* zählt also zu den Vorbildern des Freiburggedichts[56].

Ein anderes anregendes Muster war für Engelbrecht ein Gedicht seines Wittenberger Lehrers Sibutus[57]. Engelbrecht, der sich 1508–1514 in Wittenberg aufgehalten hatte,

51 Siehe oben Anm. 20.

52 Siehe oben Anm. 21.

53 Vgl. H. J. LIESSEM, Hermann van dem Busche. Sein Leben und seine Schriften, Köln 1884, ND Nieuwskoop 1965; seine *Lipsica* (435 V.) ist abgedruckt in NEFF (wie Anm. 23), S. 73ff., sein *Flora* betiteltes Gedicht auf Köln (312 V.) in REUSNER (wie Anm. 21), unnum. Bl. 3ff.

54 Vgl. *L.* 27 *Horrea nam tantis hic aestas implet aristis* mit *F.* 95 *Horrea frumento replentur farta quotannis; L.* 29–32 *Tantaque fertilitas glebas fecundat opimas ... non etiam Siculi facilis proventus aratri* mit *F.* 97f. *ut praestare etiam Siculos videamur aristis / pringuibus immensa fertilitate loci; L.* 36 *Hic fecunda Ceres ...* mit *F.* 94 *Unde Ceres ... alma; L.* 98f. *Sub quibus et Dryades niveae Satyrique protervi / capripedes palam Fauni* mit *F.* 56 *Et Dryadum silvae cornigerique gregis; L.* 53 und 117 mit *F.* 67f. und 53 (Periphrase des Westens und Ostens); *L.* 180f. *tales divitias, tales vix possidet umbras / Gargaphie vitreis Dianae cognita lymphis* mit *F.* 61–65 *Diana ... lymphae.*

55 Vgl. hier *L.* 380f. *semper amant occulta latentis / naturae et varias caeli disquirere causas* mit *F.* 313f. *scrutantur plures physeos secreta latentis / et rerum causas pulchrius inde docent,* sowie die Erwähnung von Archimedes in *L.* 389 und *F.* 386 als weitere Belege für Engelbrechts Verwertung der *Lipsica.*

56 Dagegen lassen sich keine spezifischen Übereinstimmungen zwischen der *Flora* und dem Freiburggedicht feststellen. Busche hat bei Köln auf die Schilderung der natürlichen Umgebung verzichtet und dem Preis der Universität den des Stadtrats folgen lassen.

57 Vgl. zu ihm W. FRIEDENSBURG, Geschichte der Universität Wittenberg, Halle 1917, S. 52 und 70ff.; ADB 34 (1892), S. 140f. (K. HARTFELDER); GROSSMANN (wie Anm. 46), S. 65. Diese

ab 1510 als Baccalaureus und ab 1512 als Magister Artium, hatte Poesie und Rhetorik bei Georgius Sibutus Daripinus studiert, der dort seit dem Wintersemester 1505/06 als *Ordinarius lector humaniorum litterarum* tätig war. Sibutus seinerseits war stolz, ein Schüler des Konrad Celtis gewesen zu sein. 1505 war er auf dem Kölner Reichstag von Kaiser Maiximilian zum *Poeta laureatus* gekrönt worden[58]. Bald nach seiner noch im gleichen Jahr erfolgten Anstellung in Wittenberg führte er vor Kurfürst Friedrich und seinem Bruder Herzog Johann von Sachsen mit einigen Studenten auf einem *teatrum* ein Festspiel *(ludus)* auf, in dem er selbst als *Poeta* ein knapp 600 Hexameter umfassendes Lobgedicht auf die Stadt Wittenberg aus dem Gedächtnis vortrug, während zehn seiner Studenten in theatralischer Verkleidung je 12 Hexameter aufsagten. So traten vor Sibutus ein Merkur, ein *Parasitus* und die Muse Calliope auf, nach ihm ein Apollo, Silvanus, Bacchus, eine Diana, ein Neptunus, eine Chloris und abschließend *Caliopius*. Der *Parasitus* und *Caliopius* stammten aus der Lektüre des Terenz und seiner Kommentatoren[59]. Sibutus ließ den Text seines *ludus* 1506 in Leipzig unter Hinzufügung einiger empfehlender Gedichte anderer Autoren und einigen eigenen an wichtige Persönlichkeiten der Universität, des Hofes und der Stadt unter dem Titel *Silvula in Albiorim illustratam* drucken und benützte den Text in den nächsten Jahren als Unterrichtsgegenstand[60]. *Albioris* ist der lateinische Name für Wittenberg. Das Adjektiv *illustrata* erinnert an den nicht zur Durchführung gekommenen Vorsatz seines Lehrers Celtis, nach Flavio Biondos Vorbild eine *Germania illustrata* zu verfassen. Sibutus führte sich selbst im zweiten Titel mit Worten ein, die mit Celtis' Überschrift für seine *Norimberga* rivalisierten[61], und sein Entschluß, sich in Wittenberg mit einem

Darstellungen leiden darunter, daß den Verfassern die Dichtungen des Sibutus (siehe NUC 545, S. 148) nicht aus eigener Lektüre bekannt waren. Friedensburg, Hartfelder und Grossmann konnten deshalb nicht sichern, daß Sibutus ein Schüler des Celtis war (siehe dazu jedoch die eigene Aussage des Sibutus in der folgenden Anmerkung).

58 Die Angabe in den *Epist. obsc. vir.* (Alt. vol., wie Anm. 46, Bl. S 7r) *Viennae tunc audivi lectiones in Poetria et fuit ibi quidam iuvenis poeta, qui fuit discipulus Conradi Celtis et vocatur Georgius Sibutus ... ille poeta nunc est Wittenberck* wird bestätigt durch die autobiographische Aussage des Sibutus in der *Silvula in Albiorim illustratam* (wie Anm. 60), Bl. d iv r, innerhalb seiner Danksagung an Kurfürst Friedrich von Sachsen: *Sub te sum natus modica de stirpe creatus / Infans in pago vidi cunabula prima / Conradus sacro lavit me flumine Celtis / Induit et primam Phebeo murice vestem / Post ubi me divus cognovit Maxmilianus / Imposuit sacram regali pollice laurum / Carmina et in totum iussit me spargere mundum.* Zu der – auch von Ulrich von Hutten (*Querelarum lb.* 2, 10, 61 f.) erwähnten – Dichterkrönung von Sibutus auf dem Kölner Reichstag von 1505 vgl. neben der Dichtung des Sibutus *De divi Maximiliani Caesaris adventu in Coloniam deque gestis suis ...* Köln 1505; H. Rupprich, Der Briefwechsel des Konrad Celtis, München 1934, S. 79, Anm. 1.

59 Vgl. Ps.-Servius zu *Andria I: Calliopius erat quidam cantor, qui comoedias Terentii recitavit* (in: *Terentius cum quinque commentis*, Vendig 1504, Bl. II).

60 Mir stand das Exemplar der Universitätsbibliothek Jena, Sign. H-C 147/17, in Kopie zur Verfügung: *Georgii Sibuti Daripini poetae et oratoris laureati: Silvula in Albiorim illustratam* (Holzschnitt mit Darstellung des Wittenberger Stadtwappens auf Titelseite), Kolophon: *Impressum Lipcz per Baccalaureum Martinum Lantzberg Herbipolitanum.* Sibutus behandelte das Gedicht zumindest 1507 im Unterricht (siehe Grossmann [wie Anm. 46], S. 65; zu dem Namen *Albioris* für Wittenberg siehe ebd., S. 36 f.).

61 Vgl. den Titel der Celtis-Ausgabe von 1502 (A. Werminghoff, Conrad Celtis und sein Buch über Nürnberg, Freiburg i. Br. 1921, S. 99): *Conradi Celtis Protucii Germani imperatoriis manibus*

Preis der Stadt einzuführen, war wohl auch durch das Lob seines Lehrers auf Nürnberg mitbestimmt. Er hat freilich für seinen Wittenberg-Text nicht wie Celtis die Prosaform gewählt, sondern den Hexameter, worin er absichtlich der *Lipsica* Busches folgte, der seinerseits 1502 auch in Wittenberg als *Artis oratorie atque poetice lector* unterrichtet hatte und mit Sibutus mindestens seit 1505 befreundet war[62]. Busches Hexametergedicht wollte Sibutus mit dem Einbau eines solchen in einen dramatischen Festakt übertrumpfen. Er konzentrierte die detaillierte Beschreibung der *Norimberga* und auch das immer noch motivisch reichhaltigere Lobgedicht auf Leipzig konsequent auf einige wenige, breit ausgestaltete panegyrische Hauptthemen. Dem Apoll und Calliope anrufenden Prooemium folgt ein kurzer Preis der nie durch Krieg zerstörten, alten Stadt, die Namensetymologie von Wittenberg und die Nennung der neu errichteten Elbbrücke. Dann wird ausgeführt, daß zwei Elbarme einerseits die Stadtmauern, andererseits eine Insel mit Weideland und Bäumen umfließen, worauf ausführlich zuerst die Insel mit ihrer Flora und Fauna, sodann der Elbfluß und danach nach den nur summarisch erwähnten Gebäuden der Stadt die soeben neu errichtete Schloß- und Universitätskirche Allerheiligen gepriesen werden, letztere unter Beschreibung der gesamten Inneneinrichtung, ihrer Altäre, Gemälde, Wandteppiche, ihres Chorgestühls und ihrer Orgel[63]. Bei der Beschreibung der Elbinsel hat Sibutus öfters im Ausdruck und bei den Vergleichsbildern auf die *Lipsica* zurückgegriffen[64]. Die Konzentrierung

poetae laureati de origine, situ, moribus et institutis Norimbergae libellus mit dem zweiten Titel des Sibutus auf Bl. ai v: *Georgii Sibuti Daripini, poetae et oratoris imperatoriis manibus laureati, ordinarii lectoris humaniorum litterarum in famosissima academia Albiorena, Silvula in Albiorim illustratam.*

62 Der in Anm. 58 genannte Druck mit dem Gedicht des Sibutus auf Kaiser Maximilian enthält auch ein empfehlendes Gedicht von Busche; siehe GROSSMANN (wie Anm. 46) S. 65. – Die positive Beziehung von Sibutus zu Busche wird auch daraus sichtbar, daß Sibutus 1507 die *Punica* des Silius Italicus im Unterricht behandelt – sicher nach der von Busche Leipzig 1504 herausgegebenen Ausgabe des Silius, die erstmals Busches poetische *Argumenta* zu den einzelnen Büchern des Silius enthielt. Sibutus erwähnt *italici divina poemata Sili* auch in seiner *Silvula* V. 250 unter den von ihm auf der Elbinsel vor Wittenberg gelesenen klassischen Autoren neben Vergil, Cicero und Livius.

63 Vgl. zum Topographischen F. BELLMANN/M. L. HARKSEN/R. WERNER, Die Denkmale der Lutherstadt Wittenberg, Weimar 1979, wo jedoch die ausführliche Beschreibung der Schloßkirche durch Sibutus nicht verwertet worden ist.

64 Vgl. insbesondere folgende Parallelen (in der *Silvula* wurde die Verszählung neu eingeführt): S. 25ff. *Pascua, rura, lacus, silvas, et florea tempe, .../ antra feras, hortos, ...* und L. 1f. *Silvas, antra lacus, florentia pascua, fontes/ frugiferosque agros et Daedala rura situmque*, 183 *haec loca vel dici possunt mollissima tempe;* S. 30 *Lilia verna, rosas ...* und L. 188ff. *Hic rosa ... hic lilia;* S. 64 *violas et meliloton olent* und L. 189ff. *violae ... melilotos;* S. 66 *tenues volucrumque susurros/* und L. 179 *volucrum cantu tenues miscente susurros/;* S. 196 *Ad Driades* und L. 98 *et Dryades;* S. 302 *demorsas ... genistas/* und L. 134 *demorsae ... genistae/;* S. 311 *verno proles in Cloridos horto/* und L. 227 *vernos in Chloridos horto/;* S. 313 *Narcisso certant nigro vacinia flore* und L. 193ff. *hic, Narcisse, nites ... flore et vaccinia nigro;* S. 314 *saliunca virens* und L. 192 *saliunca viret;* S. 315ff. *humiles violae ... amaracus, iris/* und L. 189ff. *humiles violae ... amaracus, iris/;* S. 325 *Alcinoi vincit pomaria regis* und L. 167f. *Alcinoi pomiferas;* S. 329 *veteris ... Adonis/* und L. 169 *prisci ... Adonis/;* S. 334 *vix nemus Hippoliti* und L. 293 *Non nemus Hippolyti;* S. 335f. *Nec Dodona Iovis Silari nec plurimus umbra/ lucus et Alburni ... montis/* und L.92f. *Non Dodona Iovis ... Silari nec plurimus umbra/ lucus et Alburni ... montis/* (vgl. Verg. *Georg.* 3, 146f. *lucos Silari ... Alburnum);* S. 337 *Appula ... iugera* und L. 34 *Iugera ... Apula;* S. 402f. *Tegeea ... iugera ... Menala* und

auf die Natur der Elbinsel und die Kunst der Allerheiligenkirche geschah deshalb in bewußtem Anschluß und in bewußter Absetzung vom Gedicht Busches.

Sibutus' Schüler Engelbrecht folgte ihm in der Anrufung von Calliope und Apoll im Prooemium seines Stadtgedichts, in dem Umstand, daß die Schilderung der städtischen Gebäude vor allem aus der Darstellung einer Kirche, in Freiburg des Münsters, besteht, außerdem in einer kleineren Anzahl von phraseologischen Reminiszenzen[65]. Als er nach Freiburg kam, entschloß er sich wie Buschius und Sibutus, die Stadt, die ihn aufgenommen hatte, poetisch zu rühmen, in seinem Fall in der Hoffnung auf einen Lorbeerkranz[66] und auf eine universitäre Anstellung. Anders als seine Vorgänger wählte er jedoch das elegische Distichon als Versmaß. Es ist unwahrscheinlich, daß er bei dieser Wahl durch das *Elegiacum in laudes civitatis Heydelbergensis* Robert Gaguins angeregt wurde, und zweifelhaft, ob er diesen sicher seltenen Druck von 1492 überhaupt kannte. Die Wahl des elegischen Distichon ist vermutlich als Variation zu den hexametrischen Dichtungen seiner Vorgänger gemeint und durch die von Ovid ausgehende Formtradition der elegischen Epistel veranlaßt.

Die von Engelbrecht gewählte metrische Form griff Erasmus, mit dem Engelbrecht befreundet war und dem er 1515 sein Freiburggedicht geschenkt hatte[67], in einem Lobgedicht auf Schlettstadt[68] wieder auf, das er 1516[69] als Dankesbrief für genossene

L. 156 *Maenala cum silvis Tegaeaque rura Lycaeis; S.* 404 *Memphitica tellus/* und *L.* 31 *Memphitica tellus; S.* 435 *Satyrique bicornes* und *L.* 98 *Satyrique protervi; S.* 471 *vertice frontem/* und *L.* 217 *vertice frontem/*. Es handelt sich hier vor allem entweder um gleichartige antike Vergleichsbilder oder um Pflanzen, deren Vorhandensein Busche um Leipzig behauptet hatte und die Sibutus jetzt auch auf der Wittenberger Elbinsel wachsen ließ.

65 Zu nennen sind die Verwendung von *depingere* neben und im Sinne von *describere* (vgl. *S.* 57, 134, 159 und *F.* 41, 401), die Periphrase von Wittenberg als der Stadt bei der in zwei Arme verzweigten Elbe (vgl. *S.* 31, 172, 231, 238, 466 und *F.* 20), ferner die Ausdrucksweise in *S.* 75 *Te duce Pierides venient ad nostra vireta* und *F.* 49 *Phocidis huc Nymphae veniant, S.* 399f./ *ipsa Ceres ... aristis/* und *F.* 94ff. / *Unde Ceres ... aristis/* sowie *S.* 325 *Hoc nemus Alcinoi vincit pomaria regis* (vgl. Anm. 53) und *F.* 100 *Illac Alcinoi regia saepta ducis.* – Ob auch die detaillierte Schilderung von Andreas Meinharde, *Dialogus illustrate ac augustissime urbis Albiorenae vulgo Vittenberg dicte*, Leipzig 1508 – zum Inhalt siehe GROSSMANN (wie Anm. 46), S. 56ff. – auf Engelbrechts Freiburg-Gedicht eingewirkt hat, konnte noch nicht festgestellt werden.

66 Vgl. *F.* 49f. *tu, Phoebe, corymbis/ accelera et lauro cinge virente caput!* Nach SCHREIBER (wie Anm. 45, S. 89) beantragte er als *Poeticae Professor* in Freiburg am 25. März 1521 einen Monat Urlaub, um in Worms von Kaiser Karl V. zum Dichter gekrönt zu werden.

67 Dies kann aus dem Umstand erschlossen werden, daß Engelbrecht in seinem Widmungsbrief der Zweitausgabe an Rektor und Senat der Universität Freiburg, datiert Basel 1. August 1515, schreibt, er sei nach Basel gezogen, um Erasmus und Beatus Rhenanus zu sehen, und habe dort einen neuen Druck seiner *Friburgica* besorgt: *Basileam igitur profectus, ut Erasmum Roterodamum, totius Germaniae decus immortale, et Beatum Rhenanum eruditissimum, quorum consuetudine fruor iucundissime, ceterosque litterariae rei principes coram quoque viderem, occasione oblata haec mea Friburgica denuo imprimenda curavi.*

68 D. ERASMUS, *Opera*, Leiden 1703, Bd. 1, Sp. 1223 (38 Verse).

69 Die Datierung ergibt sich aus dem Umstand, daß Sapidus am 11. 4. 1516 in einem Brief aus Schlettstadt an Erasmus das Gedicht noch nicht erwähnt. Vgl. D. ERASMUS (wie Anm. 68), Bd. 3, Sp. 1555, dagegen am 12. 9. 1516 in einem weiteren Brief aus Schlettstadt an Erasmus sich für das Gedicht lebhaft bedankt (Sp. 1569f.).

Gastfreundschaft auf Bitte von Jakob Wimpfeling[70] verfaßte und in dem er originell auf üblicherweise bei einer Stadt Gelobtes (Befestigung, Bevölkerung, Reichtum, Umgebung, Fruchtbarkeit und Klima) nur im Vorübergehen und ohne besondere Hervorhebung zu sprechen kam und – gewissermaßen an Stelle der sonst am Ende gerühmten Universität – vor allem auf die neun in Schlettstadt lebenden beziehungsweise aus ihm hervorgegangenen Humanisten einging. Der Schlettstadter Lateinschulmeister Johann Sapidus dankte Erasmus sogleich überschwenglich für das seiner Stadt und ihm selbst zuteil gewordene Lob, und Beatus Rhenanus pries dieses *Encomium Selestadii* noch 1531 in seinen *Germanicarum rerum libri III* als ein *elegantissimum carmen*[71]. Engelbrechts Freiburggedicht hatte Erasmus gewissermaßen als Hintergrundsfolie benützt. Engelbrecht hatte die konventionellen Gegenstände des Stadtlobes breit und superlativisch ausgeführt und damit sicher den gängigen humanistischen Geschmack getroffen. Er war gleichzeitig auf mehrere Freiburger Spezifika eingegangen und hatte sich in seiner dramatischen Schilderung der Unterdrückung der Bundschuhverschwörung durch den Freiburger Stadtrat im Jahr 1513 vehement auf die Seite der konservativen Ordnung gestellt.

Noch im Jahr 1515 (am 14. Dezember) war bereits ein eindrucksvolles anderes südwestdeutsches Stadtlobgedicht veröffentlicht worden, zu dem vielleicht auch das Erscheinen von Engelbrechts Gedicht auf Freiburg einen Anstoß gegeben hatte, das *Carmen sapphicum de laude et situ Ulmae civitatis imperialis Sueviae*, das der Deutschordensherr und Priesterbruder im Ulmer Deutschordenshaus *Joannes Boemus* damals in Augsburg zusammen mit einigen anderen Gedichten hatte drucken lassen[72]. Hans Böhm, um 1490 im damals in ritterschaftlichem Besitz befindlichen Aub an der Gollach geboren, hatte um 1503 eine Lateinschule in Halle an der Saale besucht, da sein Onkel

70 Erasmus hatte in einem Brief an Jakob Wimpfeling am 21. 9. 1514, der schon im Dezember 1514 im Druck erschien, aus Anlaß eines Besuches in Straßburg diese Stadt als Idealbild einer Stadt gepriesen und sich auch für den anschließenden Empfang in Schlettstadt bedankt: Herding/Mertens (wie Anm. 34), S. 773 ff. Wimpfeling scheint Erasmus nach einer Aussage von Beatus Rhenanus später um ein Lobgedicht auf Schlettstadt gebeten zu haben (siehe das Zitat in der folgenden Anmerkung).

71 Sapidus schreibt am 12. 9. 1516 an Erasmus (siehe Anm. 69): *quantum tibi patria mea debeat, quam tam eximia laude extulisti, quantum inprimis Sapidus, quem Athenis dignum praedicas, ut alios sileam, non video, quibus consequi verbis possem.* Beatus schreibt innerhalb seiner Stadtbeschreibung von Schlettstadt (wie Anm. 14, S. 157): *Encomium Selestadii scripsit Erasmus Roderodamus elegantissimo carmine rogatu Iacobi Wimphelingii.*

72 Siehe Anm. 24. Erich L. Schmidt (1881–1963; vgl. Nachruf im Deutschen Jahrbuch für Volkskunde 10, 1964, S. 313 f.) hat sich seit seiner Dissertation (Deutsche Volkskunde im Zeitalter des Humanismus und der Reformation, Historische Studien 47, Berlin 1904, ND Vaduz 1965) mit Johann Böhm und seinem Werk beschäftigt und dazu mehrere sich teilweise wiederholende Aufsätze verfaßt; vgl. u. a.: Johannes Böhm aus Aub. Die Entstehung der deutschen Volkskunde aus dem Humanismus, in: Zeitschr. für bayerische Landesgeschichte 12 (1939/40), S. 94 ff.; Wann starb Johannes Böhm?, in: Ulm und Oberschwaben 35 (1958), S. 169 ff.; Vom Lebensausgang des Johannes Böhm, in: Deutsches Jahrbuch für Volkskunde 6 (1960), S. 285 ff. Seine geplante Monographie ist nicht zustandegekommen. Seinen wissenschaftlichen Nachlaß, der sich im Stadtarchiv Ulm befindet, habe ich nach dem Hinweis von Prof. Dr. Specker eingesehen, dem ich auch für Literaturhinweise danke. Vgl. zuletzt Huber, Boemus, J., in: NDB 2, S. 403.

Georg Böhm dort Prior im Dominikanerkloster zum Heiligen Kreuz war[73]. Um 1505/07 hatte er an der Universität Leipzig studiert, die damals eine Zeitlang nach Meißen verlegt war[74]. Vermutlich hat er auch Wittenberg, Frankfurt an der Oder und Tübingen besucht, bevor er in das Deutschordenshaus in Ulm kam[75]. In seinem 1515 veröffentlichten, 468 Hexameter umfassenden *Libellus de iucundissimae Musicae laudibus* nennt er in einem Abschnitt *de nostris poetis* (V. 202ff.) lobend als *vatibus haud priscis Grais Italisque minores* (V. 224) Nikolaus Marschalk, Heinrich Bebel, Jakob Locher, Hermann van der Busche, Johannes Stabius, Joachim Vadianus, Konrad Celtis und Laurentius Corvinus und gibt den ersten drei sechs, fünf und drei Verse, um dann die letzten fünf in zwei Versen zusammenzufassen[76]. Alle waren seine Vorbilder, zu den ersten hatte er offenbar eine persönliche Beziehung. Wie die seinem Gedichtband von 1515 beigegebenen Empfehlungsgedichte ausweisen, war er damals mit dem Tübinger Professor der Poesie Heinrich Bebel, dem Ulmer Humanisten Dr. med. Wolfgang Richard, der selbst ein Bebelschüler war[77], dem Augsburger Kleriker Johann Pinicianus, der zum Freundeskreis von Celtis gehört hatte[78], dem humanistisch gesinnten Mönch und

73 Der Schulbesuch im entfernten Halle ist gesichert durch eine briefliche Selbstaussage Böhms (J. A. Ballenstedt, Andreae Althameri Vita, Wolfenbüttel 1740, S. 68) in Verbindung mit G. F. Hertzberg, Geschichte der Stadt Halle an der Salle, 1889–1893, Bd. 2, S. 20 (E. L. Schmidt, Nachlaß).

74 Böhm findet sich in keinem Immatrikulationsregister einer deutschen Universität. Im Deutsch-Ordens-Zentralarchiv, Wien, findet sich nach einem Brief des Archivars Dr. P. Kletler vom 4. September 1954 keine auf Böhm Bezug nehmende Archivalie (E. L. Schmidt, Nachlaß). Sein Studienaufenthalt in Leipzig bzw. Meißen ist zu erschließen aus *Lib. her.* 118, 185ff., 245ff.

75 Da Böhm von Nikolaus Marschalk länger handelt als von irgendeinem anderen Humanisten, dürfte er ihm in Erfurt oder Wittenberg begegnet sein; ein Aufenthalt in Frankfurt an der Oder ist aus *Lib. her.* 401ff. zu erschließen, ein Aufenthalt in Tübingen aus seiner Beziehung zu Bebel, seinen Ausführungen zu ihm in *Lib. her.* 213ff. und dem Umstand, daß er dort 255ff. nach den Kapellen der sächsischen Herzöge und Kaiser Maximilians nur noch auf die Kapelle Herzog Ulrichs von Württemberg und seine Jagden zu sprechen kommt. Ob er auch Locher in Ingolstadt vor 1515 aufgesucht hatte, ist ungewiß. Seine Anwesenheit in Ulm ist vor 1515 nicht bezeugt, sein Zuzug dürfte nicht lange zuvor erfolgt sein.

76 Die Identifizierung des in V. 217 *Tyrius* (Thüringer) genannten Nikolaus Marschalk und des in V. 222 *Corvinus* genannten Laurentius Corvinus nach E. L. Schmidt, Nachlaß.

77 Vgl. W. Reichle, Der Ulmer Stadtarzt und Humanist Wolfgang Rychard, in: Ulm und Oberschwaben 45/46 (1990), S. 162ff.; und G. Geiger, Die Reichsstadt Ulm vor der Reformation, Ulm 1971, S. 64ff. Die wichtigste Quelle für Richard und seine humanistischen Freunde ist sein Korrespondenzband in der Staats- und Universitätsbibliothek Hamburg, *Sup. epist.* 49, 4° (vgl. N. Krüger, *Supellex Epistolica Uffenbachii et Wolfiorum*, Katalog der Uffenbach-Wolfschen Briefsammlung, Hamburg 1978, 1. Bd., S. XLIII), der schon verschiedentlich in der Forschung benutzt, aber nur zu einem kleinen Teil ediert und ausgewertet wurde. Ich beabsichtige eine Gesamtedition. Elegien und Briefe Richards an Bohemus finden sich in *Sup. epist.*, Bl. 62f., 120f., 216f., 247f., Elegien und Briefe Böhms an Rychardus Bl. 218ff., 236, 277 *(amico charissimo)*; zwei elegische Gedichte Richards an Bebel dort Bl. 93f., Elegien und Briefe Richards an Locher Bl. 75f., 185f., Lochers an Richard 73ff., 95, 122, 235f.

78 Zu seinen Gedichten, erschienen Augsburg 1511 und 1512, gehört auch eins auf das Augsburger Wahrzeichen, den Pyr genannten Pinienzapfen aus römischer Zeit (abgedruckt bei Reusner [wie Anm. 21], S. 120ff.). Zu dem *Triumphus Veneris Henrici Bebelii poetae laureati cum commentario Joannis Altenstaig ...*, Straßburg 1515, steuerte er einen Panegyrikus auf Bebels *culta Latinitas* in asklepiadeischen Versen bei, beginnend *O nostri decus et gloria saeculi* (abgedruckt bei

späteren Prior des Benediktinerstifts in Elchingen bei Ulm Andreas Dyrlin[79] und mit Jakob Locher Philomusus, damals Professor der Poesie in Ingolstadt, freundschaftlich verbunden.

Die damals nur handschriftlich überlieferte Beschreibung Ulms durch Fabri von 1488[80] und das 1493 gedruckte Ulmgedicht in Schedels Chronik[81] waren ihm bekannt, und er verwertete Formulierungen und Motive aus beiden Texten in seinem neuen Ulmgedicht, dessen erste Strophe die Stadt so begrüßt:

Ulma, Romani speciosa regni
civitas, pulchrum caput atque splendor
Sueviae, flavi genitrix popelli
inclita, salve!

(»Ulm, des Römischen Reiches schöne Stadt,
schönes Haupt und Glanz von Schwaben,
berühmte Mutter des blonden Volkes,
sei gegrüßt!«)

Der Begriff *caput Sueviae* geht auf Fabri zurück: *(Ulma), ad quam tamquam ad caput tota Suevia respectum habet*[82], während der Anruf und die synonymen Begriffe *speciosa ... pulchrum ...* und *splendor* den Anfang von Schedels Ulmgedicht *Ulma, decus Sueviae*, variierend aufnehmen; vergleiche auch den dortigen Ausdruck für die Reichsstadt (V. 9f.): *Urbs ... Romani subdita divo/ imperio regis*, den Böhm durch *Romani ... regni civitas* ersetzte[83]. Das »blonde Volk« (das Deminutiv *popellus* wird hier nicht pejorativ, sondern nur als poetisches Synonym zu *populus* gebraucht) sind die Schwaben, was sich jedoch nicht auf den damaligen schwäbischen Phänotyp bezieht, sondern auf eine Charakterisierung der – im hohen Norden wohnenden – *Suevi* bei Lucan, *Phars.* 2,51: *fundat ab extremo flavos aquilone Suebos*, die – vielleicht über das Zitat dieses Verses bei Isidor (*Orig.* 9, 2, 98) – bereits Fabri aufgegriffen hatte, als er Schwaben so beschrieb: *Estque terra ipsa populosa, fortis, audax, gens bellicosissima, procera corpore, flavo crine, venusta facie et decora specie*[84], eine Stelle, die schon Bebel 1501 in seiner *Epitome laudum Suevorum* nahezu wörtlich aufgenommen hatte[85] und

G. W. ZAPF, Heinrich Bebel nach seinem Leben und Schriften, Augsburg 1802, ND Leipzig 1973, S. 262ff.).

79 Zu seinem Epithalamium für W. Richard siehe Anm. 94; Böhm bestellt in einem Brief an Richard Grüße für *frates nostros Elchingenses Dierlinum atque Phileremum, Sup. epist.* (wie Anm. 77), Bl. 219, nach einem anderen Brief Böhms, Bl. 219f., haben beide eine Einladung des *frater Andreas Dyrlinus, magnus Elchingensis coenobii promus et communis amicus noster* erhalten.

80 Siehe oben S. 47f. mit Anm. 34.

81 Siehe oben S. 44 mit Anm. 21.

82 Siehe F. Fabri, in: GOLDAST (wie Anm. 34), S. 89.

83 Siehe SCHEDEL (wie Anm. 21).

84 Siehe FABRI, in: GOLDAST (wie Anm. 34), S. 24.

85 Siehe BEBEL, in: GOLDAST (wie Anm. 34), S. 7: *Suevia est terra populosa, cui gens procero corpore, flavo crine et pulcherrimo, venusta facie, decora specie...*

die Böhm auch in seinem 1520 erschienenen Werk *Omnium gentium mores, leges et ritus* unter zusätzlichem Zitat des Lucanverses wiederholte[86].

Die Herkunft des bei Böhm die zweite bis fünfte Strophe füllenden Vergleichs von Ulm mit griechischen, italienischen und deutschen Städten hat keine Parallele bei Fabri oder Schedel und wird uns nachher noch beschäftigen. Dieser – die ersten fünf Strophen fassenden – Einleitung folgt in den Strophen 6–30 die lobende Beschreibung, die durch Strophe 31 abgeschlossen wird. Die Beschreibung gliedert sich in die der Lage, der Befestigung und der Flüsse sowie die der Gebäude (mit Fabris Begriffen: *ab extra* Strophe 6–12, *ab intra* Strophe 13–18), die der Einwohner (Priester, Regierung und übrige Bevölkerung, Strophe 19–26) und die der Umgebung (Strophe 27–30)[87].

An ausgewählten Stellen der Beschreibung kann Böhms Verhältnis zu Fabri und Schedels Gedicht bestimmt werden: Fabri hatte die Befestigung detailliert dargestellt, das Gedicht bei Schedel sie so skizziert (V. 12ff., 17f.):

Ut belli vastata, iterum constructa carebat
temporibus certis muris: firmissima iam nunc
ipsis …
Praeterea cincta est fossatis ipsa profundis,
turribus excelsis, domibusque impleta decoris

(»Vom Krieg zerstört, hatte sie, wieder aufgebaut,
eine Zeitlang keine Mauern,
doch jetzt ist sie durch sie überaus stark …
Außerdem ist sie gegürtet mit tiefen Gräben,
hohen Türmen und gefüllt mit schönen Häusern.«)

Böhm hat die Befestigung unter deutlicher Anknüpfung an und in Erweiterung von den Begriffen bei Schedel so vorgestellt (V. 25ff.):

Cingeris (!) *muris* (!) *niveis duobus*
affabre ductis validoque vallo
concava fossa (!) *pariter, profundo* (!)
  amne referta.
Turribus (!) *parvo spatio remotis*
cuncta transcendis tua tecta (!) *celsis* (!),
nobilem quondam veluti superba
  Pergama Troiam.

(»Du wirst gegürtet von zwei weißen
kunstvoll gebauten Mauern und einem starken Wall,
ebenso von einem ausgehöhlten Graben,
  der von einem tiefen Fluß gefüllt ist.

86 Siehe J. Boemus, in: Goldast (wie Anm. 34), S. 4: *Lucanus … inquiens: fundit ab extremo flavos Aquilone Suevos … Gens populosa, fortis, audax, et bellicosa, procero corpore, flavo crine, venusta facie et decora …*

87 Für sachliche und topographische Erläuterungen vgl. Greiner (wie Anm. 4).

Mit deinen hohen Türmen,
die nur kurze Abstände voneinander entfernt sind,
überragst du alle deine Häuser,
wie einst die stolze Pergama-Burg
das edle Troja überragte.«)

Die zum Vergleich herangezogene Unterscheidung der Burg und der Stadt von Troja ist formuliert nach Vergil, *Aen.* 2, 555f.[88].

Unter den Gebäuden der Stadt steht natürlich die Pfarrkirche *B. Virginis* bei Fabri, Schedel und Böhm im Vordergrund[89]. Böhm hat von Fabri ihren Vergleich mit Salomos Tempel in Jerusalem übernommen[90], aber noch einen Vergleich mit dem antiken Weltwunder des Dianatempels in Ephesus hinzugefügt, den er vermutlich aus Martials *Lib. Spect.* 1, 3 und den Erklärungen von Domitius Calderinus zu dieser Stelle holte[91]. Vielleicht wirkte hier anregend, daß Engelbrecht die Frauenkirche in Freiburg mit dem antiken Weltwunder der ägyptischen Pyramiden verglich, die im gleichen Gedicht Martials an erster Stelle genannt werden (*Lib. Spect.* 1, 1).

Das Prinzip der Anknüpfung an das Gedicht bei Schedel und zugleich seiner faktischen und stilistischen Erweiterung und Erhöhung ist auch bei der Darstellung der Regierung zu beobachten. Vergleiche bei Schedel V. 30f.:

Ulma senatores prudentes obtinet; illi
publica sagaci disponunt commoda sceptro.

(»Ulm hat kluge Ratsherren, sie
regeln das öffentliche Wohl mit weisem Szepter.«)

und bei Böhm V. 77ff.:

Inde conscriptos celebresque patres
cerno, prudentem (!) *populi senatum* (!)
te gubernantem ratione summa
iustitiaque.

88 *Troiam incensam et prolapsa videntem / Pergama.*
89 Schedel nennt unter den Gebäuden nur sie. Böhm wie Fabri sprechen von fünf Toren (B. 33 *quinque tum portis decoraris amplis*; Fabri (wie Anm. 4), S. 89: *ibi factae sunt quinque portae* mit namentlicher Nennung), von den Klöstern (B. 53ff., Fabri S. 86) und den Röhrenbrunnen (B. 69f., Fabri S. 82).
90 Vgl. Fabri, in: Goldast (wie Anm. 4), S. 90: *ipsis infatigabiliter inceptis operibus moeniorum et turrium ac ecclesiae B. Virginis persistentibus sicut quondam filii Israel ... muros et turres Jerusalem et templum aedificaverunt*, B. 61ff. *Quod deo quondam Salomon superno/ in Sion sancto sapiens dicavit,/ haud ego credo leviter fuisse/ clarius illo.*
91 Zu Mart. *Lib. Spect.* 1, 3 *Nec Triviae templo molles laudentur honores* (im Vergleich von sechs griechischen Weltwundern mit dem römischen Colosseum) schrieb Domitius Calderinus in seinem oft gedruckten Kommentar (hier Ausgabe: *Martialis cum duobus Commentis*, Venedig 1501, Bl. II): *Triviae templo: id est Dianae, de templo Dianae Ephesiae intellegit, quod erat ... ad Ephesum in Asia. Graecae fuit admirationis et magnificentiae ... quo incenso ab Herostrato ...*; vgl. B. 65ff. *Nec quod extinxit Triviae Dyanae/ improbus flammis Epheso cremato,/ inter immensi celebrata mundi/ mira putatum.*

Ultimo totum video vetustis
curiis sectum populum lubenter
consules binos veterum Quiritum
more sequentem.

(»Dann sehe ich die berühmten eingeschriebenen Stadtväter,
den klugen Rat des Volks,
der dich mit höchster Vernunft und Gerechtigkeit regiert.
Schließlich sehe ich das ganze
in alte Zünfte eingeteilte Volk,
das zwei Konsuln [die beiden ›Älteren Herren‹ des Rats; W. L.]
nach der Art der alten Römer gerne folgt.«)

Die Etymologie des Stadtnamens (Ulm von Ulmen)[92], die bei Schedel schon in V. 3–8 gegeben worden war, stellte Böhm ans Ende des Gedichts innerhalb der Beschreibung der Umgebung, bei der er auch auf die ästhetischen Momente der Landschaft und ihre Erholungsfunktion nach geistiger Anstrengung hinweist.

Daß Böhm für sein Stadtlob ungewöhnlicherweise die sapphische Strophe wählte, dürfte durch den Wunsch begründet gewesen sein, die gebräuchlicheren Formen des Hexameters und des elegischen Distichons zu variieren. Die sapphische Odenform war durch Celtis und seine Schüler in Deutschland eingebürgert worden[93]. Sie war auch in dem humanistischen Kreis um Wolfgang Richard eine besonders angesehene poetische Form. Andreas Dyrlin erklärte in einem *Epithalamium* für Richard 1513, daß dieser auch Horaz genau studiert habe[94].

Quod Flaccus plectris lyricis omnesque periti
vates commemorant, hunc meminisse scias.

Und von Richard und Dyrlin sind tatsächlich sapphische Oden überliefert[95]. So lag es für Böhm nahe, im Gegensatz zu dem älteren hexametrischen Gedicht aus dem *Liber Chronicarum* die artistisch anspruchsvollere lyrische Form zu wählen. Möglicherweise war Böhm auch bekannt, daß die sapphische Odenform bereits von Busche für ein Lobgedicht auf Roermond verwendet worden war (*Hermanni Buschii carmen sapphicum in urbem Ruremundensem* hatte Johannes Murmellius 1505 in Köln als Anhang zu seinem *Enchiridion scholasticorum* drucken lassen)[96] und daß der berühmteste humani-

92 Vgl. dazu auch R. Ernst, Der Name Ulm, in: Ulm und Oberschwaben 34 (1955), S. 162 ff.

93 Vgl. E. Schäfer, Deutscher Horaz, Conrad Celtis ... Die Nachwirkung des Horaz in der neulateinischen Dichtung Deutschlands, Wiesbaden 1976.

94 Siehe *Sup. epist* (wie Anm. 7), Bl. 55 f. *Fratris Andreae Dierllin Elchingensis coenobii monachi in faustissimas doctoris solertissimi ac eruditissimi Wolfgangi Rychardi nuptias ephithalamium.* Die Elegie umfaßt 41 Distichen und ist datiert: *Ex coenobio nostro Elchingensi Kal. Augusti Anno MDXIII.*

95 Siehe *Sup. epist.* (wie Anm. 7) Bl. 72 f., 254, 299 f., und A. Dirlinus in: Boemus (wie Anm. 4), Bl. cii.

96 Siehe *Opusculum Joannis Murmellii de discipulorum officiis, quod Enchiridion scholasticorum inscribit* ... Köln 1505, Bl. 20 f.; vgl. dazu Liessem (wie Anm. 3), S. 12. Böhms Gedicht enthält keine Parallelen im Ausdruck.

stische Dichter Italiens, Giovanni Pontano, *laudes urbis Neapolis* in Form einer sapphischen Ode verfaßt hatte (gedruckt zuerst in Neapel 1505, dann in Florenz 1514)[97]. Einige Ausdrucksparallelen zwischen den Gedichten Pontanos und Böhms sind vorhanden, aber sie sind nicht so spezifisch, daß sie eine Abhängigkeit sichern.

Deutlich ist dagegen Böhms Versuch, von Horaz zu lernen und sein Gedicht horazisch zu stilisieren[98]. Dies beginnt bei den hymnischen Formelementen, dem von einer Apposition gefolgten Anruf, dem Gruß und der mehrfachen Du-Anrede, und ist unverkennbar in den mehrfach analog formulierten Schlußversen der Strophen[99]. Die motivisch wichtigste Übernahme ist der als Prooemium dienende Vergleich mit anderen Städten, den Böhm in der zweiten bis fünften Strophe durchführt. Sein Gedankengang ist: »Die Griechen preisen Theben, Korinth, Rhodos, Ephesus und Mytilene, die Italiener loben Rom, Capua, Venedig und Padua, als Deutscher könnte man Augsburg, Wien, Nürnberg oder die Städte am Rhein (also Basel, Straßburg, Mainz und Köln) rühmen, aber du, Ulm, fesselst mich mehr als alle anderen.« Diese sogenannte Priamelform des die eigene Wahl erhöhenden Vergleichs ist eine spezifisch lyrische Einleitung, bei der Böhm von Horaz abhängt, dessen *Carmen* 1, 7 so beginnt:

Laudabunt alii claram Rhodon aut Mytilenen
aut Epheson bimarisve Corinthi
moenia vel Baccho Thebas vel Apolline Delphos
insignis aut Thessala Tempe.
Sunt quibus unum opus est intactae Palladis urbem
carmine perpetuo celebrare et
...

(»Andere werden das herrliche Rhodos loben oder Mytilene
oder Ephesos oder die Mauern von Korinth
an den beiden Meeren oder Theben, das durch Bacchus,
oder Delphi, das durch Apollo ausgezeichnet ist,
oder das thessalische Tempe.
Manche können nur die Stadt der Jungfrau Athene
in unaufhörlichem Liede feiern ...«).

97 In der Ausgabe G. Pontano, *Hoc in volumine opera haec continentur: Parthenopei libri duo* ... Neapel 1505, steht das Gedicht in der Abteilung *Sapphici*, in der Ausgabe Florenz 1514 in der Abteilung *Lyra* (vgl. B. Soldati, *Ioannis Ioviani Pontani Carmina*, Florenz 1902, Bd. 1, S. LXIXff.). Vgl. die Ausdrucks- und Motivparallelen (i) P. 5f. *superbae/ muniunt turres*, B. 29ff. *turribus ... veluti superba Pergama;* (ii) P. 6 *rigat unda*, B. 3 gf. *alluit te ... unda;* (iii) P. 10 *sacri colles Cereri ac Lyaeo*, B. 42f. *altum Bromii feracem ... collem*, (iv) P. 11 *et nemora* B. 118 *atque vicinum nemus*, (v) P. 22 *et bonae hanc artes studiis*, B. 98f. *et artes lusibus claris, studiis*, (vi) P. 24 *Iustitiaeque*, B. 80 *Iustitiaque* jeweils im Adoneus (vii) P. 27f. *patribus virisque*, B. 77 *patres*, 89 *viri fortes*.

98 Vgl. dazu demnächst W. Ludwig, Horaz in der Renaissance oder die Renaissance des Horaz, in: Fondation Hardt, 39. Entretiens, Genf 1993, S. 305ff.

99 Vgl. die folgenden Adoneen (i) C. 1, 12, 20 *Pallas honores*, B. 96 *Pallade docta*, (ii) C. 2, 4, 12 *Pergama Grais*, B. 32 *Pergama Troiam*, (iii) C. 2, 4, 24 *claudere lustrum*, B. 124 *claudere carmen*, (iv) C. S. 8 *dicere carmen*, B. 124 *claudere carmen*.

Den acht genannten Städten folgen noch vier weitere griechische, bis Horaz das bei Rom gelegene kleine Tibur als seinen eigenen Lieblingsort nennt und landschaftlich beschreibt. Böhm knüpft in seiner zweiten Strophe daran wörtlich an (V. 5ff.):

Fervide docti celebrant Achivi
Martias Thebas bimarem et Corinthum
et Rhodon claramque Ephesum decoram
ac Mithylenen.

(»Leidenschaftlich feiern die gelehrten Griechen
das kriegerische Theben und Korinth an den beiden Meeren
und Rhodos und das herrliche Ephesos
und das schöne Mytilene.«)

Er nennt auch insgesamt zwölf Städte ausdrücklich, wechselt nach fünf griechischen aber zu vier italienischen, denen er drei deutsche sowie die ungenannten am Rhein hinzufügt. Böhm stellt Ulm – im humanistischen Verständnis der lateinischen Literatur für immer – in eine Reihe mit den von Horaz genannten griechischen und mit großen italienischen und den bedeutendsten – und auch teilweise von Humanisten schon gefeierten – deutschen Städten. Dabei hat sich gegenüber Horaz die Gewichtung verschoben. Horaz stellte das von ihm geschätzte kleine Tibur in Gegensatz zu den zuvor genannten großen berühmten Städten. Böhm will durch die Vergleichskette Ulm auch objektiv in den Rang der zuvor genannten Städte versetzen[100]. Die genannten Horazimitationen waren Böhm sicher deutlicher bewußt als die nicht wenigen unhorazischen Stilelemente seines Gedichts, die heute mehr auffallen[101].

Böhms Gedichte fanden den Beifall seiner humanistischen Freunde. Seine Gedichtsammlung wird eröffnet von einem seine Dichtkunst rühmenden *Tetrastichon Henrici Bebelii Iustingensis Poetae laureati,* und sie wird geschlossen mit einer *Responsio Iacobi Philomusi Poetae laureati,* in der Locher Böhm seiner Freundschaft versichert und seine Gedichte preist[102]. Die beiden *Poetae laureati,* die Poesie-Professoren von Tübingen und Ingolstadt, gaben damit dem Werk ihr Gütesiegel.

Unter dem Eindruck von Engelbrechts und Böhms Gedichten auf Freiburg und Ulm und angesichts ihres Erfolgs bei den Humanisten beschloß Molitorius 1521, ein

100 Zu der Verwendung der gleichen Horazstelle durch Molitorius siehe unten. Sie wird auch von Hessus in seinem Gedicht auf Nürnberg verwendet (vgl. dort V. 137ff. und V. 183ff.).

101 Dazu gehören die glatte, sozusagen normale und wenig Sperrungen und Enjambements aufweisende Wortstellung, der regelmäßig gleichzeitige Satz- und Strophenschluß, die Vorliebe für Adjektivhäufungen und Zahlenangaben, die Wiederholungen der gleichen Verben (z. B. viermal *miror*) sowie unklassische Worte wie *situatio* und *condignor*.

102 Siehe Boemus (wie Anm. 24), Bl. ai und evf. *(Te Philomusus amat, studiosi scripta laboris/ adprobat ingenii cultaque dona tui.).* Geiger (wie Anm. 77), S. 71ff., betont die relative Isoliertheit von Richards humanistischem Kreis in Ulm und die Nichtbeteiligung der Patrizier an ihm. Es ist möglich, daß die Wirkung von Böhms Ulmgedicht auf auswärtige Humanisten stärker war als in Ulm selbst, wo es selbstverständlich nur die humanistisch Gebildeten erreichte. (G. Geiger und andere benützten übrigens fälschlich *Liber heroicus* als Gesamttitel. Das Gedichtbuch hat keinen Gesamttitel, vgl. Anm. 24; *liber heroicus* bedeutet »hexametrisches Buch« und bezieht sich ausschließlich auf das erste Gedicht der Sammelausgabe Böhms.).

Gedicht auf Esslingen zu verfassen, das dem Gedicht auf Freiburg in vielen Zügen analog sein, aber auch Anregungen aus Böhms Gedicht aufgreifen sollte. Des Verfassers engere Beziehung zu seinem akademischen Lehrer Engelbrecht und der Umstand, daß elegische Distichen dem poetischen Anfänger näher lagen als die anspruchsvollere sapphische Ode, werden den Ausschlag dafür gegeben haben. Molitorius entschied sich für den Lic. theol. und Mag. Jakob Merstetten[103] als Widmungsadressaten, indem er in dem 1522 in Stuttgart erfolgten Druck einen an diesen gerichteten Prosabrief vorausschickte, nachdem er in das Gedicht selbst ein kräftiges Lob dieses Geistlichen eingelegt hatte. Merstetter muß ihm aus seiner langjährigen Tätigkeit als Pfarrer an der Esslinger Dionysiuskirche freundlich gesinnt gewesen sein. Als solcher war er, zuvor Professor der Theologie in Mainz, 1513 vom Speyerer Domkapitel bestellt worden. 1516 war er außerdem zum Domvikar in Speyer ernannt, jedoch gleichzeitig von diesem Amt beurlaubt worden, damit er seine Pfarrstelle in Esslingen versehen konnte. Seit Frühjahr 1521 war er in Speyer als Domvikar tätig, nachdem Dr. theol. Balthasar Sattler, vorher Professor der Theologie in Tübingen, zum neuen Pfarrer in Esslingen ernannt worden war[104]. Molitorius, der humanistischen Ruhm und offenbar ein geistliches Amt oder ein Lehramt anstrebte, konnte Protektion von Merstetter erhoffen. Dieser hatte bei Wimpfeling in Heidelberg studiert, war für humanistische Gedichte aufgeschlossen und komponierte selbst solche[105]; der Humanist Johannes Rhagius Aesticampianus, wie Sibutus und Locher ein Schüler des Celtis[106], hatte ihm bereits 1506 eine 1507 in seinen *Epigrammata* in Leipzig gedruckte sapphische Ode in 28 Strophen gewidmet, in der er seinen Freund Merstetter als humanistischen Dichter, Kenner der klassischen Dichtung und der Rhetorik, Bibelexeget, Prediger und Priester pries[107].

103 Vgl. zu ihm, der sich als Schüler Jakob Wimpfelings bezeichnete, H. F. SINGER, Der Humanist Jakob Merstetter 1460–1512, Professor der Theologie an der Mainzer Universität und Pfarrer zu St. Emmeran, Mainz 1904; HERDING/MERTENS (wie Anm. 43), S. 79, und KREBS (wie Anm. 104).

104 Vgl. M. KREBS, Die Protokolle des Speyerer Domkapitels, Bd. 2, Stuttgart 1969, Register, bes. Nr. 3828, 4461, 4463, 5528, 5537, 5631, 6209, 7499, zu B. Sattler ebd., Nr. 5546, 5652, 5578.

105 Vgl. die poetischen Texte bei SINGER (wie Anm. 103), S. 10, 22f., 24ff., und – zusätzlich – bei MAYER (wie Anm. 25), S. 68. Johannes Rhagius Aesticampianus erklärt 1507, daß Merstetters Gedichte einerseits Gott loben und ihm danken, andererseits seine Liebe zu seinen Freunden darstellen. Die ersten beiden Strophen des in Anm. 107 zitierten Gedichts lauten: *Culte Musarum celebris Jacobe/ cura, Phebeis Heliconis undis/ lote, iucundos catus et venustos/ condere versus,// qui vel aeternum pietate laudant/ numen et grates referunt benignas/ vel bonos fido resonant amore/ semper amicos//.* Im Gegensatz zu seinen theologischen Gedichten scheinen sich die an seine Freunde nicht erhalten zu haben.

106 Vgl. zu Rhagius G. BAUCH, Johannes Rhagius Aesticampianus in Krakau, seine erste Reise nach Italien und sein Aufenthalt in Mainz, in: Archiv für Litteraturgeschichte 12 (1884), S. 321ff.; F. FALK, Zu Bauch, Rhagius Aesticampianus, ebd. 14 (1886), S. 441f.; HERDING/MERTENS (wie Anm. 43), S. 669, und – zu dem Mainzer Freundeskreis von Rhagius – W. LUDWIG, Von Neuhausen nach Fürfeld – der kurpfälzische Kanzler Dr. Jakob Kuhorn, in: Zeitschrift für die Geschichte des Oberrheins 137 (1989), S. 260ff., hier S. 277.

107 SINGER (wie Anm. 105), S. 39ff., gibt den Text des Gedichts nach *Epigrammata Johannis Aesticampiani*, Leipzig 1507. Die Ode muß 1506 entstanden sein, da Rhagius, der 1502–1506 Professor der Rhetorik und Moralphilosophie in Mainz war, in ihr Merstetter seinen Plan mitteilt, Mainz zu verlassen und nach Frankfurt an der Oder überzusiedeln, wo 1506 eine neue Universität gegründet wurde. Wahrscheinlich wurde diese Ode später auch Molitorius bekannt, obgleich die

Außerdem dürfte Molitor ein Exemplar seines Gedichts über Esslingen Bürgermeister und Rat der Reichsstadt dediziert haben, was selbst bei den Ratsmitgliedern, die des Lateinischen nicht mächtig waren, einen positiven Eindruck hervorgerufen haben wird. Da Molitorius' weiteres Leben bisher unbekannt war, ließ sich nicht erkennen, wie weit seine Wünsche in Erfüllung gingen. Dies ist jetzt aufgrund von neuen Ermittlungen im Esslinger Stadtarchiv jedoch möglich. Molitorius kann mit höchster Wahrscheinlichkeit mit einem aus Esslingen gebürtigen Johannes Miller gleichgesetzt werden, der 1525 Priester und vom Bischof von Worms eingesetzter Helfer des Pfarrers an der Pfarrkirche von Ladenburg am Neckar war (hier könnte eine Befürwortung durch Merstetter wirksam gewesen sein) und der im gleichen Jahr auf seine Bewerbung hin vom Bürgermeister und Rat der Stadt Esslingen dem Bischof von Konstanz für eine mit dem Mesneramt verbundene, gut dotierte Kaplaneipfründe am Hauptaltar der Esslinger Pfarrkirche präsentiert wurde. Diese Pfründe war mehrfach mit graduierten *Magistri Artium* besetzt worden. Zuletzt hatte sie ein jung verstorbener Sohn eines angesehenen Ratsherrn und Richters, Johann Kreidweiß, innegehabt. Johannes Miller, den der Konstanzer Bischof 1525 einsetzte, starb auch früh – bereits 1528 im Alter von etwa 26 Jahren[108].

Es ist anzunehmen, daß Böhms Gedicht auf Ulm bald nach seinem Erscheinen auch in Esslingen bekannt wurde. Noch Anfang des 19. Jahrhunderts befand sich ein Exemplar des Augsburger Drucks von 1515 in der Esslinger Kirchen- und Stadtbibliothek[109]. Daß Molitorius Böhm gelesen hat, beweisen mehrere Übernahmen, von denen die wichtigste die Priamelform ist, die Böhm Horaz *C.* 1, 7, 1 ff. entnommen hatte[110]. Molitorius erkannte ihren Schmuckwert für die Einleitung seines Gedichts und wollte Esslingen gegenüber Ulm nicht nachstehen lassen; aus der Gegenüberstellung machte er sogar eine hyperbolische Überbietung (V. 13 ff.):

Übereinstimmungen zwischen ihr und seinem Gedicht im Ausdruck (R. V. 32 *docte Jacobe*, ebenso *E.* 58,66) und in Motiven (Preis der rhetorischen Fähigkeit und der theologischen Gelehrsamkeit Merstetters) auch unabhängig voneinander zustandegekommen sein können. Ich beabsichtige die Ode in dem S. 67 angekündigten Aufsatz näher zu besprechen. Die Ausgabe von Singer enthält ein paar sinnentstellende Druckfehler gegenüber der Originalausgabe (V. 3 *cantus* statt *catus*, V. 59 *inelegante* statt *nec inelegante*). Außerdem vermute ich V. 22 für *Plinii Livii* und V. 83 für *tue ius*.

108 Näheres in dem S. 67 angekündigten Aufsatz. Der 1536 in Frankfurt an der Oder immatrikulierte *Johannes Molitor Esselingensis Franco*, für den MAYER (wie Anm. 25), S. 89, Anm. 1, eine Identität erwog, stammte offensichtlich aus Esslingen im Kreis Weißenburg.

109 In dem Verkaufskatalog aus der ersten Hälfte des 19. Jahrhunderts, StA Esslingen, Bestand Reichsstadt, Zu F. 224 E, C 101 findet sich ein Quartband, in dem folgende Schriften zusammengebunden waren: (i) *Suetonii Tranquilli illustres viri* ... Straßburg 1510, (ii) *Herodiani Historici libri 8, Angelo Politiano interprete*, Straßburg 1513, (iii) *Joannis Eckii Orationes tres*, Augsburg 1515, (iv) *Liber heroicus de musicae laudibus, Carmen sapphicum de laude et situ Ulmae* ..., Augsburg 1515, (v) *Jacobi Locher Philomusi Suevi poematia* ..., Augsburg 1513, (vi) *Opera Pomponii Laeti*, Straßburg 1515. Diese Schriften sind alle humanistisch, sie wurden vermutlich 1515 zusammengebunden und dürften damals auch nach Esslingen gekommen sein.

110 Zwei weitere eindeutige Übernahmen: (i) B. 82 ff. *populum libenter consules binos veterum Quiritum more sequentem, E.* 89 *Imperium consul veteri de more Quirini continet* (dagegen F. 167 *prudens ex ordine consul;* zu beachten ist, daß die *consules* bei Böhm die als Verfassungsorgane ranghöchsten zwei »Älteren Herren« des Rats sind, *consul* bei Engelbrecht und Molitorius aber der Bürgermeister), (ii) B. 78 ff. *Senatum te gubernantem ratione summa iustitiaque, E.* 83 f. *senatum virtute illustrem iustitiaque gravem* (dagegen F. 175 *aequa placent magni consulta senatus).*

Clara Rhodos cedat nostrae, iam porrigat herbam,
victaque sit geminis quassa Corinthus aquis
et vos, Graioram deperdita Pergama flammis
si starent vobis tecta superba prius,
promeritae nunquam palmae vel cura maneret,
cum tulerit maius iam prope nostra caput.

(»Das herrliche Rhodos
weiche vor unserer Stadt und kapituliere[111],
und das von zwei Meeren erschütterte Korinth sei besiegt,
und du Troja,
das durch den Brand der Griechen zerstört worden ist,
würdest, wenn deine früher stolzen Häuser noch ständen,
dich nicht einmal mehr bemühen,
den ersten Platz unter den Städten zu erhalten,
da beinahe schon unsere Stadt ihr Haupt höher trägt.«)

Molitorius übernahm Böhms Anschluß an Horaz, verkürzte den Städtekatalog auf zwei griechische Orte und holte sich von Böhm auch noch den Einfall einer Bezugnahme auf Troja, wobei er Böhm noch übertrumpfen wollte. Jener hatte das Verhältnis der überragenden Türme zu den Häusern Ulms mit dem Verhältnis der stolzen Burg Pergama über Troja verglichen. Molitorius geht in seinem Stolz auf die neuzeitlichen Städte und auf Esslingen so weit, zu behaupten, daß Rhodos und Korinth vor seiner Heimatstadt zurückstehen müßten und diese beinahe schon das unzerstörte Troja übertreffe. Engelbrecht dagegen hatte in seiner Einleitung keinen Städtevergleich verwendet, sondern Freiburg nur mit den Worten eingeführt (V. 39f.):

Hic caput erexit cum multa laude Friburgum
et longe est vero fama superba minor.

(»Hier erhebt mit großem Lob Freiburg sein Haupt,
und sein stolzer Ruhm ist noch weit geringer als die Wahrheit.«)

Der Beweis dafür, daß Engelbrechts Gedicht jedoch das primäre Vorbild des *Esselingae Encomion* war, sind die analoge thematische Gliederung beider Gedichte, der Böhms Ulmgedicht nur teilweise entspricht, die häufigen Imitationen im sprachlichen Ausdruck, die einmal sogar bis zur identischen Übernahme eines einen Pentameter füllenden Satzes gehen[112], und die zahlreichen entlehnten Bilder, Gedankenfiguren und Motive. Molitorius ist dem Gedicht Engelbrechts auch in seinem Metrum, dem elegischen Distichon, gefolgt. Die relativ starke Anlehnung zeigt einerseits den poetischen Anfänger; sie wurde andererseits in keiner Weise negativ bewertet, da die

111 Die Redeweise *herbam porrigere* für kapitulieren ist Plinius, *Nat. hist.* 22, 8, entnommen.
112 Engelbrechts *F.* 154 *Optares talem, Delphice Phoebe, locum* ist identisch mit Molitorius' *E.* 22. Die zahlreichen Stellen, an denen eine verbale Abhängigkeit des Molitorius von Engelbrecht beobachtet werden kann, werden in dem unten genannten geplanten Aufsatz in den Esslinger Studien aufgeführt werden, da sie an Zahl und Umfang weit über die Textbeziehungen hinausgehen, die vorher zwischen *Lipsica*, *Silvula* und *Friburgica* nachgewiesen wurden.

Übernahme mehr oder weniger umfangreicher Wendungen und selbst von Satzteilen gängige humanistische Imitationspraxis war (nur ganze Sätze zu wiederholen, vermied man in der Regel), wie überhaupt nichts dagegen sprach, gleich oder ähnliche Sachverhalte auch entsprechend beziehungsweise mit nur geringer stilistischer Variation auszudrücken. Eine genaue stilistische Analyse ist hier nicht durchführbar; sie soll im Zusammenhang mit einer neuen Ausgabe, Übersetzung und Kommentierung des Gedichts in den Esslinger Studien gegeben werden, wo auch die humanistisch-theologische Position und die Biographie von Johannes Molitorius beziehungsweise Miller näher erläutert werden sollen. Vorgestellt kann hier dagegen vor allem die thematische Gliederung des Gedichts werden und – soweit möglich – seine motivische Ausfüllung, zumal sich hier eben nicht nur Übereinstimmungen mit Engelbrechts Freiburggedicht, sondern auch sehr spezifische Eigenheiten finden, die auf dem Hintergrund der Analogien um so mehr hervortreten und für die Gesamtbewertung entsprechend wichtig sind.

V. 1–18, die Einleitung, entsprechen funktional Engelbrechts V. 1–50. Übereinstimmend ist der Bescheidenheitstopos: »Da jeder dichten darf, warum nicht auch eine schwache Begabung wie ich?«. Thematisches Programm ist die Beschreibung der Stadt Esslingen, die durch ihre Lage am Neckar und die Etymologie ihres von einer Schmiede (Esseklingen!) abgeleiteten Namens identifiziert[113] und mit bekannten Städten der Antike verglichen wird. Wie bei Engelbrecht wird Kalliope als inspirierende Kraft bemüht.

Der Einleitung folgt die Beschreibung in V. 19–202 (analog der von Freiburg in V. 51–400). Der Leser findet an konkreten Sachverhalten nur so viel, wie an identifizierbaren Anlässen für eine Lobeshymne auf die Stadt nötig ist. Nicht auf die sozusagen langweilige Vielzahl konkreter Details, sondern auf das erfreuende Rühmen durch ehrende Vergleichsbilder kommt es an[114], was freilich nicht bedeutet, daß die Gedichte keine spezifischen, die Städte kennzeichnenden und unterscheidenden Aussagen enthielten.

Der erste Abschnitt, V. 19–40 (analog Engelbrecht, V. 51–100), betrifft die Umgebung der Stadt. Molitorius beginnt mit der nicht durch Föhn gestörten gesunden Luft – Engelbrecht hatte den Topos der *salubritas aeris* (absichtlich?) weggelassen[115]. Dann folgen die Berge und Wälder mit ihren klaren Quellen im Osten, mit denen Engelbrecht begann. Molitorius überträgt ein mythologisches Bild Engelbrechts vom Schwarzwald auf den Schurwald hinter Esslingen und bezeichnet die dortigen Wälder als geeignete Aufenthaltsorte für die mit ihren Nymphen jagende und rastende Diana, die sich hier vor keinem Aktaeon in Acht zu nehmen habe – das die Esslinger Umgebung verfremdende Bild ist für den Humanisten hübscher und wichtiger als eine Topographie des

113 *E.* 9f. *Mulciberis cui ustrina dedit cognomina sueta,/ cuius erant capti Marsque Venusque dolis/* umschreibt die Schmiede mit dem Ausdruck »Brandstätte des Vulkan« (die Formulierung und die mythologische Anspielung nahm Molitor aus Ovid, *Ars amandi* 2, 560f.: *fabula narratur toto notissima coelo,/ Mulciberis capti Marsque Venusque dolis./* Die auf *Esseklingen* bzw. *Eiseklingen* zielende Etymologisierung scheint hier erstmals belegt zu sein. Sie wird auch von Crusius (wie Anm. 5), S. 60, und von Reusner (wie Anm. 21), S. 146, verwendet.

114 Ähnlich stellt Kugler (wie Anm. 1), S. 171, fest: »Genauigkeit im wahrnehmbaren Detail ist nicht das, worauf es ihm (sc. Albrecht Eyb in seiner Rede auf Bamberg 1452) ankommt. Vielmehr scheint er mit literarischen Paßformen heranzutreten und sie der Landschaft anzuprobieren.«

115 Celtis behandelte in Cap. VI seiner *Norimberga* die *qualitas aeris* (wie Anm. 61), S. 146ff. Molitorius konnte die Schrift aus der Ausgabe von 1518 (siehe Anm. 5) kennen.

Waldes, den die Einheimischen ohnehin kennen und den genauer kennenzulernen für die Auswärtigen, die nur von ihm lesen können, uninteressant ist. Danach berichtet Molitorius von den Weingärten im Westen (bei Engelbrecht liegen sie im Norden, Westen und Süden von Freiburg) und schließlich von den reichen Getreideernten. Engelbrecht hatte die Tiere des Waldes und den Preis des Weingottes näher ausgeführt, beide Autoren bevölkern den Wald mit mythischen Figuren, sprechen von Bacchus und Ceres[116] und vergleichen die Fruchtbarkeit des Bodens mit Sizilien. Molitorius verkürzte, nahm eine gewisse Anpassung an die realen Gegebenheiten vor und strebte nach prinzipieller Übereinstimmung.

Der zweite Abschnitt, V. 41–82 (entsprechend Engelbrecht, V. 101–156), betrifft die Gebäude der Stadt, zuerst die wehrhafte Stadtmauer mit Türmen und Graben, denen Molitor noch den Wall und den ruhmreichen römischen Adler an den Toren hinzufügt[117], während Engelbrecht die Beziehung zum Kaiser auf den Epilog aufgespart und dort ausführlicher behandelt hat, dann die kirchlichen Gebäude, und zwar insbesondere das Münster Unserer Lieben Frau in Freiburg und die Dionysius- und die Frauenkirche in Esslingen[118]. Beidesmal wird im Blick auf die Türme der beiden Marienkirchen ein Vergleich mit den ägyptischen Pyramiden, dem ersten der antiken Weltwunder, gezogen. Engelbrecht hatte den Vergleich aus Martials *Lib. Spect.* 1, 1, geholt (vergleiche Böhms Vergleich mit dem ephesischen Dianatempel an analoger Stelle)[119]. Die

116 Zu diesem Topos in den humanistischen Stadtlobtexten vgl. KUGLER (wie Anm. 1), S. 171: »Ceres und Bacchus passen durchaus ins Bamberger Land, aber sie passen nicht nur dorthin. In anderen Laudationes anderer Städte findet man die Getreidegöttin und den Weingott ebenfalls daheim. Humanistische Lobredner haben, so scheint es, die beiden mediterranen« – besser: antiken! – »Landgottheiten gern dort im Norden angesiedelt, wo es galt, das Umland einer Stadt als fruchtbar darzustellen.«

117 Die deutliche Betonung der Stadtbefestigung bei Engelbrecht, Böhm und Molitorius relativiert zumindest die Behauptung von KUGLER (wie Anm. 1) S. 157: »Das Interesse am Wehrcharakter, an den Schutz- und Abgrenzungsfunktionen der Stadtmauer ist im humanistischen Städtelob allgemein nicht stark ausgebildet.« Auch Caspar Cropacius äußert sich in seinem *Encomium Viennae Austriae* von 1563 (in: *Cropacii Poemata*, Nürnberg 1581, S. 59ff.; in den Forschungen zum Stadtlob bisher nicht berücksichtigt) ausführlich zur Stärke der Stadtbefestigung.

118 Der Umstand, daß Molitorius in Esslingen zwei Kirchen ausführlich behandelt, während Engelbrecht – nach Sibutus – nur eine Kirche schilderte, dürfte nicht nur durch die lokalen Gegebenheiten Esslingens verursacht sein, sondern auch durch den Wunsch, hierin das von Engelbrecht beschriebene Freiburg zu übertreffen; zudem hatte auch Celtis in der *Norimberga* zwei Hauptkirchen herausgestellt (Cap. VIII: *De duobus augustioribus templis* ... [wie Anm. 61], S. 160ff.).

119 Vgl. *F.* 119ff. und 359f. mit *E.* 73ff. Bei Martial werden die Weltwunder und zuerst die Pyramiden aufgeführt und von dem neu errichteten Kolosseum in Rom übertroffen. Engelbrecht las im Kommentar des Domitius Calderinus (wie Anm. 91) dazu: *Pyramides: lapides erant erecti mirae magnitudinis in acutum tendentes, dicti ab ipsa figura quae flammam imitatur igneam; nam* πῦρ *dicit ignis, unde pyramis*. Diese Definition läßt vermuten, daß Calderinus die Pyramiden mit den ihm aus Rom bekannten Obelisken verwechselte; in der illustrierten Ausgabe *Marci Valerii Martialis Epigrammata Libri xiiii. Una cum Commentariis Domitij Chalderini et Georgij Merule et cum figuris suis locis appositis*, Venedig: Georgius de Rusconibus 1514, Bl. IV, erscheinen in einem Holzschnitt denn auch zwei neben das Kolosseum gestellte Pyramiden in Gestalt von obeliskenartigen spitzdreieckigen Steinen. Dieses Mißverständnis ist für das Verständnis gerade des Vergleichs von Kirchentürmen mit Pyramiden wichtig. Ein solcher Vergleich findet sich in bezug auf den Turm des Doms von Münster in Westfalen bereits bei P. Langius, *Carmina*, 1486

Esslinger Frauenkirche könnte außerdem Molitorius zufolge ein Werk des Daedalus sein (Engelbrecht hatte gesagt, daß die Freiburger Sapienz sogar von Daedalus bewundert worden wäre)[120]. Der Vergleich mit Daedalus ist bei Molitorius eine Ehrung für den 1482 verstorbenen *maister unser lieben frowen Kirchen* Hans Böblinger, dessen so beschriftetes Grabmal sich in dieser Kirche befand[121]. Die Humanisten Engelbrecht, Böhm und Molitorius bezeugen so ihre höchste Wertschätzung für die spätgotischen Kirchenbauten ihrer Städte. Von Engelbrecht und Molitorius werden der amtierende Freiburger Münsterpfarrer Dr. theol. Heinrich Kohler[122] beziehungsweise der gerade abgelöste Pfarrer an der Esslinger Dionysiuskirche Lic. theol. Jakob Merstetter als Prediger im Anschluß an das Lob ihrer Kirchen gepriesen; Merstetter wird sogar mit Orpheus verglichen. Sein derzeitiger Nachfolger, Dr. theol. Balthasar Sattler, der erst kurz im Amt ist, wird ohne Namensnennung kurz positiv erwähnt. Die Mönche und Nonnen der Klöster werden in beiden Orten knapp, aber respektvoll behandelt (bei Böhm waren die Klöster noch kürzer erwähnt worden). Am Ende des Abschnitts loben beide Autoren die oft stattlichen Privathäuser.

Der dritte Abschnitt bei Molitorius, V. 83–102a (bei Engelbrecht V. 157–182), betrifft die Bevölkerung und Regierung. Hier sind bei Molitorius wichtige Akzentverschiebungen gegenüber Engelbrecht zu beobachten. Beide Bürgerschaften sind wehrhaft und kriegserfahren, aber Molitorius fügt hinzu, daß die Esslinger den Frieden vorziehen. Engelbrecht unterscheidet die soziale Schicht des ehrfürchtig behandelten Adels und die *plebs*, deren Zunftgliederungen näher zu beschreiben er sich erklärtermaßen für zu gut dünkt. Bei Molitorius finden sich keine solche Parteinahme und keine derartige soziale Schichtung. Beide Autoren verwenden römische Magistratsnamen für städtische Ämter wie *consul* für Bürgermeister. Engelbrecht nennt den Schultheiß *praetor*, Molitorius wohl die Richter *aediles* und den als Gerichtsvorsitzenden fungierenden Stadtamtmann *censor*. Beide halten den *senatus* (Rat) für den Wohnort der wieder vom Himmel herabgekommenen *Astraea* (= Iustitia) und anderer Tugenden. Aber Molitorius führt im Unterschied zu Engelbrecht noch »die die Rechte der *plebs* schützenden *tribuni*«, das heißt die Zunftmeister an, zu denen sein Vater vielleicht damals gehörte (der Esslinger Bernhard Schöfferlin hatte bereits um 1500 in Livius

(Nachdruck: Des Münsterschen Kanonikus Rudolph von Langen Gedichte, Münster 1991), Bl. 26 v: *Cedite, Pyramides penetrantes aera Memphi* ... Celtis verglich den hochragenden Schönen Brunnen auf dem Nürnberger Hauptmarkt mit einer Pyramide (*Norimberga* Cap. V [wie Anm. 61], S. 140): *materia eius instar pyramidis erigitur*), und später haben Michael Beuther und Bernhard Moller den Turm des Straßburger Münsters über die ägyptischen Pyramiden und andere antike Weltwunder gestellt (zitiert bei Reusner [wie Anm. 21], S. 44). Die direkte Anknüpfung an Martial *Lib. Spect.* 1 ist dort im Ausdruck deutlich.

120 Daedalus als Tempelbaumeister war besonders durch Verg. *Aen.* 6, 14ff. bekannt. Molitorius hat mit der Vereinigung des Pyramiden- und des Daedalus-Vergleichs die Esslinger Frauenkirche superlativisch gerühmt.

121 Vgl. A. Koepf, Die Esslinger Frauenkirche und ihre Meister, in: Esslinger Studien 19 (1980), S. 1ff. (dort in Abb. 72 der Grabstein von Hans Böblinger). Obwohl an der Frauenkirche mehrere Baumeister tätig waren, dürfte Molitor in erster Linie an Hans Böblinger gedacht haben, der 1440–1482 die Bauleitung hatte.

122 Zu ihm vgl. A. Weisbrod, Die Freiburger Sapienz und ihr Stifter Johannes Kerer von Wertheim, Freiburg 1966, S. 52, 119.

tribunus plebis mit Zunftmeister übersetzt)[123]. Molitorius zeigt insgesamt eine weniger aristokratische und mehr zunftfreundliche Einstellung und zeichnet die Esslinger Verhältnisse entsprechend weniger polarisiert und zugleich friedliebender. Dies kann biographisch begründet sein, da er selbst der Handwerkerschicht Esslingens entstammte, spiegelt aber außerdem sowohl die innenpolitische Atmosphäre als auch die außenpolitische Situation Esslingens, in dem der politische Einfluß der Zünfte während des 15. Jahrhunderts gestiegen war und das während des 16. Jahrhunderts auf den großen württembergischen Nachbarn steigend Rücksicht zu nehmen hatte.

Die Differenz zwischen beiden Autoren setzt sich im vierten Abschnitt, V. 102b–170 beziehungsweise 183–256, der bei Böhm keine Entsprechung hat, verstärkt fort. Engelbrecht schildert in ihm als Beleg für die Handlungsfähigkeit des Freiburger Stadtrats die rasche und erfolgreiche Unterdrückung der Bundschuhverschwörung vom Jahr 1513, deren Anführer, den Brotbeck Hieronymus und Jost Fritz[124], er mit Catilina und Cethegus vergleicht. Es dient der Dramatik der Darstellung und bewertet zugleich die Verschwörer, daß eine Höllenfurie, die Erinnye Tisiphone, sie – in Analogie zu Allectos Einwirkung auf Turnus in der *Aeneis* – mit einer Rede zu ihrem schändlichen Tun anstachelt. Eine dramatische Handlung innerhalb der Stadtgeschichte, die von Gefährdung zur Rettung führt, erzählt auch Molitorius im vierten Abschnitt, und er läßt eben die Erinnye Allecto Böses anrichten. Gegenstand ist jedoch kein Konflikt zwischen der Stadt und den Bauern des Umlandes. Im Anschluß an den friedliebenden Charakter der Esslinger Bürger und ihre Gastfreundlichkeit, für die er an die durch Tacitus bekannte Bedeutung der Gastfreundschaft bei den Germanen erinnerte[125], berichtet er vom Esslinger Katharinenspital[126], beschreibt es mit einem von Engelbrecht für die Schilderung der Freiburger Sapienz benützten Ausdruck Ovids als *domus ... sublimibus alta columnis*[127] und erzählt dann in mythischer Einkleidung

123 Zu *tribunus plebis* = Zunftmeister vgl. W. Ludwig, Römische Historie im deutschen Humanismus, in: Berichte aus den Sitzungen der Joachim Jungius-Gesellschaft der Wissenschaften, Hamburg, Jg. 5 (1987), Heft 1, S. 58. – Die Bestimmung der Esslinger Magistratspersonen verdanke ich Dr. W. Bernhardt, Stadtarchiv Esslingen, der mich darauf aufmerksam machte, daß Molitorius die fünf wichtigsten Verfassungsorgane der Stadt erwähnt: Bürgermeister *(consul)*, Rat *(senatus)*, Stadtammann *(censor)*, Richter *(aediles)* und Zunftmeister *(tribuni plebis)*.

124 Vgl. T. Scott, Freiburg and the Breisgau. Town-country relations in the age of Reformation and Peasants' War, Oxford 1986, S. 173ff.

125 Vgl. *E.* 161f. *hospicii memores sancti, Germania primum quo valet* und Tac. *Germ.* 21 *hospitiis non alia gens effusius indulget*. Zur Rezeption dieses Gesichtspunktes der taciteischen Germanenschilderung bei J. Wimpfeling siehe L. Krapf, Germanenmythos und Reichsideologie. Frühhumanistische Rezeptionsweisen der taciteischen *Germania*, Tübingen 1979, S. 104; vgl. auch die Bezugnahmen bei Irenicus (wie Anm. 5), Bl. XXXIV, und Hutten (wie Anm. 6), Bl. D1. Die *Germania* des Tacitus war Wien 1515 in der Ausgabe des Celtis wieder gedruckt worden.

126 Engelbrecht nennt wie Buschius und Sibutus kein Spital, Böhm, V. 55f. bewunderte *dives ... hospitale/ censibus amplis*. Celtis besprach in der *Norimberga* auch die vier *hospitalia*, die er auch Ξενοδοχεια nannte (wie Anm. 61), S. 160, 162; *diversoria aegrorum educandis fovendisque pauperibus*. Molitorius bezeichnet das Katharinenspital als *Ptochodochion*.

127 Vgl. Ov. *Met.* 2, 1 *Regia Solis erat sublimibus alta columnis, F.* 359 *stat domus intra urbem sublimibus alta columnis, E.* 103f. *Est domus in media sublimibus alta columnis/ urbe patens.*

von dem Spitalbrand von 1484[128], den Allecto durch ihren Gang zu Vulkan auslöste (man denkt an Junos Weg zu Aeolus in seinem ersten Aeneisbuch) und Juppiter schließlich mit Hilfe von Neptuns Fluten löschte, wonach er die athenische Pallas mit dem Neubau der Spitalkirche beauftragte, den in der Realität Hans Böblingers Sohn Matthaeus (†1505) leitete, dessen Werk durch dieses mythische Bild glorifiziert wird (sein Grab befand sich wie das seines Vaters in der Frauenkirche). Das Ende des Abschnitts zeigt das Spital wieder in Funktion: Würdige Spitalpfleger, zu denen sein Vater vielleicht damals gehörte, und Spitalmeister stehen ihm vor; sie hüten das heilige Gastrecht für die aus dem fernsten Westen und Osten kommenden Fremden und nehmen arme Kranke auf. Molitor hat das gelehrte mythische Element verstärkt, indem er eine ganze Anzahl vergilischer und ovidischer Szenen – zum Beispiel auch die Phaethon- und die Lycaonsage – evozierte, und hat zugleich in bewußtem Gegensatz zu Engelbrecht Esslingen mit einem Bild der friedlichen Wohltätigkeit verbunden. Der Komplex der Spitalbauten wird damit neben der Dionysius- und der Frauenkirche als bedeutendstes bauliches Werk in der Stadt hervorgehoben und dementsprechend dem humanistischen Publikum vorgestellt. Die Auswahl dieser drei Bauten, neben denen die anderen kirchlichen und profanen Bauten nur kollektiv erwähnt werden, gibt dem Stadtbild seine beabsichtigten Akzente.

Es folgen dann bei Engelbrecht und Molitorius jeweils in einem kurzen fünften Abschnitt, V. 171–176 beziehungsweise 257–262, einem strukturellen Gelenk, eine Bitte um Ergänzungen durch andere Dichter, eine Überleitung zum Rest der Beschreibung und eine neue an Apollo beziehungsweise eine Muse gerichtete Bitte um Inspiration.

Im sechsten und letzten Abschnitt der Beschreibung von Freiburg und Esslingen, V. 177–202 beziehungsweise V. 263–400, konnte Engelbrecht die Universität mit ihren verschiedenen Fakultäten, die Stipendienanstalt der Sapienz und ihren Stifter Dr. iur. utr. Johann Kerer rühmen[129], während für Molitorius als kleineres Analogon die Esslinger Lateinschule blieb, die 1521 nach Mag. Caspar Heininger einen neuen Schulmeister, Mag. Johannes Schmidlin, erhalten hatte. Er hatte bereits in anderen Städten eine sehr gute Reputation als Lateinschulmeister erworben und konnte sogar Griechisch und Hebräisch unterrichten[130]. Molitorius illustriert seine Berufung als Esslinger Schulmeister wieder durch eine mythische Szene. Bei Engelbrecht hatte Juppiter der Minerva die Sapienz anvertraut, und seine Szene mündete in die Aufforderung an die Stipendiaten, für den toten Stifter zu beten und sein Grab zu ehren. Molitorius läßt Minerva dem Juppiter den Johannes »Fabricius« als neuen Schulmeister

128 Siehe W. Haug, Das St.-Katharinen-Hospital der Reichsstadt Esslingen, Esslingen 1965, S. 29f.

129 Vgl. dazu Weisbrod (wie Anm. 122). In dieser sonst sehr sorgfältigen Arbeit wird das Lob, das die Sapienz durch Engelbrechts Gedicht erhält, nicht erwähnt.

130 Vgl. zu ihm O. Mayer, M. Johannes Schmidlin, der Lehrer von Johannes Brenz in Vaihingen, in: Blätter für württ. Kirchengeschichte N.F. 3 (1899), S. 176ff.; J. Wagner, Die Zeit des Humanismus und der Reformation, in: Geschichte des humanistischen Schulwesens in Württemberg, Bd. 1, Stuttgart 1912, S. 257ff., hier S. 448; O. Mayer, Geschichte des humanistischen Schulwesens der freien Reichsstadt Esslingen 1267–1803, ebd., Bd. 2,1, Stuttgart 1920, S. 204ff., hier S. 222f.; und Ders. (wie Anm. 25), S. 207.

vorschlagen und rühmt ihn als humanistischen Dichter. Nach Juppiters Zustimmung übermittelt Merkur dem Esslinger Stadtrat, der für die Ernennung des Schulmeisters zuständig war, den göttlichen Willen, und die Szene mündet in die Aufforderung an die Schüler, die Parzen um langes Leben für den neuen Rektor zu bitten, wobei Molitorius sich hier der Worte bediente, die Engelbrecht in Hinsicht auf den Freiburger Münsterpfarrektor Kohler benützt hatte. Es war für Schmidlin/Fabricius und für die Schule ein Kompliment, seine Ernennung auf diese Weise göttlich sanktioniert zu sehen. Die heidnischen Götter können auch als Allegorien für den christlichen Gottvater, Gottsohn und den heiligen Geist oder einen Engel aufgefaßt werden. Die Mythologie erlaubte Bilder mit tieferer Bedeutung. Und Molitorius konnte hoffen, so auch Schmidlin als Fürsprecher gewonnen zu haben. Engelbrecht und Molitorius haben so je zwei Individuen, Kohler und Kerer, Merstetter und Schmidlin, an strukturell gleicher Stelle gerühmt[131].

In seinem letzten Distichon V. 203–204, »So habe ich meine Heimatstadt und die Männer der Stadt von wahrem Adel beschrieben«, zieht Molitorius nur noch einen Schlußstrich (humanistisch ist die Betonung des wahren Adels gegenüber dem bloßen Geburtsadel!)[132]. Engelbrecht fügte einem analogen Distichon in einem Epilog, aus dem Molitor bereits zwei Motive früher verwertet hatte, noch Historisches über Freiburgs Beziehungen zum Kaiserhaus hinzu (V. 401–430).

Damit sind Grundzüge der Gestaltung des *Esselingae Encomion*, das Topische, das Mögliche, aber Weggelassene, und das Besondere, deutlich geworden. Das Gedicht sollte, wie Engelbrecht es für sein Gedicht erwartet hatte, *toti civitati ... apud exteros non minimam ... gloriam* bringen. Seine spezielle Funktion, die Esslinger Stadtregierung, insbesondere aber Merstetter und Schmidlin für Molitorius günstig zu stimmen, läßt sich auch nicht übersehen. Seine literarische und gesellschaftliche Bedeutung wird, besonders wenn man berücksichtigt, welche anderen Stadtlobtexte zu dieser Zeit existierten, erkennbar. Die Gedichte auf Freiburg und Ulm dienten Molitorius in verschiedener Weise als Vorbilder. Aus Stuttgart, Tübingen oder anderen Städten in der näheren Umgebung Esslingens ist zu jener Zeit nichts Vergleichbares bekannt. Der kulturelle Rang einer Stadt setzt sich gewiß aus vielen Faktoren zusammen. Die Teilnahme an der aktuellen humanistischen Literatur war in jener Zeit einer von ihnen; Molitorius leistete für Esslingen dazu einen achtbaren Beitrag.

Er hat sich sozusagen als Urenkelschüler von Celtis entpuppt. Die Interpretation seines Gedichts und die Untersuchung seiner Vorläufer und Modelle sollten zeigen, daß erst eine eingehende philologische Interpretation nicht nur die literarische Bedeutung, sondern auch den historischen Quellenwert solcher Gedichte erschließen kann. Die

131 Die Eigennamen erscheinen teilweise nur in den Randbemerkungen: *F.* zu V. 120: *Laus rectoris ecclesiae H. Colheri, viri integerrimit* zu V. 359 *Episcopus Adrumetanus condidit, E.* 58 und 66 *docte Jacobe* und zu V. 57 *Iacobus Merstetterus parrochus* sowie V. 187f. *Musarum decus immortale, Ioannes, laurigeros inter gloria prima viros*, V. 202 *Fabro* und zu V. 188 *Ioannes Fabricius Noricus, Ludi litterarii Praeses.*

132 Zu *vera nobilitas* im Denken der Humanisten vgl. M. LENTZEN, Cristoforo Landino, *De vera nobilitate*, Genf 1970, S. 3ff., und LUDWIG (wie Anm. 123), S. 65f., für diese Vorstellung bei dem Esslinger Bernhard Schöfferlin.

bisherigen Forschungen zur Stadtlobliteratur des 16. Jahrhunderts sind über die – unvollständige – Registrierung der Stadtlobgedichte und den Aufweis ihrer konventionellen Themen nur an wenigen Stellen hinausgekommen. Unsere Beobachtungen haben unter anderem zu einigen allgemeineren Erkenntnissen geführt, denen weiter nachzugehen sich lohnt. Dazu gehört erstens, daß die Stadtlobgedichte im 16. Jahrhundert nicht nur aus einem allgemeinen topischen Themenreservoir schöpfen und generell in der in die Antike zurückreichenden Tradition der Stadtlobgedichte und ihrer Anleitungen stehen, sondern unmittelbar in Aufbau, Thematik, Vergleichsbildern und Ausdrucksweisen zueinander in Beziehung stehen und jeweils bestimmte frühere Gedichte intertextuell rezipieren, wobei in der Regel auch persönliche Beziehungen – Schüler- und Freundschaftsverhältnisse – zwischen ihren Verfassern nachgewiesen werden können. Die Feststellung eines derartigen spezifischen Abhängigkeitsverhältnisses ist nicht nur literarisch, biographisch und bildungsgeschichtlich von Interesse. Sie läßt auch im Blick auf die Gemeinsamkeiten und Abweichungen des späteren Gedichts von seinem Muster besser erkennen, worauf es dem Autor bei der Schilderung seiner Stadt nun ankam und wo er seine Stadt gleich oder anders darstellen wollte. Denn zweitens ist trotz aller gemeinsamen Züge in den verschiedenen Stadtgedichten festzuhalten, daß nur eine oberflächliche Kenntnisnahme die Auswechselbarkeit dieser Stadtlobtexte auf beliebige Städte behaupten kann, wie dies öfters geschehen ist. Bei aller auf eine ideale Stadt zielende Topik werden jeweils unverwechselbare Spezifika der einzelnen Städte hervorgehoben, durch die jede Stadtdarstellung ein ganz bestimmtes Gepräge erhält. Dies gilt natürlich vor allem für die Städte selbst, aber auch ihre Umgebungen werden durch gewisse Angaben spezifiziert. Drittens achten die Autoren bei der Schilderung der natürlichen Umgebung stets nicht nur auf ökonomische, sondern auch auf ästhetische Gesichtspunkte, neben der *fertilitas* auf die *amoenitas loci*. Die Umgebung wird als ein – durch spezifische Züge charakterisierter – *locus amoenus* entdeckt. Die Beschreibungen können das durch die klassische Literatur angeleitete Naturerleben der Humanisten erhellen. Viertens wollen die Stadtgedichte des frühen 16. Jahrhunderts immer mehr loben als beschreiben. Die realen Gegebenheiten werden zu ihrem Lob mit antiken Personen, Bauten und Mythen verglichen, wobei die realen Gegebenheiten selbst nur insoweit genannt werden müssen, daß der Leser die lobenden Vergleichsbilder richtig auf sie bezieht. Nur wenige besonderes ausgezeichnete Bauwerke wie die großen Stadtkirchen werden namentlich genannt, sonst wird meist allgemein von Toren, Klöstern, Häusern und dergleichen gesprochen. Auf diese Weise ergibt sich ein lobend überhöhtes, antikisiertes und idealisiertes, aber doch stets auch wiedererkennbares und charakteristisches Bild der jeweiligen Stadt in der Sichtweise und mit den Akzentuierungen seines humanistischen Autors.

Eine weiter ausgreifende Untersuchung könnte zeigen, daß im Laufe des 16. Jahrhunderts in Deutschland auch eine detailreichere und noch konkretere Form der poetischen Selbstdarstellung entstand, bei der es dem Verfasser darauf ankam, dem Leser die betreffende Stadt durch eine Vielzahl benannter und beschriebener Bauwerke und Örtlichkeiten vor Augen zu stellen. Es scheint, daß das 1532 zuerst gedruckte, 1387 Hexameter umfassende Nürnberggedicht von Eobanus Hessus, das hierin seinerseits die prosaische Nürnbergdarstellung von Celtis zum Vorbild nahm, voranging und bald zum Modell wurde[133]. Das 1564 zuerst gedruckte Gedicht von Lucas Lossius auf Lüneburg ist für diese Stadtlobart ein extremes Beispiel. In etwa 1500 Versen (teils Hexametern, teils elegischen Distichen, dazwischen sogar Hendekasyllaben und kurze Prosatexte) wird die Stadt mit allen Kirchen und öffentlichen Gebäuden bis auf ihre Epitaphien und die derzeit lebenden Ratsherren genau vorgestellt[134]. Im Laufe des 16. Jahrhunderts dehnt sich im übrigen der anfangs sehr exklusive Kreis der durch Stadtlobgedichte gefeierten Städte immer mehr aus. Im Jahr 1592 erhält zum Beispiel die Stadt Wünschelburg in der schlesischen Grafschaft Glatz durch Georg Partackius ein Lobgedicht nach allen Regeln der Kunst in 390 Hexametern[135].

Stadtlobgedichte sind vom späten 15. Jahrhundert an in Deutschland ein wichtiger Aspekt städtischer Repräsentation. Natürlich bringen sie die Städte in erster Linie sozusagen auf die humanistische Landkarte. Aber die humanistisch Gebildeten waren keine isolierte Kaste, sondern durch die Verbreitung der Lateinschulen und Universitäten ein im 16. Jahrhundert wachsender Teil der Bevölkerung, zu dem zunehmend auch die Ratsherren in den Städten gehörten, die neben geistlichen Herren zumeist die Widmungsempfänger der Gedichte waren[136].

133 Vgl. dazu LUDWIG (wie Anm. 8).

134 Siehe L. Lossius, *Narratio de origine, incremento, conservatione et defensione inclytae Lunaeburgae, ecclesiae instauratione deque illis quae in hac urbe eiusque vicinia sunt et spectantur praecipua*, in: DERS., *De Pacificatione et concordia inter illustrissimos principes et dominos Lunaeburgenses, Henricum et Guilielmum, et inclytam urbem Luneburgam* ... (Frankfurt/Main, nicht Lüneburg) 1564, S. 20ff.; die zweite Auflage erschien in erweiterter Form Frankfurt 1566, danach Edition und Übersetzung bei H. DUMRESE, *Lunaeburga Saxoniae*, Lüneburg im Sachsenland, Lüneburg 1956. Vgl. F. ONKELBACH, Lucas Lossius und seine Musiklehre, Regensburg 1960 (Literaturhinweise von Prof. Alpers, Hamburg).

135 Siehe G. Partackius, *Descriptio antiquae, celebris, Caesareae et in confinio Bohemiae sitae civitatis Wunschelburgae carmine heroico exposita* ..., Wittenberg 1592, ediert von Dr. VOLKMER, Ein lateinisches Lobgedicht auf die Stadt Wünschelburg vom Jahr 1592, in: Vierteljahresschrift für Geschichte und Heimatkunde der Grafschaft Glatz 5 (1885/86), S. 273ff. (Hinweis auf das bisher in den Forschungen zum Stadtlob nicht bekannte Gedicht von Prof. Herzig, Hamburg).

136 Ermittlungen für das oben Anm. 77 erwähnte Editionsvorhaben haben ergeben, daß der dort genannte Ulmer Humanist deutsch Wolfgang Reichart (nicht Richard oder Rychard) hieß, vgl. vorerst W. LUDWIG, Zur Biographie und Familie des Ulmer Humanisten und Stadtarztes Wolfgang Reichart, in: Genealogie 22/43 (1994) Heft 9/10. – Das Gedicht auf Esslingen ist unterdessen in der angekündigten neuen Edition und Übersetzung mit ausführlicher Kommentierung erschienen: W. LUDWIG, Apollo in Esslingen. Das *Esselingae Encomion* des Johannes Miller von 1522, in: Esslinger Studien. Zeitschrift 32 (1993), S. 1ff. Ich bitte dort folgende Versehen zu berichtigen: S. 1 Anm. 1, ist statt »Lichtenstein« »Lichtenstern« zu lesen, S. 8, V. 59, statt »Dulcissimum« »Dulcisonum«, S. 12, V. 160, statt »magno« »magna«, S. 29, Z. 7, statt »at« »ac«, S. 63 statt »Spitalmeister« »Spitalpfleger«. Außerdem können folgende Stellen verbessert werden: S. 4, V. 4, ist statt des überlieferten »dicat« ein intendiertes »dicar« zu vermuten (»damit ich nicht etwa allein ein untätiger Musenfeind genannt werde«), S. 12, V. 166 ebenso statt überliefertem »quo« »qua«; S. 11, Z. 2 ist statt »leicht bewaffnet« der Sinn eher »mit glänzenden Waffen«, da Miller mehrfach Fehler in den lateinischen Quantitäten unterliefen (so in V. 31, 32, 66, 143, 155, 185, 193). Entsprechende Hinweise danke ich den Professoren Bühler, Chomarat, IJsewijn und Stroh.

Tafel 1: *J. Molitorius und sein Gedicht auf Esslingen – personelle und textliche Beziehungen*

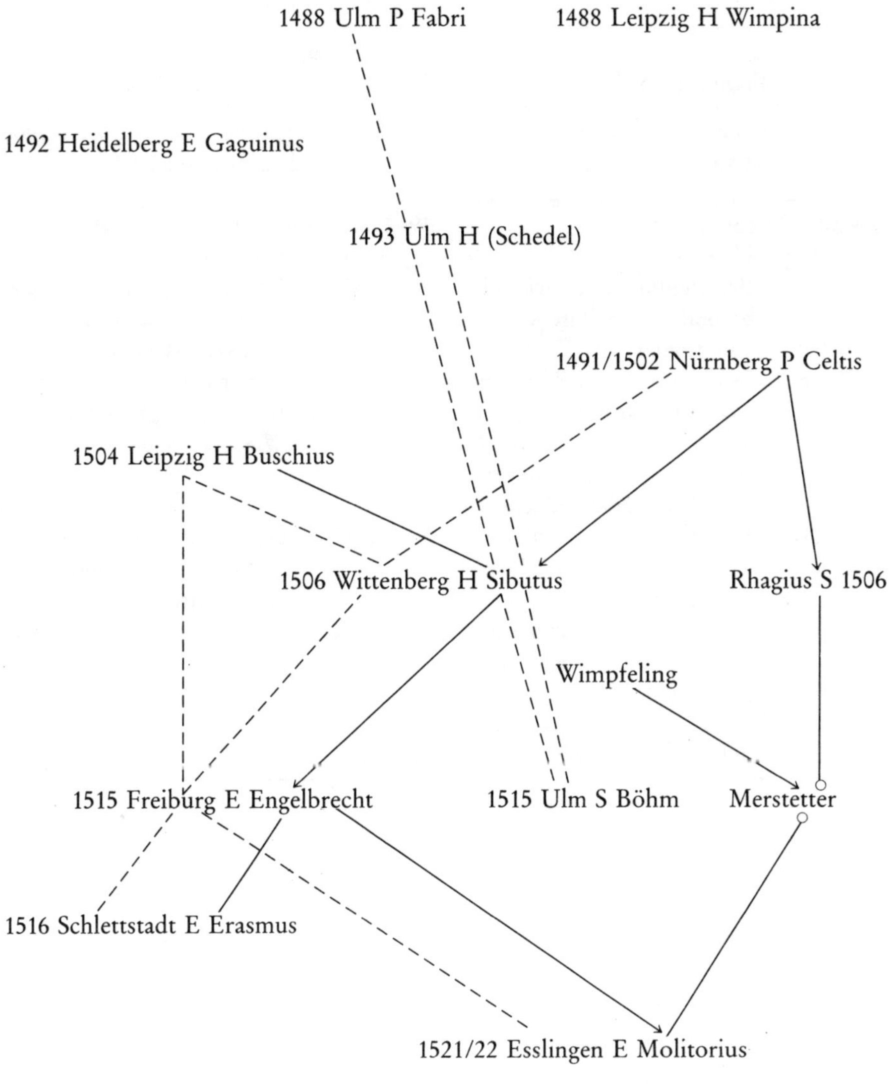

P = Prosa		——→	Lehrer-Schüler-Beziehung
H = Hexametrisches Gedicht		——	Freundschaftsbeziehung
E = Elegisches Gedicht		——○	Gedichtsadressat
S = Sapphisches Gedicht		– – –	Textbeziehung

Zur Erklärung ist die Abhandlung zu vergleichen. Es konnten nicht alle Bezüge in das Schema aufgenommen werden.

Tafel 2: *Vergleich des Aufbaus der Stadtgeschichte von Ph. Engelbrecht und J. Molitorius*

Ph. Engelbrecht, Gedicht auf Freiburg, 1515		J. Molitorius Gedicht auf Esslingen, 1521/22	
1–50:	Einleitung mit Themenangabe und Inspirationsbitte	1–18:	Einleitung mit Themenangabe und Inspirationsbitte
51–400:	Beschreibung:	19–202:	Beschreibung:
1. 51–100:	Umgebung	1. 19– 40:	Umgebung
2. 101–156:	Befestigung und Gebäude, besonders eine Kirche; Lob von Kohler	2. 41–82:	Befestigung und Gebäude, besonders zwei Kirchen; Lob von Merstetter
3. 157–182:	Bevölkerung und Regierung	3. 83–102a:	Regierung und Bevölkerung
4. 183–256:	Verschwörung des Bundschuh 1513 und Unterdrückung, anschließend Freudenfest der Mädchen	4. 102b–170:	Brand des Spitals 1484 und Wiederaufbau
5. 257–262:	Überleitung, Aufforderung zu Ergänzungen und Inspirationsbitte	5. 171–176:	Überleitung, Aufforderung zu Ergänzungen und Inspirationsbitte
6. 263–400:	Universität, Karthäuserkloster und Sapienz; Lob von Kerer	6. 177–202:	Lateinschule; Lob von Schmidlin
401–430:	Abschluß und Epilog	203–204:	Abschluß

Mittelalterliche Sakralbauten der südwestdeutschen Stadt als Zeugnisse bürgerlicher Repräsentation

von Johannes Zahlten

Den Stolz einer Bürgerschaft im Spätmittelalter auf ihre Pfarrkirche spiegelt sehr anschaulich der Bericht des Bruders Felix Fabri über den Bau des Ulmer Münsters wider, verfaßt 1488. Er beginnt folgendermaßen[1]: *Es wuchs nun das Bauwerk unter ihren Händen, und in 111 Jahren, nämlich von seinem Gründungsjahr 1377 bis jetzt, 1488, entstand eine Kirche, die allen Völkern und Zeiten Staunen und Bewunderung abnötigt. Mehr noch als den gewaltigen Bau bewundert der Betrachter die Hochherzigkeit und Kühnheit der Gründer; denn sie haben es gewagt, in einer so kleinen Stadt ohne um Unterstützung von außen nachzusuchen, ohne Beihilfe und Betteln ein solches Gebäude zu errichten, dessen gewaltig hoher Glockenturm sich heute zu Ehren der göttlichen Majestät erhebt, als wolle er in den Himmel wachsen. Das Kirchenschiff selbst, längst vollendet, strahlt innen in solchem Glanz, daß wer von außen kommt und seine Schönheit bewundert, meint, es sei weniger eine Stätte der Sterblichen als der Himmlischen. Besonders viel tragen zum Schmuck dieser Kirche die Skulpturen aus der alten Pfarrkirche bei, die in den Vorhallen und in den Giebelfeldern über ihren Türen angebracht worden sind – alte kunstreiche Arbeiten.*

Folgende neun Vorzüge kennzeichnen die Kirche vor allen Pfarrkirchen in der ganzen Christenheit: Erstens ist sie eine größere Pfarrkirche als jede andere; sie ist nämlich weder eine Kollegiatkirche noch eine Bischofs- oder Abteikirche, sondern nur eine einfache Parochialkirche, größer als viele Bischofskirchen und prächtiger als die meisten Patriarchalkirchen. ... Zweitens ist diese Kirche schöner als alle anderen, freilich nicht im Wandschmuck, in der Art des Bodenbelags, in ihren Steinskulpturen, den Malereien oder Täfelungen; es ist vielmehr der Glanz des Lichtes, der ihre eigentliche Schönheit ausmacht. Ich habe viele Kirchen gesehen, die – was Kunst und Materialbeschaffenheit angeht – prächtiger sind, aber keine, die von so reichlichem Licht durchströmt, keine, die bis in alle Winkel so hell ist wie diese; sie hat keine finstere Ecke, keinen schattigen Schlupfwinkel oder rußig dunklen Raum, wie gewöhnlich andere große Kirchen haben; es gibt in ihr auch keine verborgenen Kapellen, sondern sie sind zugänglich und hell. Drittens hat sie mehr Altäre als alle Pfarrkirchen, nämlich 51 Altäre, die alle ihre Versorgung und Einkünfte haben und nicht von Fürsten, Adligen

1 Bericht über den Bau des Ulmer Münsters aus der Abhandlung über die Stadt Ulm, verfaßt von Bruder Fabri. 1488, in: Quellen zur Wirtschafts- und Sozialgeschichte mittel- und oberdeutscher Städte im Spätmittelalter. Hg. von G. Möncke (Ausgewählte Quellen zur deutschen Geschichte des Mittelalters. Freiherr vom Stein-Gedächtnisausgabe 37), Darmstadt 1982, S. 368–373, hier S. 369f.

oder Fremden, sondern von den Einwohnern Ulms selbst begabt sind; wie sie die Patrone der Kirche sind, so sind sie auch die Kollatoren aller Altäre. Viele Altäre haben fünf, einige haben vier oder drei Pfründen.

Felix Fabri hebt des weiteren die große Zahl der Geistlichen an der Ulmer Kirche hervor und vor allem die auffällige Opferfreudigkeit der Gläubigen. Die Kirche habe *mehr Zulauf als alle anderen in der ganzen Christenheit; denn trotz ihrer Größe herrscht an Festtagen ein dichtes Gedränge bis in die Ecken des Altars ... Für gewöhnlich empfangen zu Ostern über 15 000 Menschen in ihr das Abendmahl*[2].

Die Ulmer Gläubigen machten mehr Gebrauch vom Sakramentenempfang als andere, was Taufe, Beichte und Eucharistie betreffe. Dies beziehe sich auch auf die Begräbnisse. Und Fabri fährt fort[3]: *Zu dieser Pfarre gehören nämlich außer den besonderen Kirchhöfen zwei große Friedhöfe, auf denen die Totengräber täglich arbeiten; der eine liegt außerhalb bei Allerheiligen, der andere im Stadtinnern neben der Pfarrkirche. Der Friedhof außerhalb hat ein so reichlich gefülltes Beinhaus, als trüge in ihm ganz Schwaben die Gebeine seiner Toten zusammen. Die Totengräber sagen, daß sie dort, wenn sie in die Tiefe graben, überall auf festes Mauerwerk stoßen, nämlich auf die Fundamente der früheren Pfarrkirche. Sie ist zweifellos rühmenswert gewesen; das zeigen die kunstreichen Skulpturen, die aus ihr herübergeschafft und in die Mauern der neuen Kirche über allen Türen eingepaßt worden sind – mit Ausnahme des westlichen Hauptportals neben den Glockenseilen, das ein neues Bildwerk bekommen hat; die übrigen aber entstammen alle der alten Pfarrkirche ... Was diese Pfarrkirche neuntens auszeichnet, ist die große Zuneigung und Liebe, die ihr die Pfarrkinder entgegenbringen. Sowohl Rat wie Gemeinde hängen sehr an dieser Kirche wie an ihrer Mutter, und die Lebenden wie die im Sterben Liegenden ehren und zieren sie mit guten Taten, indem sie ewige Lichter und Jahrtage stiften; denn alle Lichter der alten Kirche – es sollen sehr viele gewesen sein – waren bei der Verlegung eingezogen worden, und ihr Erlös kam dem Neubau zugute; ebenso waren alle noch draußen gestifteten Jahrtage zugunsten der neuen Kirche aufgehoben worden.*

Felix Fabris hier wiedergegebener Bericht soll als Ausgangspunkt zur Untersuchung der These dienen, daß die Pfarrkirche der eigentliche und wichtigste Repräsentationsbau einer mittelalterlichen Stadt war. Denn er vereinigte sowohl Zeugnisse der Selbstdarstellung einzelner Bürger wie die der Stadtherren, der Zünfte und anderer Gruppierungen unter einem (Kirchen-)Dach. Der Text enthält zudem in den ersten der neun hervorgehobenen Vorzüge des Kirchenbaus die Anregung zur Gliederung einer solchen Abhandlung, die das Thema mehr ins Allgemeine und über den spezifisch auf Ulm bezogenen Zeitraum 1377–1488 hinaus auf das ganze 14. und 15. Jahrhundert erweitern soll. Schwerpunkte werden daher erstens der schon am Außenbau erkennbare Typus des Sakralbaus sein, wobei dem Turm besondere Bedeutung zukommt. Zweitens soll der *von so reichlichem Licht durchströmte* Innenraum mit seinem Glasfensterschmuck behandelt und drittens auf seine Ausstattung eingegangen werden. Außer der erwähnten großen Anzahl der Altäre sollen auch vorhandene Chorgestühle, Epitaphien,

2 Ebd., S. 371.
3 Ebd., S. 373.

Totenschilde und andere gestiftete liturgische Gebrauchsgegenstände in diesem Zusammenhang Erwähnung finden.

Schon aus diesen Gliederungspunkten wird ersichtlich, daß sich der Repräsentationsanspruch einer Pfarrkirche sowohl nach außen als auch auf den Innenraum erstreckt. Exemplarisch wird immer wieder auf drei aus verschiedenen Zeiten stammende Bauten zurückzukommen sein: das Freiburger Münster, die Frauenkirche in Esslingen und das Ulmer Münster. Doch auch Beispiele aus anderen Städten des deutschen Südwestens werden zu berücksichtigen sein.

Bleiben wir jedoch noch in Ulm: Als »kulturgeschichtliches Dokument ersten Ranges« gilt das Grundsteinlegungsrelief an der Westseite des dritten südlichen Langhauspfeilers[4]. Es zeigt den Ulmer Bürgermeister Lutz Krafft und seine Ehefrau Elsbeth Ehingerin vor ihren Wappen kniend. Beide halten das mit *pfarrkirchen* bezeichnete Modell des Neubaus, dessen Hauptlast auf den Schultern des gebeugten Baumeisters ruht. Nach gängiger Meinung ist dies Heinrich II. Parler. Diagonal gestellte Strebepfeiler, von Fialen überhöht, rahmen die Szene. Ein Kielbogen überfängt die obere Bildzone mit einer Kreuzigungsdarstellung, die im Bildersturm zerstört und im 19. Jahrhundert erneuert wurde (Abb. 1). Ein schräg geneigter Steinblock zwischen den beiden Reliefs enthält in gotischen Minuskeln die folgende Inschrift:

an(n)o d(o)m(ini) MCCCLXXVII a(n) de(m) zinstag der der
lest tag was des manatz junii nach der su(n)
nen ufgang dri stund von haissen des
rates wegen hie ze ulm lait Ludwig K
rafft Kraftz am Kor(n)mar(k)t selige(n) sun
de(n) erste(n) fu(n)dame(n)tstain a(n) diser
pfarr kirchen.

Und wieder ist es der Ulmer Predigermönch Felix Fabri, der in seinem ›Tractatus de civitate Ulmensi‹ über die Zeremonie dieser Grundsteinlegung ausführlich berichtet[5]: *Als nun im ebengenannten Jahr* [1377] *der letzte Tag des Juni angebrochen und die ganze Geistlichkeit und das ganze Volk an der Baustelle versammelt war, so waren sie bereit, feierlich den Grundstein zu legen. Nach dem Beschluß des Rates stieg der angesehene Herr Ludwig Krafft, der damals die Bürgermeisterwürde innehatte, in die Fundamentgrube hinab mit einigen von den Vornehmsten, um den gewaltigen Felsblock in Empfang zu nehmen, der nach Anordnung der Werkleute oben in der Höhe in einer starken Klammer hing. Um die dritte Stunde des Tages nun, um welche der heilige Geist den Aposteln gesandt wurde, begannen nicht die Werkleute, sondern die Ältesten von Ulm, den Stein in die Grube hinabzulassen ... Der hohe Herr Johannes Ehinger, genannt Habfast, aber und Konrad Besserer, der Stadthauptmann, und die übrigen hohen Herren standen über dem Graben und berührten den Stein mit den Händen und*

4 So R. Wortmann, Das Ulmer Münster (Große Bauten Europas Bd. 4), Stuttgart 1972, S. 39. Vgl. dazu auch: J. Gaus, Dedicatio Ecclesiae. Zum Grundsteinlegungsrelief im Ulmer Münster, in: 600 Jahre Ulmer Münster (Festschrift). Hg. von H. E. Specker und R. Wortmann (Forschungen zur Geschichte der Stadt Ulm, hg. vom Stadtarchiv Ulm Bd. 19), Stuttgart 1977, S. 59–85.
5 Zit. nach Gaus (wie Anm. 4), S. 61.

richteten ihn abwärts gegen die Hände des Bürgermeisters Ludwig Krafft und der übrigen, die in der Grube warteten. All dieses aber geschah mit großem Ernst, während die Geistlichkeit sang, das Volk betete und allerlei Arten von Musikern spielten etwa so, wie man Esra 3 liest ...

Nicht der hohe Klerus vollzog die Grundsteinlegung, sondern der Bürgermeister als Vertreter des Stadtrats. Mit dem Bau der neuen Pfarrkirche beginnt also die politische und künstlerische Selbstdarstellung der Ulmer Bürgerschaft. Im Stammbuch der Patrizierfamilie Krafft von Dellmensingen[6] ist auch dieses Ereignis stolz in einer 1633 entstandenen Miniatur festgehalten (Abb. 2). Der Buchmaler hat sich eng an den Bericht Fabris angelehnt, wie ein Vergleich des zitierten Textes mit der Hauptszene im Vordergrund erkennen läßt, in der sich die Gruppe der Patrizier um den am galgenähnlichen Kran hängenden Grundstein schart. Hinter der Baugrube ist ein dunkler Teppich ausgebreitet, auf dem die Skulptur einer thronenden Madonna steht. Vornehme Frauen und Männer bringen Gaben zum Münsterbau. Man erblickt Goldmünzen, Ketten, goldene Gefäße und versiegelte Wertbriefe zu Füßen der Kirchenpatronin. Der Hintergrund zeigt die herankommende Prozession Ulmer Bürger. Die Werkleute vom Münsterbau erscheinen links im Hintergrund. Ganz an den rechten Rand gedrängt ist die Geistlichkeit mit Instrumentalisten und Chorschola. Auf dem Faltstuhl im Vordergrund sitzt im Meßgewand der Vertreter des Klosters Reichenau, das damals noch das Patronat der Ulmer Pfarrkirche innehatte. Dieses Privileg bestand bereits für die bis 1377 vor den Mauern der Stadt stehende, dann abgebrochene ältere Pfarrkirche. Ihre Verlegung in die Stadt – auch um den Bürgern in Kriegszeiten ohne Gefährdung den Gottesdienstbesuch zu ermöglichen – und die Erlangung des Rechtsanspruchs auf das Patronat gehörten zur politischen Konzeption des Bürgermeisters Lutz Krafft[7]. Hatte der Reichenauer Abt schon 1376 einer Verlegung der Kirche zugestimmt, so dauerten die Verhandlungen zur Verwirklichung der völligen Unabhängigkeit als Schritt zur Reichsunmittelbarkeit noch bis 1446. Erst dann war die Stadt Herr der eigenen Pfarrkirche mit dem Recht, ihren Pfarrer selbst bestimmen zu können.

War bereits die Grundsteinlegungszeremonie vom 30. Juni 1377 ein deutliches Zeichen bürgerlicher Repräsentation, so sollte der Bau diesen Anspruch der städtischen Bürgerschaft noch anschaulicher machen. Die hier am Beispiel Ulm geschilderte Situation ähnelt der anderer Städte, vor allem jener, die wir mit den Begriffen »Freie Stadt« oder »Reichsstadt« bezeichnen[8]. So hatte die Emanzipation Straßburgs von der bischöflichen Herrschaft auch unmittelbare Auswirkung auf den Münsterbau[9]: Lag die Bauherrschaft zunächst beim kirchlichen Stadtherrn, so mußte Bischof Walter von Geroldseck nach seiner Niederlage 1262 im Kampf um die Territorialgewalt in der

6 W. Fleischhauer, Stammbuchbilder des 17. Jahrhunderts zur Gründungsgeschichte des Münsters. Kulturgeschichtliche Beobachtungen, in: 600 Jahre Ulmer Münster (wie Anm. 4), S. 86–100.

7 H. P. Koepf, Lutz Krafft, der Münstergründer, in: 600 Jahre Ulmer Münster (wie Anm. 4), S. 9–58.

8 P.-J. Heinig, Reichsstädte, Freie Städte und das Königtum 1389–1450. Ein Beitrag zur deutschen Verfassungsgeschichte, Wiesbaden 1983. Hier vor allem Kap. III: Reichsstädte und Freie Städte im Spätmittelalter, S. 17–54.

9 Ebd., S. 31; desgleichen R. Recht, Das Straßburger Münster (Große Bauten Europas Bd. 3), Stuttgart 1971, S. 11 f.

Abb. 1 Gründungsrelief der Familie Krafft im Ulmer Münster. Stammbuchblatt des 17. Jahrhunderts

Abb. 2 Grundsteinlegung zum Bau des Ulmer Münsters. Stammbuchblatt des 17. Jahrhunderts

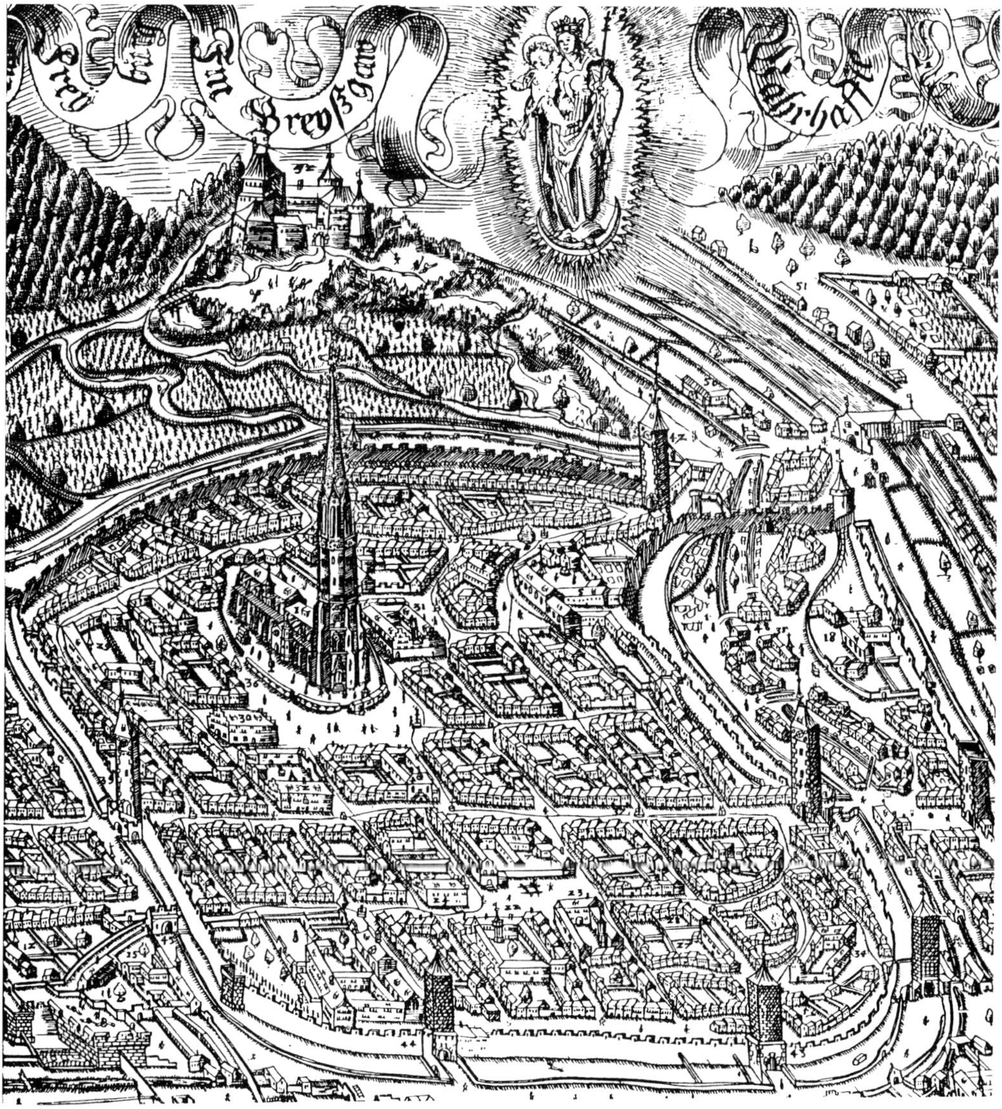

Abb. 3 Freiburg i. Br. Stadtansicht von Gregor Sickinger (Detail), 1589

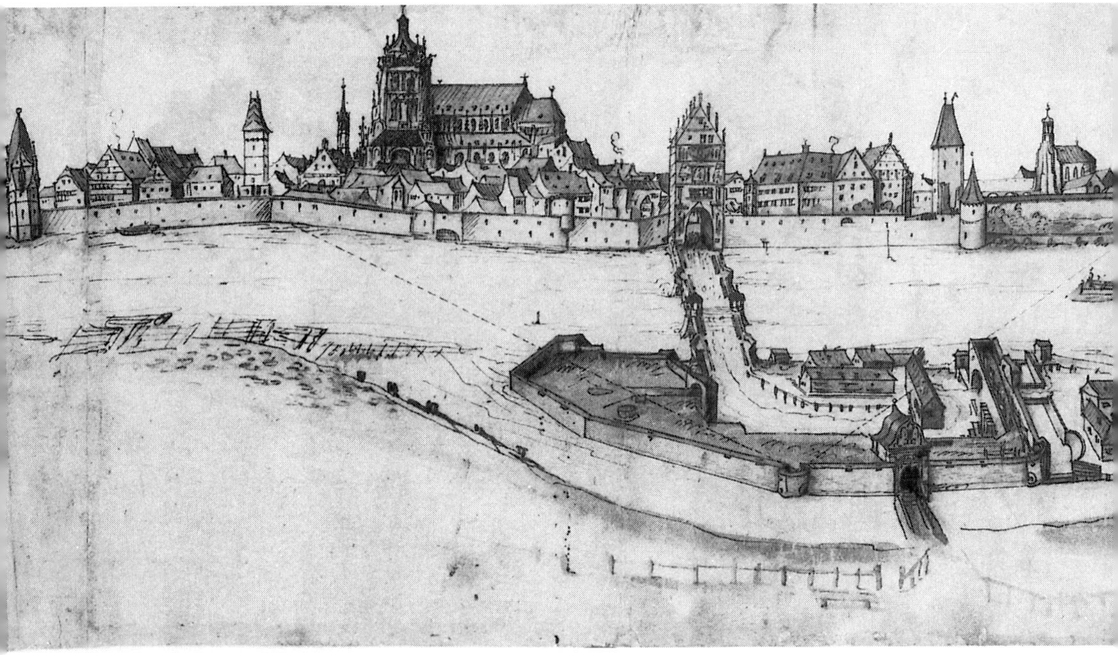

Abb. 4 Ulm. Stadtansicht von Süden (Detail), um 1576

Abb. 5 Straßburg. Stadtansicht aus der Schedelschen Weltchronik, 1493 ▷

Von absterben athile des konigs hunorum

ALs der konig Athila (wie vorsteet) von heymend außgerayset vñ in die norgkawischen art. eins teils österreich eins teils bayern genant komen was do hat Honoria die schwester des kaisers valentiniani durch einen irer geheymen wartter denselben Athilam angeraytzt sie ime zu eim ee gemahel mit bitte oder bedroung von irem bruder zeerwerben. Des vnderstund sich athila mit großem fleiß also das er sein begerung erlanget vnd Honoriam erwarb Aber er was also ein vnkeüschgirich mensch das er sich von weibern nicht mocht enthalten. sunder füret alweg vil weiber mit ime in dem heer. Der eine hieß Ildiconi. mit vermischũg derselbẽ bracht er sich zum tod. Dañ als er auff ein zeit ein vberflüssige vnd fröliche wirtschaft gehabt het vnd darnach in einẽ tieffen schlaff rügkling entruet wz do warden ime sein lustadern also verschoppt das ime sein plůt zu den naßlöchern außschießende erstecket. Als dañ der kaiser marcianus zu constantinopel durch einen trawm (als vil geschihtbeschreiber setzen) in derselben nacht einen bogen (dergleichẽ sich dañ die huni erstlich zur waffen geprauchtẽ) zerbrochen gesehen haben sol. Innerhalb derselben zeit dañ das rǔmisch reich. nit allain das gantz teütsch land. daciam vnd sarmaciam vnd andere land an der thonaw vnd an dem reyn gelegen. sunder auch hispaniam vnd andere gegent in galliam wartz hynein verlorn hat.

Eutices der ketzer

EVtices der ketzer vñ abt zu constantinopel hat diser zeit seinẽ irthũb außgesaet. vnd auff das er nit gesehen würd als ob er mit dẽ ketzer nestorico einer meynung wer. so sprach er das die göttlich mit der menschlichen natur in eins zusamen komen vnd ein ding worden wer. vnd in einichen weg vnder ine nit zerteilt werden solten. Als nw Flauianus der constantinopolitanisch bischoff dise ketzerey verdambt het. mit verhencknus des kaisers theodosij. Do wardt das ephesinisch concili fürgenomen. darinn diser Eutices verdambt vnnd in das ellend geschickt wardt.

Straßburg

Abb. 6 Rottweil. Pürschgerichtskarte von David Rötlin (Detail), 1564

Abb. 7 Freiburger Münster – Esslinger Frauenkirche

Abb. 8 Esslingen von Westen mit Frauenkirche, Dominikanerkirche und Stadtpfarrkirche

Abb. 9 Skulpturen der Freiburger Münstervorhalle. Südseite: Die sieben freien Künste, um 1280

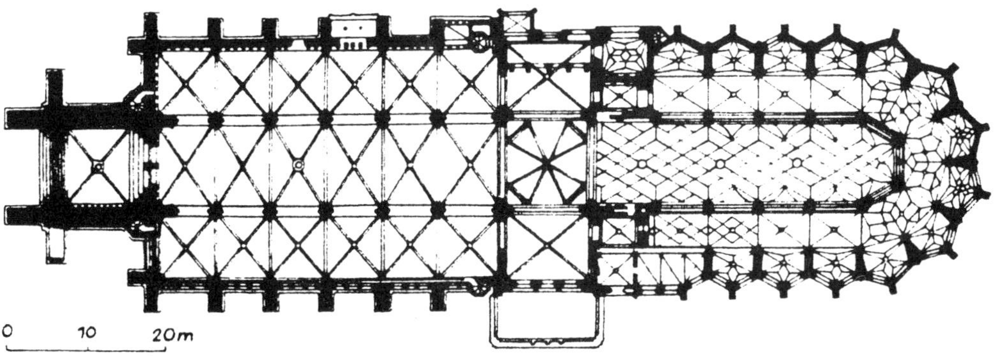

Abb. 10 Grundriß des Freiburger Münsters

Abb. 11 Esslingen, Frauenkirche. Blick zum Chor

Abb. 12 Ulmer Münster. Chor

Abb. 13 Freiburger Münster.
Tulenhaupt-Fenster (1320/30)

Abb. 14 Freiburger Münster.
Bäcker-Fenster (1. Viertel des 14. Jahrhunderts)

Abb. 15 Polemischer Einblattdruck gegen die Kirche als »öffentlicher Ort«
(Ende des 15. Jahrhunderts)

Abb. 16 Hans Baldung Grien: Hochaltar des Freiburger Münsters. Rückseite der Predella mit Darstellung der Münsterpfleger, 1516

Abb. 17 Chorgestühlswange aus der Pfarrkirche St. Martin in Memmingen, 1501/08. Kirchenpfleger Hans Holzschuher

ABBILDUNGSNACHWEIS

Stadtarchiv Ulm: 1,2; Ulmer Museum: 4; Dr. Hellmut Hell/Reutlingen: 6; Stadtarchiv Esslingen: 7, 8, 11; Freiburger Münsterbauverein e.V.: 9; Akademie der Wissenschaften und der Literatur Mainz: Corpus Vitrearum Medii Aevi Deutschland, Freiburg i. Br.: 12, 13, 14; nach H. Boockmann: Die Stadt im späten Mittelalter: 15, 17; nach G. von der Osten: Hans Baldung Grien: 16.

Schlacht bei Oberhausbergen diese zunächst an das Domkapitel abtreten; 1286 ging die Verwaltung der Bauhütte an die Stadt über, die seitdem Stiftungen für die Finanzierung und Unterhaltung der Kathedrale überwachte. Später mußten sich Bischof und Domkapitel vertraglich verpflichten, ihre bisherigen Rechte an der Bauhütte aufzugeben und sie dem Rat der Bürgerschaft Straßburgs zu überlassen. Über die Auswirkungen wird noch zu sprechen sein.

Ohne hier auf den nicht eindeutig definierbaren Status von Freier Stadt und königsnaher, reichsunmittelbarer Stadt näher einzugehen[10], sei nur an die Häufung der Reichsstädte im südwestdeutschen Raum erinnert: Von 51 Reichsstädten, die bis 1803 auf dem Reichstag vertreten waren, gehörten 37 dem Schwäbischen Bund an, darunter auch Ulm, Rottweil, Reutlingen, Esslingen, Heilbronn, Schwäbisch Gmünd und Schwäbisch Hall, auf die noch einzugehen ist. Viele verdankten ihre königliche Rechtsstellung den Staufern und gelangten zur Bildung eigener Territorien. Neben prächtigen Rathäusern als Wahrzeichen bürgerlicher Selbstverwaltung gehörten Schwörhäuser und Gerichtslauben, Kauf- und Zunfthäuser, Patrizierbauten und Landsitze reichgewordener Kaufleute zu den repräsentativen Bauten der Reichsstädte. Überragt werden sie alle von den großen Pfarrkirchen, die auch optisch die Silhouetten der Städte bestimmten. Ihnen gilt fortan unser Interesse, wobei dem Bericht Felix Fabris folgend, zunächst das gewaltige Äußere der Sakralbauten im Mittelpunkt stehen soll.

Noch immer ist die geradezu dogmatische Ansicht verbreitet, die Hallenkirche mit ihren drei gleichhohen Schiffen sei die typische Form der bürgerlichen Pfarrkirche des Spätmittelalters gewesen[11]. Sie sei als demokratische »Protestform« gegen die hierarchisch bestimmte Basilika entwickelt worden, bei der sich das Hauptschiff die Nebenschiffe unterordne. Der »bewegungsdurchzogene Breitenraum« (Kurt Gerstenberg 1913) habe das »Ideal der Prozessionskirche ... durch den Versammlungsraum der Gemeinde, d. h. die Predigt- und Pfarrkirche verdrängt«. Dieser »Gemeinschaftsraum« sei sichtbarer Ausdruck »mehr volkstumliche(n) Gemeindeleben(s)«, wie Kurt Wilhelm Kästner 1955 schrieb. Hans Joachim Kunst hat in einem Aufsatz ›Zur Ideologie der deutschen Hallenkirche als Einheitsraum‹ (1971) dieser Ansicht entgegengehalten, daß diese Hallenbauten eine ausgesprochene Längstendenz und ein basilikales Grundrißschema besäßen, einfacher zu konstruieren seien, weniger finanzielle Mittel erforderten und daß auch zahlreiche Bischofskirchen als Halle gebaut worden seien, andererseits aber ein selbstbewußtes Bürgertum Basilikabauten großen Ausmaßes errichtet habe. Kunst faßt zusammen[12]: »Richtig ist vielmehr, daß Hallenkirchen von Herrschaftsträgern sowohl der bürgerlichen als auch der aristokratischen Gesellschaftsschichten konzipiert worden sind, von Herrschaftsträgern allerdings, deren wirtschaftliche Basis es nicht erlaubte, das Mehr, das eine Basilika gegenüber einer Halle erforderte, aufzubringen. So ist es zu verstehen, daß die Hallenkirchen die übliche

10 Vgl. dazu auch F. Metz, Die Reichsstädte, in: Beiträge zur Wirtschafts- und Stadtgeschichte. Festschrift für Hektor Amman, hg. von H. Aubin u. a., Wiesbaden 1965, S. 29–54.

11 H.-J. Kunst, Zur Ideologie der deutschen Hallenkirche als Einheitsraum, in: Architectura 1 (1971), S. 38, 53.

12 Ebd., S. 49f.

Form kleiner Pfarrkirchen geworden ist.« Diese Korrektur hat Curd Meckseper noch durch einen Hinweis auf das Erscheinungsbild der Halle in der Stadt ergänzt[13]: »Das riesige alle Schiffe zusammenfassende Dach macht die Hallenkirche zu einem großen ›Haus‹.« Im sakralen Bereich wird also in großer Dimension der Typus des bürgerlichen Wohnbaus übernommen. So bestätigt etwa ein Blick auf Schwäbisch Gmünd recht anschaulich diesen Eindruck; doch gleichzeitig ist darauf hinzuweisen, daß an anderen Orten, etwa in Freiburg (Abb. 3) und Ulm (Abb. 4), die basilikale Pfarrkirche das Stadtbild beherrscht, fast immer betont durch eine Ein-Turm-Fassade. »Der Einturm (ist) in sehr viel erheblicherem Umfang als die Halle zum Wahrzeichen der Pfarrkirche geworden«, betont Meckseper[14], der nicht von der Hand weist, »in ihm eine Machtform der wirtschaftlich und politisch zur Bedeutung gekommenen Bürgerschaft zu sehen«. Zu dieser These nun einige Beispiele, die zugleich den Unterschied zur Zwei- oder Mehrtürmigkeit der Bischofskathedralen unterstreichen.

Das bestimmende Vorbild für zahlreiche Türme südwestdeutscher Pfarrkirchen war der Freiburger Münsterturm (vgl. Abb. 7), von 1240 an geplant und um 1330 vollendet[15]. Mit 115 m Höhe erreichte er für eine Pfarrkirche enorme Ausmaße, selbst wenn man berücksichtigt, daß der von den Grafen von Freiburg geförderte Bau ihnen zugleich als Grablege dienen sollte. Schon in der Wahl einer städtischen Pfarrkirche an Stelle einer Klosterkirche (vorher St. Peter im Schwarzwald) als Ort gräflicher Bestattung wird ein bedeutsamer Wandel sichtbar. 1368 kauften sich die Bürger von der Herrschaft der Grafen frei. Über dem auf quadratischem Grundriß errichteten Unterbau, der Hauptportal und Vorhalle enthält, erhebt sich das Achteck des Turmes mit dem 45 m hohen Helm weit über die Dächer der Stadt. Das Freiburger Beispiel wurde in dem bereits 1343 fertiggestellten Westturm der Reutlinger Marienkirche aufgegriffen[16], hier jedoch in das Langhaus integriert. Ohne ihn als Bindeglied sind andere berühmte Turmanlagen im schwäbischen Bereich nicht denkbar.

An dieser Stelle sei auch an die Übernahme von Bauformen und Schmuckmotiven französischer Kathedralen erinnert, unter denen die der Straßburger Münsterbauhütte eine besondere Position einnehmen. Weiter ist zu erwähnen, daß 1276 der Straßburger Bischof Konrad den Grundstein zu einer neuen Westfassade seines Münsters gelegt hatte und beabsichtigte, sie von Erwin von Steinbach mit zwei Türmen (Riß B) flankieren zu lassen. Geldmangel und Auseinandersetzungen mit den reichsstädtischen Bürgern führten dazu, daß die Türme in der zweiten Hälfte des 14. Jahrhunderts erst bis zum dritten Geschoß gediehen waren. Eine von Michael Parler seit 1382 durchgeführte Planänderung fügte ein Zwischengeschoß ein und schloß damit den Westbau rechteckig ab. Inzwischen hatte, wie oben erwähnt, die Bürgerschaft die Leitung der Münsterbauhütte übernommen und gab den bischöflichen Plan einer Zweiturmfassade auf. 1399 berief der Rat Ulrich von Ensingen als Baumeister, der nun, sehr viel höher als

13 C. Meckseper, Kleine Kunstgeschichte der deutschen Stadt im Mittelalter, Darmstadt 1982, S. 215.

14 Ebd., S. 216.

15 E. Adam, Das Freiburger Münster (Große Bauten Europas 1), Stuttgart 1968, S. 8–20.

16 E. von Knorre/G. Kost, Die Marienkirche in Reutlingen (Große Baudenkmäler Heft 391), München/Berlin 1990.

ursprünglich projektiert, auf der Nordseite einen Einturm errichtete (Abb. 5), dessen Fertigstellung sich bis 1439 hinzog[17].

Der hier sichtbare Gegensatz zur Mehrtürmigkeit einer Kathedrale hatte auch den Freiburger Münsterbau mitbestimmt, dessen Nachfolgern wir uns nun zuwenden wollen. Zeitlich gesehen, folgte der 70 m hohe Rottweiler Kapellenturm (Abb. 6), dessen Sonderstellung anschließend erörtert werden soll, und schließlich der Turm des Ulmer Münsters[18]. Geplant 1392 von Ulrich von Ensingen, der auch nach seiner Berufung nach Straßburg die Oberbauleitung behielt, war er bei dessen Tod 1419 erst zur Höhe des Martinsfensters gekommen. Matthäus Böblinger vollendete das Turmviereck zwischen 1477 und 1494 und begann das daraufsitzende Achteck. Nach seinem Plan wurde der 1529 eingestellte Bau erst 1885/90 vollendet.

Das Freiburger Vorbild war ferner für den um 1400 begonnenen Westturm der Esslinger Frauenkirche prägend (Abb. 7). Das Untergeschoß Ulrichs von Ensingen war 1420 fertig; Turmviereck, -achteck und Helm wurden von Hans Böblinger, der 1440 die Bauleitung übernommen hatte, zwischen 1455 und 1478 errichtet[19].

Als spätes anschauliches Beispiel einer Einturmfassade an der Pfarrkirche einer schwäbischen Reichsstadt soll auf die der Heilbronner Kilianskirche hingewiesen werden[20]. Zunächst hatte man seit 1380, wie die unteren Geschosse zeigen, eine Doppelturmanlage im Westen geplant, das Projekt jedoch um 1400 wieder aufgegeben. Als in anderen Städten die großen Turmvorhaben schon zum Erliegen kamen, beauftragte man 1507 in Heilbronn Hans Schweiner aus Weinsberg damit, den Turm zu vollenden. Bis 1513 wurde der Unterbau verstärkt, dann bis 1529 der neue Turm aufgeführt. Seine Spitze bekrönt »keine mittelalterliche Kreuzblume mehr, sondern die fahnentragende Landsknechtsgestalt – in Heilbronn allgemein ›Kiliansmännle‹ genannt – ein Symbol reichsstädtischer bürgerlicher Gewalt« (L. Auer)[21].

Als weit sichtbares Wahrzeichen einer schwäbischen Reichsstadt gilt der Rottweiler Kapellenturm (vgl. Abb. 6)[22]. Bereits am Ende des 13. Jahrhunderts hatten Bürgermeister, Rat und Bürger inmitten der Stadt eine eigene kleine Frauenkapelle gebaut; sie gehörte in den Jurisdiktionsbereich des bischöflichen Vogtes. In harten Auseinandersetzungen war es der Bürgerschaft schließlich gelungen, 1354 das Präsentationsrecht der Pfarrer und das Patronatsrecht zu erlangen. Der sogleich geplante Neubau wurde 1356

17 Recht (wie Anm. 9), S. 38–47; vgl. auch P. Wiek, Das Straßburger Münster. Untersuchungen über die Mitwirkung des Stadtbürgertums am Bau bischöflicher Kathedralkirchen im Spätmittelalter, in: Zeitschrift für die Geschichte des Oberrheins, 107 (N.F. Bd. 68), Karlsruhe 1959, S. 40–113.

18 Wortmann (wie Anm. 4), S. 14–23, 28.

19 H. Koepf, Die Esslinger Frauenkirche und ihre Meister, in: Esslinger Studien 19 (1980), S. 1–46, zum Turm vor allem S. 10, 13; ebenfalls: W. Bernhardt, Die Quellen zur Geschichte der Esslinger Frauenkirche und ihrer Meister, in: Esslinger Studien 19 (1980), S. 47–71.

20 R. L. Auer, Kilianskirche Heilbronn, München/Zürich 1988.

21 Ebd., S. 22.

22 W. Beeh, Zur Bedeutungsgeschichte des Turmes. Der Kapellenturm in Rottweil, in: Jahrbuch für Ästhetik und Allgemeine Kunstwissenschaft 6 (1961), S. 177–206. – Zur Pürschgerichtskarte: W. Hecht, Rottweil vor 400 Jahren. Die Rottweiler Pürschgerichtskarte des David Rötlin von 1564 in Einzelansichten (Rottweiler Geschichts- und Altertumsverein e. V., 87. Jahresgabe), Rottweil 1987.

begonnen und 1364 vollendet. Er verband eine einschiffige Halle mit einem mächtigen Turm im Westen, dem sogenannten Kapellenturm. Mit ihm wollte sich die Stadt bewußt gegenüber der zweitürmigen, vom Konstanzer Bischof gegründeten Pfarrkirche zum Heiligen Kreuz absetzen, von der sie erst 1406 das Patronatsrecht erhielt und kurz danach den nördlichen Turm abbrechen ließ. Der Kapellenturm grenzt nur mit seiner Ostseite an die Kirche, während sich die drei freistehenden Seiten durch Arkaden nach außen öffnen, eine für das 14. Jahrhundert ungewöhnliche Lösung. Diese offene Vorhalle erfüllte die Funktion eines städtischen Gerichtsplatzes, während in einem Obergeschoß sich Schatzkammer und Archiv der Reichsstadt befanden. Ihr kostbarster Besitz war das »Rote Buch«, das die verfassungsmäßigen Rechte der Stadt, ihre Privilegien, die Ordnung des kaiserlichen Hofgerichts und die Urkunde der Übertragung dieses Gerichts vom Kaiser an die Stadt enthielt und zur Rechtsprechung genutzt wurde. Gehalten von zwei männlichen Gestalten, erscheint es im Bogenfeld über dem Eingang zum nördlichen Treppenturm. Der Turm diente weiter als Uhr- und Glockenturm, durch den Gericht und Senat zusammengerufen wurden, und als Sitz der Wächter, um die Stadt bei Feuer und drohenden Gefahren warnen zu können. Als weitere Rechtshandlung wurden ursprünglich vor dem Westportal des Kapellenturmes die Ehen geschlossen. Darauf weist noch heute das Relief der Eheschließung eines Ritters am südlichen Treppenturm hin. Auch das Weltgerichtstympanon stellt direkte Bezüge zu alltäglichen Ereignissen des Lebens her, in denen sich Religiöses mit Weltlichem durchdringt. Von der Galerie des Turmes aus konnten Reliquien den versammelten Gläubigen gewiesen oder Erlasse verkündet werden.

Die These vom Sakralbau als Zeichen bürgerlicher Repräsentation veranschaulicht in überzeugender Weise die Pürschgerichtskarte im Rottweiler Stadtmuseum, aus der unsere Darstellung des Kapellenturms (Abb. 6) stammt: Er befindet sich genau im Zentrum der kreisförmigen Karte von ca. 190 cm Durchmesser. Vom Kapellenturm aus hat David Rötlin 1564 in diesem kartographisch ungewöhnlichen Dokument seine Vaterstadt Rottweil und die angrenzenden Gerichtsbezirke in großer Wirklichkeitsnähe mit Feder und Tusche gezeichnet. In der Tradition runder Weltkarten (vergleiche die Ebsdorfer Weltkarte des 13. Jahrhunderts) steht hier an Stelle Jerusalems der von städtischen Bürgern des 14. Jahrhunderts errichtete Sakralbau im Mittelpunkt der Rottweiler »Welt«.

In ähnlicher Weise wie in Rottweil werden in den Portalreliefs der Esslinger Frauenkirche »christliche Heilswerte in das bürgerliche Leben« hineingeholt[23]. In kirchenrechtlicher Hinsicht nahm das Esslinger Gotteshaus ebenfalls nur den untergeordneten Status einer Kapelle ein, obwohl ihr von der Bürgerschaft finanzierter prächtiger Ausbau und ihre aufwendige Ausstattung durchaus »einer zentralen Stadtkirche würdig gewesen wäre(n)«[24]. Allenfalls durch ihre Lage am Rand der Stadt (Abb. 8) wird ihre Position gegenüber der zweitürmigen Esslinger Pfarrkirche deutlich, die Eigentum des Domkapitels von Speyer blieb. Der Grund für die rechtlich starke

23 H. Sciurie, Skulptur, in: Geschichte der deutschen Kunst 1200–1350, hg. von Friedrich Möbius und Helga Sciurie, Leipzig 1989, S. 372.
24 H. Boockmann, Die Stadt im späten Mittelalter, München 1986, S. 191, 196.

Stellung einer oft einzigen Pfarrkirche in einer Stadt[25] lag darin, daß Deutschland schon längst in Pfarrsprengel eingeteilt worden war, als im hohen Mittelalter die meisten Städte gegründet wurden und die Inhaber von Patronatsrechten auf diesen bestanden. So konnte es wie in Ulm geschehen, daß die eigentliche Pfarrkirche der Reichsstadt bis 1377 auf freiem Feld außerhalb der Mauern lag.

Kehren wir nach diesem Exkurs zur Rechtsstellung der Esslinger Frauenkirche noch einmal zum Vorbild ihrer Turmanlage, dem Freiburger Münsterturm und seinem Figurenschmuck, zurück[26]. Das strenge, auf quadratischem Grundriß errichtete Untergeschoß des Turms zeugt noch von der Bauherrschaft der Grafen von Freiburg, während in der Zone des Uhrengeschosses ein Planwechsel zu konstatieren ist, der das Quadrat ins Achteck überführt und, so hat man vermutet, mit der Übernahme der Bauhoheit durch die Stadt in Verbindung steht. Die folgerichtig an den westlichen Turmstrebepfeilern angebrachten Statuen der vier thronenden Grafen von Freiburg sind im Kontext zu den Figuren der Könige David und Salomon als Prototypen mittelalterlicher Herrscher an den Strebepfeilern der Westseite des Langhauses zu sehen. Diese »Manifestation irdischer Macht«[27] im Erdgeschoß wird durch die Krönung Mariens im Wimpergrelief göttlich legitimiert. Damit wird als Vorbild die Marienkrönung der Reimser Krönungskathedrale der französischen Könige zitiert und zugleich das Freiburger Patrozinium veranschaulicht. Auch in Freiburg dienten der Platz vor dem Westturm und seine Vorhalle wie in Rottweil der städtischen Rechtsprechung. Ein großes Hauptportal mit abgeschrägtem Gewände führt in diese Vorhalle, die das gesamte Untergeschoß einnimmt und durch ihren Figurenschmuck ausgezeichnet ist[28]. Blickpunkt ist das innere Hauptportal mit Trumeaumadonna und einem großen Tympanon, entstanden um 1280, das die Jugend Christi, die Passion und das Jüngste Gericht miteinander verknüpft, während Gewände- und Archivoltenfiguren die genealogische Verbindung von Altem und Neuem Testament herstellen. Von besonderem Interesse sind die Figurenzyklen der linken und rechten Vorhallenwand: Die nördliche Seite veranschaulicht den Aspekt von Klugheit und Tüchtigkeit durch die klugen und törichten Jungfrauen, Heilige und allegorische Gestalten wie den Fürsten der Welt und seine nur mit einem Bocksfell bekleidete Partnerin, die Verkörperung des Lasters der Wollust. *Tretet nicht in Versuchung. Der Geist ist willig, aber das Fleisch ist schwach*, kommentiert das Spruchband des daneben stehenden Engels die Szene. Die südliche Wand zeigt neben zwei Märtyrerinnen die Allegorien der Sieben Freien Künste als große Standfiguren (Abb. 9): Grammatik, Dialektik und Rhetorik bilden die Fächer des Trivium, Geometrie, Musik, Arithmetik und Astronomie die des Quadrivium. Gehörten diese Lehrfächer zunächst nur zum Stoff der Kloster- und Kathedralschulen, so konnten nun auch Bürgersöhne das Bildungsgut an städtischen Schulen lernen und für ihren sozialen Aufstieg nutzen. Diese Darstellungen der Vorhalle enthalten zugleich einen programmatischen Hinweis auf die Ausstattungsprogramme spätmittelalterlicher Kirchen, über die Hartmut Boockmann schrieb, sie stellten »auch

25 Vgl. Meckseper (wie Anm. 13), S. 212.
26 Adam (wie Anm. 15), S. 40–46.
27 Sciurie (wie Anm. 23), S. 360.
28 Ausführlich zum Figurenprogramm ebd., S. 362–364.

so etwas wie ein Lehrmittelmagazin« dar, um die Gläubigen zu belehren[29]. Direkt auf den praktischen Alltag bezogen sind in diesem Sinn die in die Flanken der Vorhallenstrebepfeiler eingehauenen, damals gebrauchten Maße: Elle, Sester, Zuber, Brote und Marktverordnungen des 14. Jahrhunderts[30]. Sie unterstreichen den Öffentlichkeitscharakter der Pfarrkirche innerhalb der städtischen Organisation.

Liegt, wie die bisherigen Ausführungen gezeigt haben, der Schwerpunkt einer nach außen gerichteten Repräsentation der Sakralbauten auf der Ein-Turm-Anlage, so soll nun ein abschließender Blick dem Chor der Pfarrkirchen gelten. Mit dem 1351 von Heinrich Parler begonnenen Umgangschor mit Kapellenkranz der Heiligkreuzkirche zu Schwäbisch Gmünd wird ein neues Element in der Pfarrkirchenarchitektur des Spätmittelalters eingeführt, das bald große Verbreitung erfährt. Kurz darauf erfolgt 1354 auch in Freiburg die Grundsteinlegung für einen neuen Chor des Münsters (Abb. 10), in seinen riesigen Ausmaßen dem Langhaus gleich[31]. Seine Planung geht auf Meister Johannes von Gmünd zurück, ein Mitglied der Parlerfamilie, vermutlich Heinrichs Sohn. Der dreischiffig-basilikale Aufbau wird von einem Kranz von vierzehn Kapellen umschlossen, die in vereinfachter Manier nur zweiseitig zwischen den Strebemauern hervorragen und so eine regelmäßig gezackte Umfassungswand bilden. Hier lebt noch in architektonischer Umformung der alte kathedralgotische Umgangschor auf der Ebene der Pfarrkirche weiter und wird, wie es Schenkluhn formulierte[32], »vom städtischen Bürgertum ... gleichsam okkupiert«, das sich mit seiner Form identifizierte. Doch schon 1370 erfolgte eine Unterbrechung des Chorbaus, der erst 1471 weitergeführt und 1510 gewölbt wurde.

Als zweiten Vorzug der Ulmer Pfarrkirche hatte Felix Fabri den hellen Innenraum hervorgehoben und betont[33]: *es ist vielmehr der Glanz des Lichtes, der ihre eigentliche Schönheit ausmacht.* Dieses Licht wurde durch den Einsatz farbiger Glasfenster gesteigert und bestimmte maßgeblich den Raumeindruck der Kirchen, seien es Hallenbauten wie die Esslinger Frauenkirche (Abb. 11), die das älteste Beispiel dieser Gattung in Schwaben darstellt, oder basilikale Pfarrkirchen riesigen Ausmaßes wie das Ulmer (Abb. 12) oder Freiburger Münster. Die für das Ulmer Langhaus festgestellte Helligkeit rührt daher, daß die von den verschiedenen Zünften gestifteten Fenster nur teilweise farbig verglast sind (Zunftzeichen) und deshalb so viel Licht hereinlassen[34]. Wie in der Esslinger Frauenkirche[35] konzentriert sich die farbige Verglasung auf das Chorpolygon, in dem sich Glasmalereien von der Zeit um 1395 bis zum Ende des 15. Jahrhunderts erhalten haben. Genau in der Chorachse befindet sich das mit dem Reichsstadtwappen ausgezeichnete Ratsfenster Peter Hemmels von Andlau von 1480, eine Stiftung des Ulmer Rats, links daneben das aus der gleichen Werkstatt stammende, von der

29 Boockmann (wie Anm. 24), S. 194.
30 Adam (wie Anm. 15), S. 57.
31 Ebd., S. 22–24.
32 W. Schenkluhn, Ordines studentes. Aspekte zur Kirchenarchitektur der Dominikaner und Franziskaner im 13. Jahrhundert, Berlin 1985, S. 228, Anm. 79.
33 Vgl. hier S. 77.
34 Wortmann (wie Anm. 4), S. 49.
35 Koepf (wie Anm. 19), S. 24.

Kramerzunft in Auftrag gegebene Kramerfenster. Die in Ulm erkennbare Hierarchie der Anordnung nach der Bedeutung der Stifter im sozialen Gefüge der Stadt ist auch in Freiburg festzustellen. Nicht nur die Apostelstatuen aus dem Anfang des 14. Jahrhunderts im Mittelschiff sind Stiftungen von Adel und reichen Bürgerfamilien, wie aus den Konsolwappen hervorgeht[36], sondern auch die Mittelschiffenster stammen vom Patriziat, während die der Seitenschiffe von den Zünften gestiftet wurden[37]. Aus dem »Seelgeretbrief« des Ritters und Bürgermeisters Johannes Schnewlin von 1347 geht hervor, daß er sein bestes Pferd mit seidener Schabrake und seinen besten Harnisch *zu unsere vrouwen an die obern fenster ze verglasende* vermacht hatte. Von den Fenstern im Mittelschiffobergaden hat sich nur das sogenannte Schauinsland-Fenster erhalten. Die Inschrift *DIS GULTEN DIE FRONER ZE DEM SCHOWINSLANT* bezeugt, daß es sich um eine Schenkung der Bergwerksunternehmer am Schauinsland handelt. Der Berg mit den reichen Blei- und Silbergruben, in denen die Bergleute der Sockelzone arbeiten, wird durch die Verklärung Christi darüber zum Berg Tabor symbolisiert. Das Tulenhauptfenster über dem südlichen Seitenportal zeigt neben dem Wappen der Patrizierfamilie (Lindenbaum) die Stifter Adelheid und Franz Tulenhaupt zu Füßen des hl. Andreas, der einer Schutzmantelmadonna gegenübersteht. Die äußeren Lanzetten (Abb. 13) enthalten Szenen aus der Nikolauslegende, des Patrons der Kaufleute und Seefahrer. Der Name *DIESELMUOT* unter den Bergarbeiterszenen bezeichnet eine reiche Silbergrube auf dem Berg Schauinsland, die vermutlich der Familie gehörte.

Als Beispiele für die überwiegend von Zünften gestifteten Fenster der Seitenschiffe sollen das Katharinenfenster der Bäcker (Abb. 14) und das der Schuhmacherzunft mit Passionsdarstellungen und einer großen Christophorusfigur genannt werden. Die Wappen mit Brezel und Stiefel bezeichnen die Korporationen, neben denen auch Schmiede, Schneider, Müller, Krämer, Tucher, Küfer, Winzer und Maler vertreten sind.

In einer Familienkapelle am Chorumgang erscheint das Portrait des Kapellenstifters Jakob Heimhoffer, eines wohlhabenden Bürgers, der in Diensten Kaiser Maximilians I. stand und 1514 starb. Den Entwurf des Fensters hat Hans Baldung Grien gefertigt, der zugleich Maler des Freiburger Hochaltars war. Die Bilderwelt der Glasfenster des Münsters spiegelt die Beteiligung der verschiedensten Schichten der Stadt, deren Rat acht Adlige, acht Kaufleute und acht Handwerker angehörten, an der Gestaltung der Pfarrkirche wider. Sie läßt auch die enge Verknüpfung von kirchlichem und weltlichem Bereich erkennen, denn neben ihren religiösen Funktionen war die profane Nutzung der Sakralbauten nicht zu übersehen. Boockmann hat dies auf die Formel gebracht[38]: »Die Stadtpfarrkirche war im späteren Mittelalter der städtische öffentliche Ort schlechthin.« Hierzu nun einige weitere Ausführungen[39].

Die Kirche als Ort des Gerichts, das in der Vorhalle oder vor einem Portal tagte, ist

36 SCIURIE (wie Anm. 23), S. 364.

37 Zur Verglasung des Freiburger Münsters: I. KRUMMER-SCHROTH, Glasmalereien aus dem Freiburger Münster, Freiburg/Br. 1978. Zu den erwähnten Beispielen dort S. 33–36, 44–46, 50–56, 60–63 und 72–74.

38 BOOCKMANN (wie Anm. 24), S. 192.

39 MECKSEPER (wie Anm. 13) faßt diese Funktionen der Stadtpfarrkirchen auf S. 220–222 zusammen.

bereits genannt worden, desgleichen ihre Funktion, das städtische Archiv, manchmal auch das Ratssilber oder eine Bibliothek aufzunehmen. Pfarrkirchen dienten des weiteren als Treffpunkt für Rats- und Gemeindeversammlungen, in ihnen fanden oft die feierliche Einsetzung des Bürgermeisters, die Vereidigung von Ratsmitgliedern, aber auch Zusammenkünfte von Testamentsvollstreckern und Gläubigern statt; in ihnen wurden jährlich die Not- und Feldordnung verlesen und der Beginn des Steuereinzugs verkündet. Das schon erwähnte Anbringen von Maßen und Gewichten sowie großer Uhren macht deutlich, daß die Pfarrkirche und ihre unmittelbare Umgebung Zentrum des Handels und der Wirtschaft waren. Indirekt veranschaulicht dies ein polemischer Einblattdruck (Abb. 15) vom Ende des 15. Jahrhunderts, der sich gegen den Mißbrauch der Kirche als »öffentlichen Ort« wendet[40]. Auf ihm verzeichnen Teufel verbotene Taten und *alle Sünden* in einem großen Buch und auf einer Kuhhaut. Christus treibt oben die Händler aus dem Tempel.

Damit gelangen wir zum dritten und hier letzten Punkt jener Vorzüge, die der Predigermönch Fabri für das Ulmer Münster zusammengestellt hat und die seine besondere Stellung kennzeichnen: die große Zahl von 51 Altären, welche von den Einwohnern Ulms gestiftet und versorgt wurden[41]. Diese Angabe soll im folgenden auf die übrige bewegliche Ausstattung der südwestdeutschen Pfarrkirchen, auf Zeugnisse individueller oder korporativer Stiftungen erweitert werden.

Heute bieten diese Pfarrkirchen zum größten Teil einen falschen Eindruck, was ihr spätmittelalterliches Aussehen betrifft. Die Anzahl der Ulmer Altäre ist nicht ungewöhnlich hoch, vergleicht man sie mit anderen Bauten wie zum Beispiel Freiburg, wo um 1500 allein im Chor 24 Altäre bezeugt sind[42]; in Nürnberger Kirchen machten die zahlreichen Altarstiftungen gar Erweiterungen der Kirchengebäude notwendig[43]. Als im Zuge der Reformation am 21. Juni 1531 in Ulm der Bildersturm losbrach, stellte der Rat der Stadt Westportal, Sakramentshaus und Chorgestühl unter seinen Schutz und benachrichtigte die Besitzer von Privatstiftungen, ihr Eigentum rechtzeitig in Sicherheit zu bringen[44]. So blieben immerhin der Hutzaltar und drei Altäre der Neidhardtkapelle erhalten; einige wenige gelangten in Dorfkirchen der Umgebung. Allein der Münsterchor (Vgl. Abb. 12) zeigt ein noch beinahe authentisches Bild des Spätmittelalters, mit fast intakter Farbverglasung, dem Chorgestühl, dem Dreisitz für die zelebrierenden Priester, den Totenschilden von Patriziern und Adligen und dem am Übergang zum Langhaus stehenden Sakramentshaus. Der einstige Hochaltar von Jörg Syrlin d. Ä. und Michel Erhart wurde von den Bilderstürmern zerstört. Der Pergamentriß im Stuttgarter

40 Vgl. BOOCKMANN (wie Anm. 24), S. 202f.

41 Ausführlich zu den Ulmer Altären H. TÜCHLE, Die Münsteraltäre des Spätmittelalters, in: 600 Jahre Ulmer Münster (wie Anm. 4), S. 126–182: Stifter, Heilige, Patrone und Kapläne. – Zur Ulmer Skulptur der Spätgotik zuletzt und umfassend: Katalog der Ausstellung ›Meisterwerke massenhaft‹. Die Bildhauerwerkstatt des Niklaus Weckmann und die Malerei in Ulm um 1500, hg. vom Württembergischen Landesmuseum Stuttgart 1993.

42 Katalog ›Kunstepochen der Stadt Freiburg‹. Ausstellung zur 850-Jahrfeier im Augustinermuseum Freiburg, Freiburg 1970, S. 10.

43 BOOCKMANN (wie Anm. 24), S. 202.

44 WORTMANN (wie Anm. 4), S. 26. – H. KOPPENHÖFER, Altäre Ulmer Meister. Kleinodien in Dorfkirchen der Schwäbischen Alb, Metzingen 1993.

Landesmuseum vermittelt noch heute eine plastische Vorstellung seines Aussehens[45]. Die Fertigstellung des etwa 15 m hohen Retabels zog sich über 29 Jahre hin; erst Ende 1503 war das Werk vollendet. Schon in der Vorbereitungsphase stiftete die Ulmer Bürgerin Anna Mayer, genannt »Engel Tausendschön«, am 7. Januar 1474 200 Gulden als Anzahlung für den neuen Hochaltar[46]. Laut chronikalischen Nachrichten soll sie eine Süßbeckin gewesen sein und ihr Vermögen *ohnehrlich erworben* haben, das heißt *ihren Ein- und Außgang bey den Mönchen im Kloster gehabt* haben. *Nachdem aber ihr hürisches Gewißen auffgewacht, hat sie solches, nach damahliger Gewohnheit oder Anweisung, durch dises Gestift beruhigen wollen.* Eine Frau dieses Gewerbes stellt die sogenannte »Münsterschwalbe« vom Straßburger Münster dar[47], eine Skulptur vom ehemaligen Vierungsturm, an dem Personen dargestellt waren, die im Schatten der Kirche ihren Tätigkeiten nachgingen.

Doch zurück zur Chorausstattung. In Freiburg ist der zwischen 1512 und 1516 gemalte Hochaltar von Hans Baldung gen. Grien erhalten[48], wenn auch seine Renaissance-Umrahmung fehlt. Entsprechend dem Kirchenpatrozinium zeigt die Mitteltafel der Festtagsseite die Krönung Mariens im Beisein der Apostel auf den Flügeln, während auf den Außenseiten Szenen des Marienlebens dargestellt sind. Auf der Rückseite der Predella (Abb. 16) verehren vier Männer die Gottesmutter. Es sind, als Halbfiguren gegeben, die vier Münsterpfleger der Freiburger Bürgerschaft, die Hans Baldung den Auftrag erteilt haben.

Das Chorgestühl des Ulmer Münsters[49], laut Signatur 1474 unter Jörg Syrlin als Werkstattleiter fertiggestellt, umfaßt, in zwei Reihen hintereinander angeordnet, insgesamt 89 Sitze. Diese große Zahl war notwendig für die zahlreichen Kapläne der 51 Altäre in der Kirche, die zum Teil mit mehreren Pfründen ausgestattet waren. Ein weiterer Grund für ein so umfangreiches Gestühl mag auch die Konkurrenz zum bischöflichen Konstanz gewesen sein, wo gerade erst das Domkapitel ein neues Chorgestühl bekommen hatte.

Ein ähnlich aufwendiges Chorgestühl mit 63 Sitzen erhielt 1501–1507 die Pfarrkirche St. Martin der Reichsstadt Memmingen, das hier sowohl für den Klerus als auch für die Laienvertreter des Patriziats bestimmt war[50]. 22 Büsten stellen Persönlichkeiten der Stadt dar, die zum Großteil sicher identifizierbar sind, wie zum Beispiel die Kirchenpfleger Hans Weyer und Hans Holzschuher, unter welchem als Hinweis auf den Namen ein Schuster mit Leisten abgebildet ist (Abb. 17).

Das 26 m hohe Ulmer Sakramentshaus (1467/71) ist, wie das Wappenschild unter

45 W. Deutsch, Der ehemalige Hochaltar und das Chorgestühl, zur Syrlin- und zur Bildhauerfrage, in: 600 Jahre Ulmer Münster (wie Anm. 4), S. 242–322, hier vor allem S. 245–268. Zum Bildersturm in Ulm: G. Weilandt, Wider die Gotteslästerung und Götzerei. Der ›Bildersturm‹ des Jahres 1531, S. 421–427; A. Moraht-Fromm, ›Von der Abtuhung der Bilder‹ in Ulm, in: ›Meisterwerke massenhaft‹ (wie Anm. 41), S. 429–435.

46 Deutsch (wie Anm. 45), S. 245 f.

47 Boockmann (wie Anm. 24), S. 201.

48 G. von der Osten Hans Baldung Grien. Gemälde und Dokumente, Berlin 1983, S. 99–118.

49 Deutsch (wie Anm. 45), S. 243–245.

50 G. Beyer, Die Martinskirche zu Memmingen, Memmingen 1967, S. 21–29.

dem Gehäuse bezeugt, vorwiegend eine städtische Stiftung[51]. Doch es ersetzt vermutlich ein von privater Seite gestiftetes Vorgängerwerk, auf das sich die daneben auf einer Konsole angebrachte monumentale Figur des knienden Stifters Hans Ehinger, gen. Habfast (†1381), bezieht, der bei der Grundsteinlegung dabei war[52].

Wurden im Zusammenhang mit dem Freiburger Münster bereits bürgerliche Kapellenstiftungen angesprochen, so ist in Ulm außer der Neithartkapelle vor allem die Privatkapelle der Patrizierfamilie Besserer zu nennen, eingefügt zwischen die Strebepfeiler von Chor und Südturm[53]. Um 1430 erbaut, ist als besonderer Schatz ihre farbige Verglasung zu erwähnen.

Zahlreiche Epitaphien und weit über 100 Totenschilde allein im Ulmer Münster[54] wären noch als Schmuck der Pfarrkirchen zu nennen, zu denen ferner die Stiftungen kostbarer Paramente und Altargerätschaften hinzukommen, die allgemein größtenteils verlorengegangen sind. Sie bildeten einen wichtigen Bestandteil der repräsentativen Innenausstattung der Sakralbauten. Zugleich legten sie Zeugnis ab von Besitz und sozialer Stellung der Stifterfamilien.

Gegenüber der im frühen und hohen Mittelalter häufig auftretenden Einzelpersönlichkeit des weltlichen oder geistlichen Stifters findet man im Spätmittelalter eine Vielfalt von Stiftern[55]; es ist eine breite gesellschaftliche Beteiligung und der Einsatz von vornehmlich privaten Mitteln zur Gestaltung öffentlicher Kunst zu beobachten. Individuell bestimmte Geschmacksneigungen und die Beteiligung verschiedenster Interessengruppen bei einer Kirchenausstattung verleihen manchmal dieser Summe von Einzelstiftungen eine eklektizistische Wirkung. Sie der Hierarchie eines Kirchenraumes unterzuordnen, zum Teil nach der Bedeutung der unterschiedlichen sozialen Gruppen, war das Bemühen der städtischen Kirchenpfleger.

Trotz höchst unterschiedlicher Motivationen ist den Stiftungen ein Streben nach Dauer gemeinsam. Dies zeigt sich etwa in der Auswahl von Künstlern überregionalen Ansehens für Altar- und andere Aufträge, aber auch darin, als Stifter sein eigenes Bildnis im Kontext religiöser Themen in der Kirche zur Darstellung zu bringen. Doch man muß differenzieren zwischen solchen Objekten der Selbstdarstellung, zu denen auch die Totenschilde gehören, und gestifteten Gegenständen, die ein Interesse am Gemeinwohl einer Pfarrgemeinde erkennen lassen wie etwa ein Sakramentshaus, eucharistisches Gerät für den Gottesdienst oder liturgische Gewänder. Erlaubt das repräsentative Anspruchsniveau gestifteter Ausstattungsstücke eines Kircheninnen-

51 Wortmann (wie Anm. 4), S. 42–44.

52 Vgl. hier S. 79.

53 Wortmann (wie Anm. 4), S. 75–79, 102; vgl. auch J. Zahlten, Das Sechstagewerk am Hauptportal und in der Bessererkapelle des Ulmer Münsters, in: 600 Jahre Ulmer Münster (wie Anm. 4), S. 183–208. Zuletzt: H. Scholz, Tradition und Avantgarde. Die Farbverglasung der Ulmer Besserer-Kapelle als Arbeit einer Ulmer ›Werkstatt-Kooperative‹, in: Deutsche Glasmalerei des Mittelalters. Bildprogramme – Auftraggeber – Werkstätten, hg. von R. Becksmann, Berlin 1992, S. 93–152.

54 A. Rieber, Totenschilde im Ulmer Münster, ebd., S. 330–376.

55 Diesen Fragenkomplex behandelt exemplarisch C. Schleif, Donatio et Memoria – Stifter, Stiftungen und Motivationen an Beispielen aus St. Lorenz in Nürnberg, München 1990 (ins Allgemeine übertragbar die Synthese S. 228–236).

raums Rückschlüsse auf den Rang des Stifters in der Gesellschaftspyramide eines städtischen Gemeinwesens, so verwirklichen die gezeigten architektonischen Beispiele bürgerlicher Pfarrkirchen diesen Repräsentationsanspruch nach außen, gegenüber anderen Instanzen weltlicher und geistlicher Macht[56]. Diese Absicht läßt sich in einem Satz des großen franziskanischen Philosophen und Erneuerers des Nominalismus, Wilhelm von Ockham (1290/1300–1349/50), zusammenfassen: *Repraesentare est esse illud, quo aliquid cognoscitur*, den ich so übersetzen möchte: »Repräsentieren (oder etwas darstellen) heißt, jenes zu sein, wodurch etwas Besonderes erkannt wird« (Quodlibeta IV qu. 3)*.

* Für kollegiale Hilfe bei der Beschaffung des Abbildungsmaterials danke ich Herrn Prof. Dr. R. Becksmann/Freiburg, Herrn Dr. W. Bernhardt/Esslingen, Frau J. Faist/Braunschweig, Herrn Freikowski/Freiburg, Herrn Dr. W. Hecht/Rottweil, Herrn Dr. H. Hell/Reutlingen, Herrn E. Jorns/Braunschweig, Herrn Münsterbaumeister Lorenz/Ulm, Herrn H. Krafft von Dellmensingen/München und Herrn Prof. Dr. H. E. Specker/Ulm.

56 Vgl. dazu M. Warnke, Politische Architektur in Europa vom Mittelalter bis heute. Repräsentation und Gemeinschaft, Köln 1984, Einführung S. 10–14.

Rathaus und Reichsstadt

von Bernd Roeck

Was zu einem »Rathaus« alles gehört, teilt Band 30 des Zedlerschen Universallexikons von 1741 kurz und bündig mit: *Es wird aber zu dergleichen Gebäude insgemein erfordert ein großer herrlicher Saal, und genugsame Bequemlichkeit vor die sämtliche Collegia, als den Rath, die Cämmerey, und die Stadt-Gerichte, über diese aber nach Beschaffenheit der Stadt vor verschiedene andere mehr. Z. E. vor einen Kriegs-Rath, ein Handels-Gericht, Ehe-Gericht, Vormundschaffts-Amt u.s.w. zu welchen einem jeden wenigstens drey Zimmer zu rechnen sind, worunter eines von ziemlicher Größe erfordert wird, nebst einem kleinen daran liegenden Saal. Welche Bequemlichkeiten alle in denen beyden Haupt-Stockwercken ihre Stelle haben können. Den Raum des untern Stockes nimmt man zu mancherley Gefängnissen und andern nöthigen Gewölben, zum Aufenthalt der Schaar-Wacht, zu einer Bequemlichkeit vor einen Verwalter und Aufseher des Hauses, zur Wohnung des Stockmeisters, und was dergleichen mehr ist*[1]. Diese Definition spricht grundlegende Strukturelemente der Bauaufgabe »Rathaus« an, und sie bestimmt sie aus der Perspektive der Funktionen – daß der Text in einer Zeit abgefaßt wurde, als selbst kleinere Städte eine Fülle administrativer Aufgaben zu bewältigen hatten, ist ebenso evident wie der Umstand, daß der Verfasser des Textes unterschwellig an große, repräsentative Rathausbauten denkt und nicht so sehr die nur wenig spektakulären Rathäuser kleinerer Kommunen im Blick hat. Wesentlich ist aber doch die Unterscheidung zwischen dem repräsentativen Bereich, dem *große(n) herrliche(n) Saal* und der *Bequemlichkeit* für die Behörden, den Bedürfnissen der kommunalen Bürokratie, und in der Tat wird sich das eine wie das andere in frühneuzeitlichen Rathäusern stets wiederfinden lassen.

Ist das Rathaus im Lexikon des »aufgeklärten Säkulums« in erster Linie Verwaltungsmittelpunkt – wenngleich mit einem großen Festsaal –, finden wir es ein Jahrhundert früher, in panegyrischer Überhöhung, als Sitz der Weisheit, als »Haupt der Stadt«: *Das Rathaus ist ein Tempel und Wohnung der Heiligkeit, ein Sitz der Weisheit und aller Vortrefflichkeit, ein Ort des öffentlichen Raths, ein Haupt der gantzen Stadt, eine Freyung und Zuflucht sowohl der Bürger als Nachbarn, ein Gestatt und Einkehr aller Völcker, ja ein Sitz und Wohnung, so diesem Ort allein und keinem andern von dem*

1 Johann Heinrich Zedler, Großes vollständiges Universal-Lexicon Aller Wissenschaften und Künste, welche bisher durch menschlichen Verstand und Witz erfunden und verbessert worden, Bd. 30, Halle/Leipzig 1741, Sp. 953.

gantzen Volck auserwählt und zugeeignet worden[2]. Dieser Text – er rekurriert auf eine Formulierung Ciceros[3] – bezeichnet den anderen Pol, um welchen die Konzeption frühneuzeitlicher Rathausarchitekturen kreist. Das Rathaus erscheint als ideeller Kristallisationskern der Bürgergemeinde, Ort der Beratungen, als Gebäude, wo sich der Glanz der Gemeinschaft verwirklicht, schließlich als Konkretisierung spezifischer Identität – eben als *Sitz und Wohnung, so diesem Ort allein und keinem andern von dem gantzen Volck auserwählt und zugeeignet worden.*

Die beiden Zitate bezeichnen eine immanente Spannung, zugleich nicht weniger eine Entwicklung, die vom Repräsentativen zum Nützlichen geht. Gewiß kennt auch das 18. Jahrhundert einige prächtige Rathausbauten[4], aber es ist sicher zutreffend, wenn man feststellt, daß die letzten Rathausbauten im großen Stil weitgehend vor dem Dreißigjährigen Krieg beziehungsweise in dessen Anfangsjahren abgeschlossen sind[5]. Die Zeit danach ist eine Epoche der Um- und Ausbauten, der Dekorationen oder Fassadengestaltungen. Die große Epoche des Rathausbaus reicht vom 15. bis ans Ende des »langen« 16. Jahrhunderts.

Eine solche Aussage paßt scheinbar gut ins allgemeine Bild von Macht und Kraft frühneuzeitlicher Städte wie von der Kultur ihres Bürgertums, und sie fügt sich zugleich in verbreitete Vorstellungen von einem politischen Bedeutungsverlust in der Zeit nach dem großen Krieg ein. Doch hier sind gleich relativierende Aussagen zu

2 Matthaeus SENDEL, Curia Augustanae Republicae, Das ist ausführliche Beschreib- und Auslegung aller Kunstreichen Gemähld/-Stück und Tafeln/ Welche in dem An. 1620 Neuerbauten Hochansehlichen Rath- Hauß der weit- berühmten Kaiserlichen Reichsstadt Augspurg zu sehen. Aus vornehmen und bewährten Authoren und Geschichtsschreibern verfaßt und zusammengetragen, Augsburg 1657, S. 2.

3 In der Oratio pro Milone beschreibt Cicero die *curia* als *templum sanctitatis, amplitudinis, mentis, consili publici, caput urbis, aram sociorum, portum omnium gentium, sedem ab universo populo concessam uni ordini …*

4 Vgl. etwa Christa SCHREIBER, Rathäuser des Barock in Franken, Schwaben und Baden, Diss. phil., Berlin 1973; Peter HEISS, Rathäuser in Bayrisch-Schwaben von ihren Anfängen bis zum Beginn des 19. Jahrhunderts, Diss. phil. München 1987, S. 462; Hans KLAIBER, Die Hauptwerke Esslinger Baukunst, in: Zeitschrift für württembergische Landesgeschichte 1 (1937), S. 130–136; DERS., Die allegorischen Deckenbilder im Kaisersaal des reichsstädtischen Rathauses in Esslingen, in: Esslinger Studien 3 (1957), S. 22–29. Beispiele für Rathausbauten der Zeit nach dem Dreißigjährigen Krieg finden sich – außer in Esslingen und Schwäbisch Hall – beispielsweise in Freystadt (1665), Gundelfingen (1677), Marktzeuln (1690), Mannheim (ab 1700), Windsheim (1713–1717), Neustadt/Aisch (1714), Erlangen (1733–1736, Altstädter Rathaus), Kulmbach (1748), Rain am Lech (1759–1762), Lauingen (1783–1792) und Thurnau (1792).

5 Übersicht: Henry-Russell HITCHCOCK, German Renaissance Architecture, Princeton 1981, S. 171–200 und passim; Hans-Joachim KADATZ, Deutsche Renaissancebaukunst von der frühbürgerlichen Revolution bis zum Ausgang des Dreißigjährigen Krieges, Berlin 1983, S. 90–98 und passim; Otto STIEHL, Das deutsche Rathaus im Mittelalter in seiner Entwicklung geschildert, Leipzig 1905; A. GRISEBACH, Das deutsche Rathaus der Renaissance, Berlin 1907; Karl GRUBER, Das deutsche Rathaus (Sonderleistungen der deutschen Kunst. Gemeinschaftsarbeit deutscher Kunsthistoriker, hg. von W. PINDER und R. SEDLMAIER), München 1943; Jürgen PAUL, Rathaus und Markt, in: Stadt im Wandel. Kunst und Kultur des Bürgertums in Norddeutschland 1150–1650, hg. von Cord MECKSEPER (Ausstellungskatalog, Bd. IV), Stuttgart-Bad Cannstatt 1985, S. 89–118; Jürgen PAUL, Kleine Kunstgeschichte des Rathauses, Darmstadt, Wissenschaftliche Buchgesellschaft (angekündigt).

machen. Die erste und wichtigste betrifft den Forschungsstand. Trotz einiger Ansätze fehlt es bisher an einer zusammenfassenden Übersicht zum Rathausbau der frühen Neuzeit – was verständlich wird, wenn man bedenkt, daß der Gesamtbestand der erhaltenen oder archivalisch dokumentierten Gebäude nicht in die Hunderte, sondern in die Tausende gehen dürfte[6]. Wohl liegen Untersuchungen zu einzelnen Rathäusern, insbesondere zu den spektakulären Großbauten[7], vor; zu englischen[8], belgischen beziehungsweise niederländischen[9] Rathäusern entstanden erst jüngst Untersuchungen, von der Möglichkeit einer Einordnung der deutschen Bauten in größere Zusammenhänge aber sind wir noch weit entfernt. Das gilt auch und in besonderem Maße für die Frage der Innenausstattungen oder des äußeren Schmucks[10]; und es gilt schließlich für

6 Vgl. insbesondere Stiehl und Gruber (wie Anm. 5) und Heinz Stoob, Bürgerliche Gemeindebauten in mitteleuropäischen Städten des 12./15. Jahrhunderts, in: Wirtschaftskräfte und Wirtschaftswege I: Mittelmeer und Kontinent. Festschrift für Hermann Kellenbenz (Beiträge zur Wirtschaftsgeschichte Bd. IV), Stuttgart 1978, S. 51–81, hier S. 53.

7 Z. B. Matthias Mende, Das alte Nürnberger Rathaus. Baugeschichte und Ausstattung des großen Saales und der Ratsstube, Bd. 1, Nürnberg 1979; Ernst Mummenhoff, Das Rathaus in Nürnberg, Nürnberg 1891; Walter Tunk, Der Nürnberger Rathausbau des Jakob Wolff d. J., in: Zeitschrift des deutschen Vereins für Kunstwissenschaft 9 (1942); Renate von Walter, Das Augsburger Rathaus. Architektur und Bildgehalt (Abhandlungen zur Geschichte der Stadt Augsburg, Bd. 20), Augsburg 1972; Wolfram Baer/Hanno Walter Kruft/Bernd Roeck (Hgg.), Elias Holl und das Augsburger Rathaus, Regensburg 1985; auch Heiss und Schreiber (wie Anm. 4). Vgl. auch Fritz von Osterhausen, Die Baugeschichte des Neustadtrathauses in Braunschweig (Braunschweiger Werkstücke Reihe B, Veröffentlichungen aus dem städtischen Museum Bd. 3, der ganzen Reihe Bd. 51), Braunschweig 1973; Bernhard Schmidt, Die Neustadt zu Elbing und ihr Rathaus. Eine baugeschichtliche Studie, in: Zeitschrift des Westpreußischen Geschichtsvereins 50 (1908), S. 81–100; Hans Koepf, Das Ulmer Rathaus, 2. Aufl. Ulm 1983; Hubert Schöffel, Das Rathaus zu Schweinfurt, erbaut 1569–1572 von Nikolaus Hofmann aus Halle an der Saale (Mainfränkische Studien Bd. 36), Würzburg 1985; Otto von Boehn, Das Celler Rathaus. Ein Führer durch die bau- und kulturgeschichtliche Entwicklung (Bomann-Archiv. Celler Beiträge zur Landes- und Kulturgeschichte, Heft 2), Celle 1954; Oberle (wie Anm 19)

8 Robert Tittler, Architecture and Power. The Town Hall and the English Urban Community, c. 1500–1640, Oxford 1991; auch Caroline M. Barron, The Medieval Guildhall of London, London 1974.

9 Holm Bevers, Das Rathaus von Antwerpen (1561–1565), Architektur und Figurenprogramm, Hildesheim 1985; Katherine Fremantle, The Baroque Town Hall of Amsterdam, Utrecht 1959; Elizabeth de Bievre, The Decoration of Town Halls in the United Provinces, London 1986; Joseph Delmelle, Hotels de ville et maisons communales de Belgique, Paris 1975; A. Maesschalck/ J. Viaene, Het Stadthuis van Brussel, Kesselo 1960; Frieda van Tyghem, Het Stadthuis van Gent (Verhandelingen van de Koninklijke Academie voor Wetenschappen, Letteren en Schone Kunsten van België, Klasse der Schone Kunsten XL, Nr. 31), 2 Bde., Brüssel 1978.

10 Vgl. aber Mende (wie Anm. 7); Sergiusz Michalski, Das Ausstattungsprogramm des Augsburger Rathauses, in: Baer/Kruft/Roeck (wie Anm. 7), S. 77–90; Hans Wentzel, Die Lüneburger Ratsstube des Albert von Soest, Hamburg 1947; Wolfgang Pfeiffer, Die Wand und Deckenbilder der Lüneburger Gerichtslaube, in: Lüneburger Blätter 11/12 (1961), S. 13–29; Hans Hoffmann, Schweizerische Rats- und Zunftstuben, Frauenfeld/Leipzig 1933; Ludwig Volkmann, Der Huldigungssaal im Rathaus zu Goslar, Diss. phil. München 1960; Bevers (wie Anm. 9); von Walter (wie Anm. 7); Ursula Lederle, Gerechtigkeitsdarstellungen in deutschen und niederländischen Rathäusern, Philippsburg 1937; Kristin Eldyss Sorensen Zapalac, »In His Image and Likeness«. Political Iconography and Religious Change in Regensburg 1500–1600, Ithaca/London 1990; Ludwig Volkmann, Der Überlinger Rathaussaal des Jakob Russ und die

die wirtschaftlichen Konjunkturen »im Hintergrund«[11]. Hier ist das auffällige und dennoch wenig bedachte Faktum zu nennen, daß wir bisher über keine auch nur rudimentär einen Überblick versuchende Geschichte der Baukonjunktur verfügen. Kein Handbuch der Wirtschaftsgeschichte nimmt auf dieses Problem Bezug, obwohl wir es hier mit einem Schlüsselsektor auch der frühneuzeitlichen Ökonomie zu tun haben[12].

Doch sind Rathausbauten natürlich nicht einfach nur Folgen einer prosperierenden Wirtschaft, und sie reflektieren auch keineswegs immer tatsächliche Bedeutung – schon eher den Anspruch darauf. Das monumentale Rathaus von Antwerpen zum Beispiel – es verschlang etwa 150000 Karolus Gulden Baukosten – wurde durch Erb- und Leibrenten mit bis zu zehnprozentiger Verzinsung finanziert[13], von einer hoch verschuldeten, nahezu bankrotten Kommune; der weitaus größte deutsche Rathausbau, jener von Augsburg (Abb. 1), hatte seine finanziellen Fundamente in einem gesunden Stadthaushalt, entstand allerdings inmitten einer krisenhaften gesamtwirtschaftlichen Lage[14]. Es läßt sich nachweisen, daß dieser Großbau nicht zuletzt dazu diente, dem unterbeschäftigten Bauhandwerk und den Taglöhnern in der Stadt Arbeit und Brot zu verschaffen. Er sei errichtet worden *ATQUE SVBLEVANDAE OPIFICVM PENVRIAE*, so wird auf der Deckplatte des Grundsteins formuliert. Ähnliche Motive – die allerdings ihren Platz in einem differenzierten Spektrum von Begründungen haben und nicht verabsolutiert werden dürfen – spielen auch bei anderen Bauunternehmungen der Frühen Neuzeit eine Rolle[15]. Andererseits konnte es die Ökonomie sein, die manchen

Darstellungen der deutschen Reichsstände, Berlin 1934; Arnulf HERBST, Zur Ikonologie des barocken Kaisersaals, in: Bericht des Historischen Vereins Bamberg 106 (1970), S. 207–344; Holm BEVERS, Das Meerwesen vom Antwerpener Rathaus und der Handel der Scheldestadt, in: Koninklijk Museum voor Schone Kunsten Antwerpen, Jaarboek 1982, S. 97–117; KLAIBER, Allegorische Deckenbilder (wie Anm. 4); Susan TIPTON, Tugendspiegel einer christlichen Obrigkeit: Die Fassadendekorationen des Ulmer Rathauses, in: Ulm und Oberschwaben. Zeitschrift für Geschichte und Kunst 47/48 (1991), S. 72–118. Wenig ergiebig ist August GEBESSLER, Der profane Saal des 16. Jahrhunderts in Süddeutschland und den Alpenländern: Gestaltungsprinzipien des profanen Monumentalraumes in der Renaissance, Diss. phil. München 1957.

11 Bernd ROECK, Wirtschaftliche und soziale Voraussetzungen der Augsburger Baukunst zur Zeit des Elias Holl, in: architectura 14 (1984), S. 119–138.

12 Vgl. aber Peter FLEISCHMANN, Das Bauhandwerk in Nürnberg vom 14. bis zum 18. Jahrhundert, Nürnberg 1985; und Rainer GÖMMEL, Vorindustrielle Bauwirtschaft in der Reichsstadt Nürnberg und ihrem Umland (16.–18. Jahrhundert), Wiesbaden 1985.

13 BEVERS (wie Anm. 9), S. 10–12.

14 ROECK (wie Anm. 11), mit der weiteren Literatur; zur wirtschaftlichen Lage des Bauhandwerks am Ende des 16. Jahrhunderts auch Dieter SAALFELD, Die Wandlungen der Preis- und Lohnstruktur während des 16. Jahrhunderts in Deutschland, in: Beiträge zu Wirtschaftswachstum und Wirtschaftsstruktur im 16. und 19. Jahrhundert (Schriften des Vereins für Socialpolitik Neue Folge 163 [1971]), S. 9–28.

15 Diese Zusammenhänge sind bisher noch kaum untersucht; insbesondere die Analyse des »Baubooms« des süddeutschen Spätbarock, zwischen etwa 1680 und 1750, würde wohl einige Ergebnisse liefern, welche in diese Richtung weisen. Der große Bauabt von Ottobeuren, Rupert II. Neß von Wangen, spricht einmal ausdrücklich davon, die *populose Welt* müsse doch mit Arbeit versorgt werden (in seinen Tagebüchern im Klosterarchiv zu Ottobeuren). – Vgl. hierzu auch Hartmut ZÜCKERTS, Soziale Grundlagen der Barockkultur in Süddeutschland, Stuttgart, New York 1988. Der Ansatz Zückert scheint mir allerdings problematisch zu sein (vgl. meine

1 Augsburg, Rathaus

2 Überlingen, Rathaus

3 Rothenburg, »Prospekt des Marktes gegen Abend« mit Rathaus. Kupferstich von Johann Friedrich Schmidt

4a Nürnberg, Rathaus (Vorderseite einer Medaille von Georg Holdermann)

4b Wördener Bastei (Rückseite)

5 Ulm, Rathaus

6 Überlingen, Ratssaal

7 Augsburg, Goldener Saal des Rathauses

8 Isaac Schwendtner, Gutes Regiment

ABBILDUNGSNACHWEIS

Stadtarchiv Augsburg: 1, 7; Siegfried Lauterwasser, Überlingen: 2, 6; Stadtarchiv Rothenburg: 3; Germanisches Nationalmuseum, Nürnberg: 4a, 4b; Stadtarchiv Ulm: 5; Museen der Stadt Regensburg: 8.

hochfliegenden Rathaus-Bauplan rasch zu Makulatur machte: es war wohl vor allem das »böse Geld« der »Kipper- und Wipper-Zeit«, durch das verhindert wurde, daß in Nürnberg eine schloßähnliche Vierflügel-Anlage entstehen konnte[16]. So bedarf es sehr genauer Analysen der Einzelfälle, bevor auf lineare Zusammenhänge zwischen Architektur und Wirtschaft geschlossen wird[17]. Entscheidend sind allerdings stets die Möglichkeiten, die Dispositionen der Auftraggeber.

Ein wichtiger Faktor für die Konjunktur der Rathausbauten waren – das ist hier nur anzusprechen, nicht auszuführen – Entwicklungen, die mit dem frühneuzeitlichen Fundamentalvorgang der Verdichtung von Staatlichkeit zusammenhängen. Auch die Städte waren bekanntlich vom Ausbau der bürokratischen Systeme betroffen, was erhöhten Raumbedarf evozierte – bis man, wie dies im oben zitierten Artikel des Zedlerschen Lexikons anklingt, pro Behörde mindestens drei Räume rechnete. Es ging um das Etablieren neuer Ämter, um die Neuorganisation sozialer und repräsentativer Erfordernisse. Viele Rathausbauten schon des 15. Jahrhunderts folgen einem solchen Muster: Aus gewachsenen Strukturen, aus Konglomeraten von Räumen und Gebäuden entstehen im Zuge einer Art architektonischen Flurbereinigung rationaler durchkonzipierte Neubauten. Es kommt zu räumlicher und funktionaler Differenzierung. Der Trend geht hin zu einer Konzentration bestimmter zentraler bürokratischer und repräsentativer Aufgaben im Rathaus bei Verlagerung anderer Bereiche nach außerhalb. Das gilt insbesondere für die so häufige Vermischung merkantiler mit politischen Funktionen. Ein gutes Beispiel dafür bietet das allerdings außerhalb unseres Untersuchungsgebiets liegende Lübeck, das bis zum Neubau von 1350 vorwiegend als Gewandhaus diente[18]. Man könnte auch auf die Umgestaltung Augsburgs am Ende des 16. Jahrhunderts verweisen oder an die Errichtung selbständiger Kaufhausbauten etwa in Freiburg, Konstanz oder Straßburg erinnern, die zu einer Funktionsentlastung der Rathäuser beitrugen[19]. Weitere Beispiele mögen sich hier erübrigen, der Vorgang ist jedem Stadtforscher aus seinem Untersuchungsbereich nicht unbekannt.

Die wirtschaftlichen Funktionen von Rathausbauten, auch das ist allgemein geläufig, verlieren sich indessen vielerorts niemals ganz. Sei es, daß diesen zentralen Bauten der Städte nach wie vor Läden eingegliedert bleiben oder die Ratstrinkstuben ihr Recht

Rezension dieses Buches in VSWG 76 [1989], S. 95–97). Arbeitsfähige Arme bei Bauarbeiten: Robert Jütte, Disziplinierungsmechanismen in der städtischen Armenfürsorge der Frühneuzeit, in: C. Sachsse/F. Tennstedt, Soziale Sicherheit und soziale Disziplinierung, Frankfurt a. M. 1986, S. 101–147, hier S. 112.

16 Tunk (wie Anm. 7), S. 86 f.

17 Vgl. Arnold Esch, Über den Zusammenhang von Kunst und Wirtschaft in der italienischen Renaissance, in: Zeitschrift für historische Forschung 8 (1982), S. 179–222: ein reflektierter, ungemein instruktiver Forschungsbericht, der die Problematik abgewogen diskutiert und, was den methodischen Zugriff anbelangt, verallgemeinerbar ist.

18 Vgl. Gruber (wie Anm. 5), S. 25; auch Schmidt (wie Anm. 7), S. 94 f.

19 Zusammenfassend zu den genannten Städten Gruber, ebd. – Augsburg errichtet 1611 ein neues Kaufhaus, 1615 bis 1620 folgt der Neubau des Rathauses. Das mittelalterliche Tanzhaus wird 1632 abgebrochen. Vgl. Jürgen Zimmer, Die Veränderungen im Augsburger Stadtbild zwischen 1530 und 1630, in: Ausstellungskatalog Welt im Umbruch Bd. III, Augsburg 1980, S. 25–65. Straßburg: Roland Oberle, La Pfalz: cœur et symbole de la vieille République de Strasbourg, in: Annuaire des Amis du Vieux Strasbourg 1971, S. 39–55.

behaupten, sei es, daß nur die wichtigsten Maße der Stadt irgendwo an der Fassade ihren Platz behalten. In diesen Zusammenhang – und auch diese Aussage gilt nicht nur für den deutschen Süden – gehört ein Blick auf die topographische Lage der Rathäuser. Sie zählen gewöhnlich – mit Ausnahmen[20] – in den Kontext des Marktes, des wirtschaftlichen Zentrums der Bürgerstadt. Das Rathaus wird, um mit Clifford Geertz zu sprechen, zu einem jener Symbole, welche das Zentrum als Zentrum markieren[21].

Der öffentliche Platz erscheint als Vorläufer des Rathauses[22], das seinerseits schon bei Vitruv in zwingende Beziehung zum Markt gesetzt wird: *Schatzhaus, Kerker und Rathaus müssen mit dem Markt verbunden werden, und zwar so, daß ihre Größe und Symmetrien dem Markt entsprechen*[23]. Vitruv ist nicht die maßgebende Autorität für die Anlage der Rathäuser, deren Lage sich aus historischen Zusammenhängen ergibt. Aber er bietet die Grundlage für die nun gerade für das ausgehende 16. und das 17. Jahrhundert wesentlich werdenden bauästhetischen, theoretischen Erörterungen über die Anlage und Gestaltung von Rathäusern.

Besonders vor allem muß das Rathaus (curia) der Bedeutung der Stadt oder Landstadt entsprechen. Wenn es quadratische Form hat, soll seine Höhe mit 1½ Breite festgelegt werden; wenn es aber länglich ist, soll man Höhe und Breite zusammenzählen, und die Hälfte der Gesamtsumme soll man der Höhe bis unter die Decke zuweisen. Außerdem sind die Wände innen ringsum in halber Höhe mit Gesimsen aus Holzarbeit oder Stuck auszustatten. Wenn diese nämlich fehlen, werden die Worte der dort Redenden, weil der Schall nach oben geht, für die Zuhörer unverständlich sein. Wenn die Wände aber ringsum mit Gesimsen versehen sind, bleibt der Schall, bevor er in die Luft geht und sich verflüchtigt, unten, und das Wort wird dem Ohre vernehmbar sein[24]. Diese Ausführungen wurden wesentlich für die Architekturtheoretiker der Renais-

20 Besonders signifikant ist der Fall Esslingen. Das als »Altes Rathaus« bezeichnete, am Marktplatz gelegene Gebäude war ursprünglich Steuerhaus, das eigentliche »Rathaus« befand sich dagegen in eher peripherer Lage (seit 1424 bezeugt). Allerdings wandten die Esslinger dem zentral gelegenen Bau von 1586 an eine Aufmerksamkeit zu, die es verständlich macht, daß in der Literatur immer wieder dieses Gebäude als Rathaus aufgefaßt wurde. Damals versah Heinrich Schickhardt den Bau aus dem frühen 15. Jahrhundert mit moderner Renaissancearchitektur, einem vielfach geschwungenen Staffelgiebel, in dessen Mitte eine von Jakob Diem geschaffene Kunstuhr den Bürgern die rechte Zeit gab. – Vgl. Gunter SCHWEIKHARDT, Heinrich Schickhardt (1558–1635), in: BAER/KRUFT/ROECK (wie Anm. 7), S. 147–159; Rudolf LEMPP, Das Alte Rathaus in Esslingen, Esslingen 1969; HITCHCOCK (wie Anm. 5), S. 222; Walter BERNHARDT, Der Esslinger Marktplatz. Geschichte und Gedanken zu seiner Neugestaltung, in: Esslinger Studien 27 (1988), S. 1–32; DERS., Wann erfolgte die Erhebung Esslingens zur Stadt?, in: Esslinger Studien 29 (1990), S. 1–16, hier S. 10; DERS., Esslingen im Früh- und Hochmittelalter. Gedanken zur Geschichte und Topographie, in: Esslinger Studien 23 (1984), S. 7–44, hier S. 35–40. – Ich danke Herrn Kollegen Bernhardt für wichtige Hinweise zum für den Außenstehenden etwas verwirrenden Thema »Esslinger Rathaus«.

21 Clifford GEERTZ, Centres, Kings and Charisma: Reflection on the Symbolics of Power, in: Joseph Ben DAVID/Terry Nichols CLARK (Hgg.), Culture and its Creators, Chicago 1977, S. 152.

22 Roberto S. LOPEZ, The Crossroads Within the Wall, in: Oscar HANDLIN/John BURCHARD (Hgg.), The Historian and the City, Harvard/Mass. 1963, S. 27–43, hier S. 28.

23 VITRUV, Zehn Bücher über Architektur/ Vitruvii de architectura libri decem, übersetzt und mit Anmerkungen versehen von Dr. Curt FENSTERBUSCH, Darmstadt 1981, S. 211 (V, II, 1).

24 Ebd., S. 211 f. (V, II, 1, 2).

sance, insbesondere für Leon Battista Alberti, der in seinem Traktat vor allem den Proportionen der »Kurien« Aufmerksamkeit widmete[25]. Ein gutes Jahrhundert später äußerte sich Andrea Palladio zwar nicht explizit zum Thema »Rathäuser«, doch widmet er einen kurzen Abschnitt seiner ›Quattro libri dell'architettura‹ der Bauaufgabe der Basilika, in deren Mittelpunkt sein eigenes berühmtes Werk in Vicenza steht[26]. Der Text rückt den Begriff in die Nähe der Bezeichnung für den Palast des Königs, weil sich hier die Richter befänden, um dem Volk Recht zu sprechen[27]. *Queste Basiliche de' nostri tempi sono in questo dall'antiche differenti; che l'antiche erano in terreno, ò vogliam dire à pie piano: e queste nostre sono sopra i volti; ne' quali poi si ordinano le botteghe per diuerse arti, e mercatantie delle città; e ui si fanno anco le pregioni, & altri luoghi pertinenti à i bisogni publichi.* Palladio hebt also die Vielzweckfunktion der italienischen Basilika seiner Zeit hervor, die Werkstätten verschiedener Metiers beherbergten, daneben Kaufläden, Gefängnisse und andere Räume für öffentliche Angelegenheiten; und er geht auf deren gegenüber den antiken Vorbildern andersartige architektonische Strukturen ein.

Die Frage ist nicht ganz belanglos, warum die Kunst Palladios oder überhaupt die italienische Architekturtheorie für Rathausbauten im deutschen Süden von verhältnismäßig geringer Relevanz geblieben ist, obwohl man den Hauptvertretern auch der Rathausbaumeister durchaus eine gute Kenntnis sowohl der Literatur als auch zum Teil der Realität der oberitalienischen Architektur unterstellen kann[28]. Ausnahmen bestätigen auch hier die Regel, wobei als frühestes Beispiel die vor 1494 entstandene Fassade des Überlinger Rathauses zu nennen ist (Abb. 2), daneben die Beispiele Nürnberg und Augsburg. In der letztgenannten Reichsstadt entstand mit dem Rathaus ein in vieler Hinsicht von venezianischen Vorbildern geprägtes Bauwerk, daneben begegnet mit der nicht realisierten, aber durch zwei großartige Holzmodelle gut dokumentierten Planung für eine Loggia auf dem Perlachplatz die vielleicht deutlichste Übernahme sansovinesken beziehungsweise palladianischen Gedankenguts auf deutschem Boden überhaupt[29]. Aber auch das Augsburger Rathaus ist, jedenfalls was sein Äußeres anbelangt, keineswegs nur eine Replik italienischer Architektur. Für den mächtigen, von zwei Zwiebeltürmen überragten Kubus gibt es jenseits der Alpen kein Beispiel, allenfalls Anklänge (etwa bei Villen der Umgebung Roms wie der Villa Aldobrandini bei Frascati). Auch auf die Übernahme von Einzelformen ist zu verweisen – selbst wenn

25 Leon Battista ALBERTI, Zehn Bücher über die Baukunst. Ins Deutsche übertragen, eingeleitet und mit Anmerkungen und Zeichnungen versehen durch Max THEUER, Darmstadt 1975, S. 459–464 (VIII, 9).

26 Andrea PALLADIO, I quattro libri dell'architettura, Venezia (zuerst) 1570; zahlreiche Ausgaben und Neudrucke: kritische Ausgabe Licisco MAGAGNATO/Paola MARINI, Milano 1980, ND Hildesheim 1979, mit einem Vorwort von Erik FORSSMAN, deutsche Übersetzung von Andreas BEYER und Ulrich SCHÜTTE, Zürich/München 1983, S. 41 (III, XX).

27 Ebd.

28 Vgl. Dirk JONKANSKI, Oberdeutsche Baumeister in Venedig. Reiserouten und Besichtigungsprogramme, in: Bernd ROECK/Klaus BERGDOLT/Andrew John MARTIN, Venedig und Oberdeutschland in der Renaissance. Beziehungen zwischen Kunst und Wirtschaft (Centro Tedesco di Studi Veneziani, Studi 9), Sigmaringen 1993, S. 31–40.

29 Abbildungen, Diskussion des Forschungsstandes: BAER/KRUFT/ROECK (wie Anm. 7), S. 328–330.

diese sehr zeitverzögert erfolgt wie die Rustika-Vorhalle des Rathauses von Rothenburg o. T., die erst 1681 entstand.

Versucht man die Frage nach den Ursachen für die geringe Bedeutung des italienischen Elements im süddeutschen Rathausbau zu beantworten, so wird man zum einen auf Probleme der Funktion stoßen (administrative Zentren in Gestalt offener Loggien zu bauen, ist nicht zuletzt eine Frage klimatischer Verhältnisse). Weiterhin wird an finanzielle Dinge zu denken sein: an Größe und Finanzkraft konnte sich eben kaum eine deutsche Stadt mit den oberitalienischen Kommunen messen, selbst vergleichsweise kleinere Orte wie Vicenza, Padua, Verona oder Brescia – allesamt mit eindrucksvollen »palazzi della ragione« ausgestattet – fanden ihresgleichen allenfalls in Köln, Nürnberg, Augsburg und seit dem 17. Jahrhundert zusehends den Seestädten.

Diese Erwägungen verweisen also auf den einfachen Zusammenhang zwischen der Bedeutung der Stadt und der Größe ihres Rathauses. Schon Vitruv spricht das an, und die Frage bleibt ein Thema noch der Architekturtheorie des 18. Jahrhunderts. Johann Friedrich Penther beispielsweise schlägt 1748 divergierende Gebäudetypen für *dependente* und für *independente* Städte vor[30]. Im übrigen zeigt die theoretische Literatur für das ausgehende 17. und das 18. Jahrhundert in aller Deutlichkeit, daß das Rathaus als eigenständige Bauaufgabe weitgehend an Relevanz eingebüßt hat – das ist gewiß nichts anderes als ein Reflex der politischen Entwicklung. Der Fürstenstaat ist es vorwiegend, von dem die Initiative zur Errichtung von neuen Rathäusern ausgeht, die Reichsstädte sind kaum noch aktiv auf diesem Feld. Leonhard Christoph STURM äußert sich entsprechend: *Die jenige Häusser, wo in einer Fürstlichen Residenz die Raths Collegia pflegen zusammen zu kommen/ sind in nichts von den Rathäusern unterschieden*[31]. Dementsprechend registriert dieser Autor, daß namentlich städtische Finanzbehörden gewöhnlich der fürstlichen Residenz zugeordnet seien. Zugleich ist daran zu erinnern, daß es in Deutschland eigentlich kaum zur Entwicklung einer Renaissancestadt gekommen ist[32]; keine Formierung einer »Humanistengesellschaft« erfolgte. Das dürfte insbesondere mit Reformation, Gegenreformation und den dadurch ausgelösten Kontroversen zusammenhängen – der Disput um Glaubensfragen mag Ansätze zu humanistischer Geistigkeit, zu intellektuell begründeter Ästhetik vielfach erstickt haben. Wie dünn die »Personaldecke« – was ikonographisch versierte Berater betrifft – selbst in einer der deutschen Humanistenstädte par excellence, nämlich in Augsburg, gewesen ist, zeigt sich überdeutlich gerade im Zusammenhang mit dem Rathausbau. Nach dem Tod des Stadtpflegers Marcus Welser, der vielfach als Autor gelehrter Konzepte auch für Zwecke der bildenden Kunst greifbar wird, sieht sich der Rat gezwungen, einen

30 Johann Friedrich PENTHER, Vierter Theil der ausführlichen Anleitung zur Bürgerlichen Bau=Kunst / worin von publiquen weltlichen Gebäuden / Fürstlichen Residenz-Schlössern samt darzu gehörigen Neben=Gebäuden … gehandelt (wird), Augsburg 1748, S. 38; zit. nach Ulrich SCHÜTTE, Rathaus, Schule und Universität, in: DERS. (Hg.), Architekt und Ingenieur. Baumeister in Krieg und Frieden, Wolfenbüttel 1984, S. 205.

31 Leonhard Christoph STURM, Vollständige Anweisung Regierungs= Land= und Rath=Häuser / Wie auch Kauff Häuser und Börsen starck / bequem und zierlich anzugeben …, Augsburg 1718, S. 17; nach SCHÜTTE ebd.

32 Hierzu Bernd ROECK, Kultur und Lebenswelt des Bürgertums in der frühen Neuzeit (Enzyklopädie Deutscher Geschichte Bd. 9), München 1991, S. 52 ff.

auswärtigen Gelehrten um Hilfe zu bitten. Es ist der humanistisch gebildete Münchner Jesuitenpater Matthäus Rader, der sich über das Bildprogramm Gedanken machen soll, mit dem der goldene Saal des Rathauses versehen werden soll. Der Briefwechsel, in dem es um die Erläuterung der ikonographischen Zusammenhänge geht, ist erhalten[33]. Er zeigt biedere schwäbische Ratsherren, die gerade noch die Allegorien von Gerechtigkeit und Stärke zu identifizieren in der Lage sind, mit der Sprache der Bilder ansonsten aber ihre Schwierigkeiten haben.

Die Konzeption des Bildprogramms für das Augsburger Rathaus zählt zu den am besten dokumentierten der Frühen Neuzeit überhaupt. Das Exempel sollte zunächst eindringlich davor warnen, eine allzu große Stringenz, eindeutige Entschlüsselbarkeit der »verborgenen Sujets«[34] von Bildprogrammen der Epoche zu erwarten. Rätsel, Zweideutigkeiten waren beabsichtigt. Einen Sinn zu dechiffrieren, machte einen großen Teil des mit ihrer Betrachtung verbundenen intellektuellen Vergnügens aus – einer »biblia pauperum« vergleichbare Funktionen hatten diese Bildsysteme meist nicht, ein bei näherer Überlegung vielleicht eher erstaunliches Faktum[35]. Welcher Normalbürger konnte im 17. Jahrhundert wohl eine Darstellung der Sage des Marcus Curtius identifizieren und war darüber hinaus in der Lage, das Geschehen zu deuten, etwa als Aufforderung, für das Gemeinwesen das Beste zu geben – ganz zu schweigen von abgelegeneren »Historien« wie beispielsweise der Geschichte von Atalante und Hippomenes, die auf einem Gemälde von Johann Heinrich Schönfeld wahrscheinlich ebenfalls im Augsburger Rathaus prangte[36]?

Welche Bedeutungsspektren der jeweilige Standort solchen Darstellungen eröffnete, hätte dann vollends Gegenstand eingehender Erörterungen zu sein. Man kann sich eigentlich nur vorstellen, daß die Bildprogramme Gelegenheit zum geistreichen Diskurs unter den Gebildeten der städtischen Oberschichten bieten sollten, mehr noch die Funktion hatten, auf die Gelehrtheit und Kunsterfahrung dieser Eliten gegenüber auswärtigen Besuchern hinzuweisen. Gelegentlich finden sich ausführliche Beschreibungen – eine gute Hilfe für moderne Exegeten, Beleg aber auch, daß selbst Zeitgenossen meist eines »Wörterbuchs« oder einer »Grammatik« nicht entraten konnten, wollten sie die Sprache der Bilder verstehen[37]. Wie rasch der »Schlüssel« zu den allegorischen Darstellungen einer Rathausausstattung verlorengehen konnte, läßt sich auch im Fall der Fresken des Esslinger Rathauses – sie entstanden 1726/27 – erkennen. Eine Stadtbeschreibung von 1798 jedenfalls begreift manches nicht mehr richtig[38].

33 Der Briefwechsel zwischen Rader und dem Augsburger Rat: BAER/KRUFT/ROECK (wie Anm. 7), S. 381–385.

34 Der Begriff nach Salvatore SETTIS, La »Tempesta« interpretata. Giorgione, i committenti, il soggetto, Torino 1978.

35 Entsprechend Dieter BLUME schon für die Malerei des 14. Jahrhunderts: Die Argumentation der Bilder – Zur Entstehung einer städtischen Malerei, in: Hans BELTING/Dieter BLUME, Malerei und Stadtkultur in der Dantezeit, München 1989, S. 13–21, hier S. 15.

36 Vgl. Segiusz MICHALSKI, Atalanta und Augsburg. Zur Ovidrezeption in Augsburg und zu Johann Heinrich Schönfelds Bildern und Zeichnungen für die Augsburger Rathausausstattung, in: Jochen BRÜNING (Hg.), Augsburg als Kulturumschlagplatz (im Druck).

37 Vgl. z. B. SENDEL (wie Anm. 2).

38 KLAIBER, Allegorische Deckenbilder (wie Anm. 4), S. 23.

Vollends schwer verständlich müssen – wiederum zumindest für den »gemeinen Mann« – die zahlreichen subtilen Anspielungen gewesen sein, welche die architektonischen Konzeptionen der Rathausbauten als Ganzes wie auch Details ihrer äußeren Gestaltung boten. Es ist hier nur an die komplexen Bedeutungsschichten des Obelisks zu erinnern (beziehungsweise der »Pyramide«, wie die Zeitgenossen des 16. und 17. Jahrhunderts solche architektonischen Applikationen zu benennen pflegten)[39]. Und wer vermochte die versteckten Anspielungen zu bemerken, die sich aus der Verwendung bestimmter Säulenordnungen ergaben? Der Architekturtheoretiker Sebastiano Serlio beispielsweise wies diese Ordnungen jeweils ganz bestimmten Zweckbauten zu – die dorische Ordnung etwa war nach seiner Auffassung für Tempel der Götter Jupiter, Mars und Herkules verwendet worden, und so plädierte er dafür, sie bei Kirchen für Heilige, die nicht nur Soldaten waren, sondern auch ihr Blut für ihren christlichen Glauben gegeben hatten, anzuwenden[40]. Seine Erwähnung des Umstands, daß Bacchustempel gerne in jonischer Ordnung geschmückt worden seien, mag maßgeblich dafür geworden sein, daß das Augsburger Weinsiegelhaus von Elias Holl jonisch konzipiert wurde[41]. Dabei war auch die Verwendung bestimmter Ordnungen keineswegs kanonisch vorgeschrieben, eine *communis opinio* scheint es auf diesem Gebiet nicht gegeben zu haben. Der bereits erwähnte Leonhard Christoph Sturm etwa schlug gerade für Rathausbauten die »mittlere«, jonische, Ordnung vor. Die toskanische und die korinthische hielt er dieser Bauaufgabe nicht für angemessen. Die korinthische sei *allein an solchen Rathhäusern wo der Rath die Ober=Herrschaft hat/ als in freyen Republiquen* angebracht[42].

So lassen sich Rathäuser durchaus als Quellen für das Selbstverständnis des Bürgertums auffassen. Es sind nun stets zunächst die Eliten, die sich darstellen – wie auch immer ihre Sozialstruktur aussehen mag. Sie zeigen Glanz, Größe, Macht des von ihnen gelenkten Gemeinwesens, pflegen das Bild ihrer Versiertheit in der geheimen Sprache der Bilder und Formen gegenüber Betrachtern und gewiß auch gegenüber der eigenen Bürgerschaft – die sich indessen ihrerseits im Rathaus und seiner Bildwelt wiederfindet, sich hier repräsentiert sehen mag, so sie die Sprache der Bilder versteht: Die symbolische Überhöhung der Kommune, ihre Kondensation zur Allegorie, umgreift tendenziell das Ganze, Eliten wie Nichteliten. In diesem Sinne sind Rathäuser Ausdrucksformen bürgerlicher Identität. Man kann auch sagen: Für den Begriff dessen, was »bürgerliche Identität« in bestimmten historischen Epochen meinen konnte, sind Rathäuser Quellen ersten Ranges[43]. Architektonische, finanzielle, repräsentative Anstrengungen der Kommune suchen sich insbesondere hier ihr Ziel – im Laufe der

39 Vgl. Artikel »Egypten«, in: Reallexikon zur deutschen Kunstgeschichte, begonnen von O. Schmitt, hg. von E. Gall und L. H. Heydenreich, Bd. IV, Stuttgart 1958, Sp. 750–775, hier: Sp. 757f.

40 Sebastiano Serlio, I sette libri d'architettura, Venezia 1584 (Reprint Bologna 1978), Buch IV, Kap. III, S. 36r.

41 Bernd Roeck, Elias Holl. Architekt einer europäischen Stadt, Regensburg 1985, S. 104.

42 Sturm (wie Anm. 31), S. 10; nach Schütte (wie Anm. 30), S. 206.

43 Von großem Interesse wäre es, auch einmal Rathausbauten des ausgehenden 19. Jahrhunderts unter diesem Aspekt zu untersuchen. In welchem Stil man auch baute: in einer Zeit, die über eine breite Palette von Stilen – von der Gotik über das Rokoko bis zur Renaissance – verfügte, ließ

Neuzeit gewinnt das Rathaus den Vorrang gegenüber der Bürgerkirche (wie sich schon an den entsprechenden Entwicklungen beispielsweise der fränkischen Reichsstädte Dinkelsbühl und Rothenburg o. T. (Abb. 3) oder des schwäbischen Nördlingen demonstrieren ließe). Eine weitere, mit dem Rathausbau konkurrierende und im 16. Jahrhundert oft vorgezogene – weil notwendige – Bauaufgabe ist allerdings die Stadtbefestigung; hier wird häufig in den unruhigen Zeiten der Kämpfe um die Reformation gearbeitet. So geschah es in Augsburg, wo die Stadterneuerung seit 1590 auch die Stadtmauern miteinbezieht, auf dem finanziellen Fundament eines sanierten Stadthaushalts. Wie in anderen süddeutschen Reichsstädten, hatte die Niederlage der Schmalkaldener auch Augsburg mit einer drückenden Schuldenlast beschwert[44]. Der Abbau dieser Schulden war allem Anschein nach nicht zuletzt mit dem Verzicht auf Baumaßnahmen aller Art erkauft worden. In Nürnberg war noch vor dem Schmalkaldischen Krieg, zwischen 1538 und 1545, durch den Malteser Antonio Fazzuni eine mächtige Bastion um die Burg gelegt worden[45]. Nach dem zweiten Markgrafenkrieg folgten weitere Ausbauten; Tunk bringt Art und Stil dieser Architektur überzeugend mit dem späteren Rathausbau Jakob Wolfss in Zusammenhang[46].

Die Korrespondenz von Festungsarchitektur und Rathausbau wird für Nürnberg durch eine Medaille Georg Holdermanns dokumentiert, die auf der Vorderseite das Rathaus, auf der Rückseite die 1614 neuerrichtete Wöhrder Bastei zeigt[47] (Abb. 4). Bastei und Rathaus präsentieren sich als das, was sich mit dem hier einmal passenden Begriff »Herrschaftsarchitektur« bezeichnen ließe[48]. Dominierende Elemente des Wolffschen Rathauses – auf graphischen Reproduktionen mehr noch als in Wirklichkeit – sind dessen Türme.

»Dramatischen« Turmschmuck weisen neben dem Nürnberger und Augsburger Rathaus nur wenige Rathäuser des deutschen Südens auf. In Augsburg sollten die in ihrer Art ungewöhnlichen Türme nach dem Willen des Architekten Holl dem Bauwerk ein »heroischeres« Aussehen verleihen[49]. Ein spätmittelalterlicher Umbau integrierte in das Rathaus der Reichsstadt Regensburg einen älteren Turm. Selten – wie in Rothenburg o. T. – erhebt sich neben dem Rathaus ein »Campanile«, öfter bleibt es bei zierlichen Dachreitern (Darmstadt), Giebeltürmchen (Biberach/Riß), Treppentürmen (wiederum Rothenburg) oder anderen zweckgemäßen und eher bescheidenen Anlagen

sich die Sprache der Architektur hervorragend für politische Ambitionen und als Ausdruck sozialen Selbstverständnisses instrumentalisieren.

44 Bernd Roeck, Eine Stadt in Krieg und Frieden. Studien zur Geschichte der Reichsstadt Augsburg zwischen Kalenderstreit und Parität (Schriftenreihe der Historischen Kommission bei der Bayerischen Akademie der Wissenschaften Bd. 37), Göttingen 1989, S. 569–572 (hier auch Hinweise zur Entwicklung in anderen Städten).

45 Zusammenfassend Tunk (wie Anm. 7), S. 56f.

46 Ebd., S. 57f.

47 Ebd., S. 59, Abb. 6.

48 Reinhart Bentmann/Michael Müller, Die Villa als Herrschaftsarchitektur. Versuch einer kunst- und sozialgeschichtlichen Analyse, Frankfurt a. M. [2]1981; vgl. auch Martin Warnke (Hg.), Politische Architektur in Europa vom Mittelalter bis heute. Repräsentation und Gemeinschaft, Köln 1984; Ders., Bau und Überbau. Soziologie der mittelalterlichen Architektur nach den Schriftquellen, Frankfurt a. M. 1976.

49 Roeck (wie Anm. 41), S. 211.

wie dem »Pfennigturm« des Überlinger Rathauses[50]. Den mächtigen Türmen der Rathäuser des Ostens – wie Danzigs oder Thorns – Vergleichbares sucht man im deutschen Süden vergebens[51]. Auch der schöne Turm des Ulmer Rathauses, 1445 auf 45 Meter hochgezogen und 1565 umgebaut, kann da nicht Paroli bieten (Abb. 5).

Türme sind Machtsymbole, Würdeformen. *Einen besonderen Schmuck bilden die Türme, sobald sie an geeigneter Stelle und mit passender Zeichnung ausgeführt werden. Wenn sie auch nicht sehr selten sind, so werden sie dennoch von weitem einen würdigen Anblick bieten* – wiederum Alberti[52]. Abgesehen von ihrer praktischen Funktion, symbolisieren sie herrschaftliche Ansprüche, treten oft in optische Konkurrenz zu den Türmen der Kirchen. Alberti spricht geradezu von der »Turmbau-Krankheit« seiner Zeit, wenn er daran erinnert, daß selbst in kleinen Orten – wer denkt hier nicht an das heute wegen seiner vielen Türme berühmte San Gimignano – kein Hausherr eines Turmes entbehren wollte[53]. Daß im Reich gerade Emden – jene Kommune, die wie kaum eine zweite mit republikanischem Selbstbewußtsein einhergeht – auch einen mächtigen Rathausturm hat, ist wohl kein Zufall[54].

Es kennzeichnet eine Stufe der verfassungsrechtlichen Entwicklung, einen Vorgang der Disziplinierung, wenn der Turm des Rates, der Kommune, sich optisch über die Türme der großen Familien erhebt. Köln kann erst 1407, nach dem Sturz des Adelsregiments, einen Rathausturm errichten, in den italienischen Stadtrepubliken des ausgehenden Mittelalters und der Renaissance werden die Türme der Signorien zu Insignien kommunaler Macht überhaupt[55]. Insofern, so könnte man folgern, reflektiert der häufige Verzicht auf den »Campanile«, den »beffroi«, gelegentlich durchaus die verfassungsrechtliche Wirklichkeit der deutschen Stadt – selbst Reichsstädte waren hier eben von politischer Selbständigkeit, von Souveränität weit entfernt. Andererseits lassen die turmbekränzten Rathausbauten der großen Reichsstädte Nürnberg und Augsburg Ambitionen erkennen, welche den bürgerlichen Rahmen nahezu sprengen. Nicht

50 Weitere Beispiele sind die Integration des Pfaffenturms in das Wangener Rathaus oder das über den Schopfwalm wachsende Türmchen des Rathauses von Markgröningen.

51 Literatur über die Rathäuser von Danzig und Thorn bei MICHALSKI (wie Anm. 10), S. 88, Anm. 7, 8 und 19; Abbildungen bei STIEHL (wie Anm. 5). Zahlreiche turmgeschmückte Rathäuser finden sich auch im Sächsischen; vgl. KADATZ (wie Anm. 5), S. 162ff. Beispiele sind hier u. a. die Rathäuser von Oschatz, Penig, Colditz, Plauen, Kamenz, Pegau, Freiberg, Pirna und natürlich Leipzig.

52 ALBERTI (wie Anm. 25), S. 430 (VIII, 5).

53 Ebd.

54 Vgl. zuletzt Heinz SCHILLING, Gab es im späten Mittelalter und zu Beginn der Neuzeit in Deutschland einen städtischen ›Republikanismus‹? Zur politischen Kultur des alteuropäischen Stadtbürgertums, in: Helmut KÖNIGSBERGER (Hg.), Republiken und Republikanismus in der Frühen Neuzeit (Schriften des Historischen Kollegs. Kolloquien 11), München 1988, S. 101–143; über den Rathausbau des Laurens I. van Steenwinckel HITCHCOCK (wie Anm. 5), S. 196f. Der Architekt kam aus Antwerpen; die niederländische »klassische« Hochrenaissance, der Stil des Antwerpener Stadhuis, an den sich in Emden manche Anklänge finden lassen, mag sich daraus erklären, doch widerspricht dies nicht der Auffassung, daß diese Formen dem »republikanischen« Selbstverständnis der Emdener in besonderer Weise entgegengekommen sein könnten.

55 Vgl. Wolfgang BRAUNFELS, Abendländische Stadtbaukunst. Herrschaftsform und Baugestalt; Köln [2]1977, S. 35; Anton HAAS, Die Gebäude für kommunale Zwecke in den mittelalterlichen Städten Deutschlands, Diss. phil. Freiburg 1914, S. 22.

zufällig hat das Augsburger Rathaus sein nächstes Vorbild in der Architektur eines fürstlichen Schlosses, nämlich der Eichstätter Willibaldsburg[56], während man Wolffs Nürnberger Bauwerk mit einem der monumentalen römischen Kardinalspaläste, dem Palazzo Farnese, in Verbindung bringen kann[57]. Tunk identifiziert daran folgerichtig »... ein fürstliches Selbstbewußtsein, das sich in ihm (dem Nürnberger Rathaus, B. R.) ein Denkmal« geschaffen habe[58].

Freilich sollten solche Vergleiche nicht in eine unhistorische Interpretation münden. Erweist sich hier wirklich die Mentalität eines seiner selbst sicheren, mächtigen, reichen Bürgertums, so daß die Rathäuser von Nürnberg und Augsburg als Dokumente einer politischen Wirklichkeit erscheinen können? Die historischen Zusammenhänge weisen in eine andere Richtung[59]. Schlüssiger ist die Deutung, daß Großarchitektur hier zum einen unerfüllte und unerfüllbare Statusambitionen reflektiert, Versuche der städtischen Eliten, sich der Welt des Adels anzunähern; und daß weiterhin, wie sich analog der Deutung der florentiner Palastarchitektur der Renaissance durch Roberto S. Lopez sagen ließe, eben diese Eliten in einer krisenhaften Gegenwart immer noch »Bonität« demonstrieren wollen – durch »conspicuous consumption« öffentlicher Mittel[60]. Rathäuser werden dann, mit Lopez, zu den »credit cards« der städtischen Führungsgruppen. Was verfassungsrechtlich und sozial nicht zutraf, wurde in Architektur und Ausstattung der Symbolbauten des Bürgertums behauptet: eine Nähe zu den adeligen Eliten des Reiches. Hier mag die eigentliche Ursache der meist so unspezifisch-allegorischen Bildwelt der Rathäuser liegen, die jedenfalls nur mit einem gewissen exegetischen Aufwand von der gleichzeitiger Bauwerke des Fürstentums abzugrenzen ist (darauf wird nochmals zurückzukommen sein). Justitia, Fortitudo, Pietas und andere Tugenden als überaus häufige Elemente des Rathausschmuckes kommen jedenfalls ebensogut an den Fassaden und in den Festsälen von Schlössern vor[61].

56 Roeck (wie Anm. 41), S. 38.
57 Tunk (wie Anm. 7), S. 70f.
58 Ebd., S. 88.
59 Ich meine damit, daß sich in der neueren Forschung der Eindruck zu festigen scheint, das ausgehende 16. und das beginnende 17. Jahrhundert sei nicht nur eine Zeit wirtschaftlicher Krisenerscheinungen gewesen, sondern auch als solche empfunden worden. Vgl. u. a. Peter Clark (Hg.), The European Crisis of the 1590s, London 1985; Henry Kamen, The Iron Century. Social Change in Europe 1550–1660, London ²1976; Jean Delumeau, La peur en Occident (XIVᵉ–XVIIIᵉ siècles). Une cité assiégée, Paris 1978 (dt. 1985); Roeck (wie Anm. 44), passim; Saalfeld (wie Anm. 14); dies die Ergebnisse von Lütge modifizierend: Friedrich Lütge, Die wirtschaftliche Lage Deutschlands vor Ausbruch des Dreißigjährigen Krieges, in: Jahrbücher für Nationalökonomie und Statistik 170 (1958), S. 43–99, Neudruck in: H. U. Rudolf (Hg.), Der Dreißigjährige Krieg. Perspektiven und Strukturen (Wege der Forschung CCCCLI), Darmstadt 1977, S. 458–539.
60 Roberto S. Lopez, Hard Times and Investment in Culture, in: Wallace K. Ferguson, The Renaissance. A Symposium, New York 1953, S. 29–54.
61 Einzelbeispiele mögen sich erübrigen; Personifikationen oder Textbezüge auf die Gerechtigkeit und andere Tugenden kommen von Augsburg bis Ettlingen, von Worms bis Mannheim, von Nürnberg bis Bern in und an unzähligen Rathäusern vor. Vgl. dazu auch Wolfgang Pleister/Wolfgang Schild (Hgg.), Recht und Gerechtigkeit im Spiegel der europäischen Kunst, Köln 1988. Von zentraler Bedeutung war die Justitia in der venezianischen Staatsikonographie; vgl. Bernd Roeck, Arte per l'anima, arte per lo stato. Un doge del tardo quattrocento ed i segni delle immagini (Centro Tedesco di Studi Veneziani. Quaderni 37), Venezia 1991, mit weiterer Literatur.

Übrigens handelt es sich hier nicht nur um eine Tendenz, welche allein im 16. und 17. Jahrhundert zu beobachten wäre. Das 1730–1735 von Eberhard Friedrich Heim unter Verwendung von Plänen Johann Ulrich Heims konzipierte Rathaus von Schwäbisch Hall ist mit Blick auf das Ludwigsburger Schloß konzipiert und gleicht eher einem Adelspalais, ein Eindruck, der durch die Konfrontation mit der bürgerlichen Architektur des Ambientes nur verstärkt wird[62]. Ein anderes Beispiel aus dieser Zeit bietet das Rathaus der fränkischen Reichsstadt Windsheim, das 1713–1717 von einem Palier des Eichstätter Hofbaumeisters Gabriel de Gabrieli, Johann Rigaglia, errichtet und »mehr Palast als Rathaus« (A. von Reitzenstein) war. Eher greifbar sind die Bezüge zur bürgerlichen Lebenswelt, die sich aus weiteren wichtigen – und überaus häufigen – Details der Rathausgestaltung ergeben: nämlich den Ratsuhren. Ein brillanter Essay von Jacques Le Goff deutet den entscheidenden Aspekt an[63]: die Konkurrenz eines kirchlichen Tageslaufs mit der bürgerlichen, der weltlichen Zeiteinteilung, die schließlich von den Türmen der Kommune, von der Uhr des Rathauses kommt, so in Heilbronn, Tübingen oder Augsburg (Altes Rathaus). In jedem Fall bleibt die öffentliche Uhr, oft genug in der kunstvollen Aufmachung eines astrologisch-astronomischen Automaten, ein Herrschafts- und Ordnungssymbol, das eben deshalb seinen Platz bevorzugt in der Nähe der Zentren bürgerlicher Macht hat[64]. Im 1621 zu Nürnberg erschienenen ›Horologium politicum‹ Johann Geygers heißt es denn auch: *Ein richtiges Uhrwerck in der Stadt/ Zeigt an, daß da ein weiser Raht/ ein richtiges Regiment fuehr eben/ Auch gute Policey darneben/ Die Burger regier mit Weisheit/ Ertheil nach Grechtigkeit die Bscheid*[65]. Die Präzision des Uhrwerks, das den Bürgern das Maß ihres Alltags gibt, wird in der Sicht Geygers zum Abbild guter Polizei, guten Regiments; die Uhr ist insofern zugleich eine Art »Propagandainstrument« für gute Ratspolitik – vielleicht weniger eklatant, weniger leicht lesbar als die gemalten und gebildeten Bekräftigungen weiser Herrschaft, aber nicht weniger sprechend.

Ein wichtiger, allerdings kaum diskutierter und wenig erforschter Aspekt der mittelalterlichen und frühneuzeitlichen Bilderfahrung ist die Tatsache der relativen Seltenheit von Bildern und ihre daraus wohl resultierende besondere Überzeugungsmächtigkeit[66]. Hinzuweisen ist auch auf den für den modernen Menschen kaum

62 Vgl. zum Rathaus von Schwäbisch Hall SCHREIBER (wie Anm. 4), S. 143f.

63 Jacques LE GOFF, Die Arbeitszeit in der ›Krise‹ des 14. Jahrhunderts: Von der mittelalterlichen zur modernen Zeit, in: DERS., Für ein anderes Mittelalter. Zeit, Arbeit und Kultur im Europa des 5.–15. Jahrhunderts, Frankfurt a. M. 1983, S. 29–42 (Pour un autre Moyen Age. Temps, travail et culture en Occident); vgl. auch Carlo M. CIPOLLA, Le macchine del tempo. L'orologio e la società (1300–1700), Bologna 1981; David S. LANDES, Revolution in Time: Clocks and the Making of Modern World, Cambridge/Mass. 1983, und mit Blick auf die deutschen Verhältnisse: Sigrid MAURICE/Klaus MAURICE, Stundenangaben im Gemeinwesen des 16. und 17. Jahrhundets, in: Ausstellungskatalog Die Welt als Uhr, München/Berlin 1980, S. 146–158; Otto MAYR, Die Uhr als Symbol für Ordnung, Autorität und Determinismus, ebd., S. 1–9.

64 Über die Esslinger Uhr, die zwar nicht am Rathaus, aber an einem äußerst repräsentativen öffentlichen Bau – dem »Steuerhaus« – im Zentrum Esslingens angebracht ist: LEMPP (wie Anm. 20), S. 41–47.

65 Zit. nach MAURICE/MAURICE (wie Anm. 63), S. 157.

66 Zu diesem Problem Bernd ROECK, Wahrnehmungsgeschichtliche Aspekte des Hexenwahns. Ein Versuch, in: Historisches Jahrbuch 1992, S. 72–103.

nachvollziehbaren außerordentlichen Eindruck, den Großarchitekturen und luxuriös ausgestaltete Räume auf Menschen gemacht haben müssen, denen dergleichen weder durch häufiges Reisen noch über Medien allzu vertraut war. Was »Herrschaftsarchitektur«[67] bedeutet, mag man sich an der Konfrontation eines monumentalen, turmbekrönten Baublocks wie dem des Augsburger Rathauses klarmachen; in Weiß und Grau, mit einem vergoldeten Reichsadler auf dem Giebelfeld, beglänzt von Kupferzwiebeln und silbern schimmernden Obelisken ragte dieses Gebäude aus einer kleinräumigen Umgebung, stand für die Macht und Bedeutung seiner Bauherren, sollte ihren Ruhm über die Zeiten tragen: *ACCIPE POSTERITAS QVOD PER TVA SAECVLA NARRES*, so lesen wir auf der Grundsteinplatte des Augsburger Rathauses, die damit ein Motiv für diese Bauunternehmung artikuliert, das mit der Kategorie der »Herrschaftstechnik« nicht mehr zu erfassen ist[68]. Welch subtile Bezüge die Architektur selbst noch herstellen konnte, dafür könnten beispielhaft die »Obelisken« auf den Brüstungen der vier Balkone stehen. Diese in der zeitgenössischen Baukunst wohlbekannten Applikationen – die besonders häufig in Venedig vorkommen, aber etwa auch am Antwerpener Rathaus Akzente setzen – sind in der emblematischen Sprache der Zeit als Symbole reiner Tugend zu verstehen[69]. Der Obelisk – oder die »Pyramide«, wie Holl sagte – wurde als geometrischer Körper erkannt, der bei direkt von oben kommender Beleuchtung keinen Schatten warf, sich in makellosem Licht präsentierte. Diese seine Eigenschaft glich strukturell makelloser *virtus* und prädestinierte den Obelisken zum Symbol, dessen Wahrheit eben aus dieser »inneren« Homogenität resultierte. Das Augsburger Rathaus, als ein spätes Beispiel reich ausgeschmückter bürgerlicher Großarchitektur, führt ein breites Spektrum ikonographischer Optionen vor Augen. Die Themenkreise, die sich aus der höchst vielschichtigen, komplexen Bildwelt der Ausstattung herausschälen lassen, zeigen das Repertoire frühneuzeitlicher Rathausausstattungen nahezu erschöpfend[70]. Da ist zunächst der Bezug auf die antike Vergangenheit der Stadt, der sich bereits aus einer Reihe bronzener Kaiserbüsten im »Unteren Fletz« und an den Treppenaufgängen ergibt (wobei archäologisch faßbare Vorbilder zu Hilfe genommen worden zu sein scheinen)[71]. Damit ist zugleich auf die Tradition des Heiligen Römischen Reiches angespielt, jenen komplizierten Rechtsverband, dessen Existenz vor allem die quasistaatliche Stellung der Reichsstadt verbürgte. Im Goldenen Saal führten Darstellungen christlicher und »guter« heidnischer Kaiser diesen Gedanken weiter, wobei zugleich die Fiktion der *translatio imperii* anklang – Augsburg versicherte sich so in gewisser Weise der »ewigen« Existenz des Heiligen Römischen Reiches und damit der Dauer seines eigenen Bestehens.

Es ist selbstverständlich, daß der Themenkreis »Heiliges Römisches Reich« in der

67 Vgl. zu diesem Begriff die Literatur unter Anm. 48.

68 Roeck (wie Anm. 11), S. 137f.

69 Vgl. Baer/Kruft/Roeck (wie Anm. 7), S. 362–364, und oben, Anm. 39. Hinweise zur Ikonologie des Obelisks etwa bei Filippo Picinelli, Mondo simbolico o sia università d'imprese scelte, spiegate ed'illustrate con sentenze ed eruditioni sacre e profane, Milano 1653, S. 421–423.

70 Zusammenfassend Michalski (wie Anm. 10).

71 Vgl. Bernd Roeck, Kollektiv und Individuum beim Entstehungsprozeß der Augsburger Architektur im ersten Drittel des 17. Jahrhunderts, in: Baer/Kruft/Roeck (wie Anm. 7), S. 37–54, hier S. 44.

Bildwelt reichsstädtischer Rathäuser häufig begegnet. Ein schönes Beispiel bietet der Frankfurter Römer[72], ein anderes der Überlinger Rathaussaal mit den nach dem Quaternionen-System gruppierten Vertretern der Reichsstände, ein Werk des Jacob Ruß und seiner Gehilfen vom Ende des 15. Jahrhunderts[73] (Abb. 6). Der Vergleich früher Exempel mit späteren Beispielen einer »Reichs-Ikonographie« könnte die These nahelegen, daß es vor allem das Kaisertum ist, das sich als Symbol des Reichsganzen zusehends in den Vordergrund schiebt, die Reichsbindung der Städte sich also in erster Linie als Kaiserbindung manifestiert (wenn es nicht bei der Anbringung eines Reichsadlers aus Stuck bleibt, wie 1647 im Schweinfurter Rathaus[74]). Eine Stütze finden solche Überlegungen auch in dem Umstand, daß gerade die reichsunmittelbaren Klosteranlagen des süddeutschen Spätbarock in der Regel einen Kaisersaal umfassen und eben keinen Reichssaal. Insbesondere die Kaiserreihen betonen somit die Tradition und die verfassungsrechtliche Stellung der süddeutschen Reichsstädte. Das Sujet der »Guten Helden« – im Westen etwa im Rathaus zu Köln[75] oder im norddeutschen Lüneburg[76] – ist im Süden offenbar seltener, obwohl Bezüge zu den in Palästen schon der italienischen Frührenaissance verbreiteten Darstellungen »berühmter Männer« nahelägen[77].

Auffällig ist, daß in den Rathäusern des Reiches Themen der lokalen Geschichte relativ selten begegnen (soweit eine solche generalisierende Aussage beim jetzigen unbefriedigenden Forschungsstand statthaft sein kann). Das gilt selbst dann, wenn man eigentlich Gelegenheit gehabt hätte, sich hier bedeutender Ereignisse zu rühmen. Die Schlacht auf dem Lechfeld (955) wird in Augsburg nicht im oder am Rathaus verbildlicht, sondern auf der Fassade des allerdings nicht weit entfernten Weberhauses – was in diesem Fall damit zu tun haben könnte, daß die Legende den Augsburger Webern einen wichtigen Anteil am Sieg Kaiser Ottos über die Ungarn zuwies[78]. Eher die Ausnahme

72 E. ZIEHEN, Das Heilige Römische Reich in seinen Gliedern (bearb. von H. ZIEHEN), in: Archiv für Frankfurts Geschichte und Kunst 48 (1962), S. 5–44.

73 Vgl. VOLKMANN (wie Anm. 10). Zahlreiche Beispiele auch Rainer A. MÜLLER/Brigitte BUBERL (Hgg.), Reichsstädte in Franken. Katalog zur Ausstellung (Veröffentlichungen zur Bayerischen Geschichte und Kultur, hg. von Claus GRIMM, Nr. 14/87), München 1987, S. 227ff. Zur Quaternionenlehre: Rainer A. MÜLLER, ›Quaternionenlehre‹ und Reichsstädte, in: DERS. (Hg.), Reichsstädte in Franken – Aufsätze, Bd. 1, München 1987.

74 STIEHL (wie Anm. 5), S. 131.

75 Vgl. Fried MÜHLBERG, Bau- und Kunstgeschichte des alten Rathauses zu Köln, in: Peter FUCHS (Hg.), Das Rathaus zu Köln. Berichte und Bilder vom Haus der Bürger in Vergangenheit und Gegenwart, Köln 1973, S. 77–106, hier S. 78; vgl. Robert L. WYSS, Die neun Helden. Eine ikonographische Studie, in: Zeitschrift für Schweizerische Archäologie und Kunstgeschichte 17 (1957), S. 73–106; Horst SCHROEDER, Der Topos der Nine Worthies in Literatur und bildender Kunst, Göttingen 1971; Adelheid STRATEN, Das Judith-Thema in Deutschland im 16. Jahrhundert, München 1983.

76 PAUL (wie Anm. 5), S. 102; zum Lüneburger Rathaus: Wilhelm REINECKE, Das Rathaus zu Lüneburg, Lüneburg 1925.

77 Vor allem John R. SPENCER, Andrea del Castagno and His Patrons, Durham/London 1991, S. 32–42; auch Enrico CASTELNUOVO, Gesichter der Republik, in: Dario GAMBONI/Georg GERMANN/François DE CAPITANI (Hgg.), Zeichen der Freiheit. Das Bild der Republik in der Kunst des 16. bis 20. Jahrhunderts (Ausstellungskatalog), Bern 1991, S. 29–51, hier S. 36f.

78 Vgl. Susanne NETZER, Johann Matthias Kager, Stadtmaler von Augsburg, 1575–1634 (Miscellanea Bavarica Monacensia 92), München 1982, S. 66f.

im deutschsprachigen Kulturraum ist die auf konkrete historische Ereignisse und lokale Legenden Bezug nehmende Ausstattung, die sich in den Ratssälen des Berner Rathauses befand[79]. Deren ältere Ausführung muß unter anderem Darstellungen der Schlachten von Murten, Dornstadt und Sempach enthalten haben, daneben Wandgemälde, welche die Herzöge von Zähringen, andere Reichsfürsten und auch König Sigismund zeigten, der 1414 in Bern gewesen war. Für die Ostwand der Burgerstube, den Sitzungssaal des Großen Rats, schuf Humbert Mareschet 1585/86 einen Zyklus, der die Gründung und Erbauung Berns 1191 schilderte. Zentral war eine von demselben Maler geschaffene Szene, der »Bundesschwur zu Stans«, wobei die historische Lokalisierung der Szene umstritten ist[80]. *Exempla virtutis* – so eine Darstellung des Urteils Salomonis – fehlten auch hier nicht, doch stand, wie Gamboni feststellt, die »vaterländische« Geschichte deutlicher im Vordergrund des Bildprogrammes: »Den Berner Stadtvätern lag weniger daran, die Grundsätze des guten Regiments vorzustellen, als die Miteidgenossen zur Eintracht zu ermahnen, den Verzicht auf das reformatorische Verbot fremder Kriegsdienste zu rechtfertigen und identitätsstiftende Bilder anzubieten, in denen sich der Wert ihrer Republik und der Wert der Eidgenossenschaft gegenseitig steigerten«[81]. Gegenbeispiele bieten der durch Hans Holbein d. J. ausgemalte Großratssaal von Basel, bieten auch die meisten deutschen Rathäuser[82]. Allegorische Darstellungen oder große Ereignisse der antiken Geschichte eröffnen dem – kundigen – Betrachter die Möglichkeit, ihre Aussagen auf die Gegenwart der Stadt oder Stadtrepublik, in der sie sich befinden, zu beziehen.

Eine schlüssige Erklärung für die in den Rathausausstattungen zu bemerkende

79 Vgl. Gamboni/Germann/De Capitani (wie Anm. 77), S. 354–374, und insbesondere Adolf Fluri, Die alte Bürgerstube, in: Blätter für Bernische Geschichte, Kunst und Altertumskunde 20 (1924), S. 73–108; Franz Bächtiger, Andreaskreuz und Schweizerkreuz. Zur Feindschaft zwischen Landsknechten und Eidgenossen, in: Jahrbuch des Bernischen Historischen Museums 51/52 (1971/72), Bern 1975, S. 205–270; Rupert Amschwand, Bruder Klaus. Ergänzungsband zum Quellenwerk von Robert Durrer, Sarnen 1987; Michael Stettler, Das Rathaus zu Bern 1406–1942, Bern ²1942; Robert L. Wyss, Die Bannerträger der dreizehn alten Orte aus dem Berner Rathaus. Humbert Mareschet 1584–1585, Bern 1968; Peter Ferdinand Kopp, Schweizer Ratsaltertümer. Bewegliche Rathaus-Ausstattung von den Anfängen bis zum Untergang der alten Eidgenossenschaft, Diss. phil. Zürich 1972. Ich danke Herrn Kollegen François de Capitani für freundliche Literaturhinweise.

80 Gamboni in: Ders./Germann/De Capitani (wie Anm. 77), S. 365.

81 Ebd., S. 355.

82 Basel: Gamboni/Germann/De Capitani (wie Anm. 77), S. 151–167; zuletzt auch Christian Müller, New Evidence for Hans Holbein the Younger's Wall Paintings in Basel Town Hall, in: Burlington Magazine 133 (Jan. 1991), S. 21–26; Ders., Hans Holbein der Jüngere, Zeichnungen aus dem Kupferstichkabinett der Öffentlichen Kunstsammlung Basel (Ausstellungskatalog), Basel 1988; John Rowlands, Holbein. The Paintings of Hans Holbein the Younger, Complete Edition, Oxford 1985; Gert Kreytenberg, Hans Holbein der Jüngere: Die Wandgemälde im Basler Ratssaal, in: Zeitschrift des Deutschen Vereins für Kunstwissenschaft 24 (1970), S. 77–100; und Rudolf Riggenbach, Die Wandgemälde des Rathauses zu Basel aus dem XV. und XVI. Jahrhundert, in: Die Kunstdenkmäler des Kantons Basel-Stadt, Bd. 1, Basel 1932, S. 517–608 (ND 1971). Zur Ausstattung des Zürcher Rathauses Hoffmann (wie Anm. 10), S. 90, zu einem Herrschertugenden und -ethik verherrlichenden Kachelofen. Wenigstens erinnert sei noch an die Ausstattung des Tübinger Rathauses, insbesondere des Empfangsraums (»Öhrn«) mit den Fresken Jakob Züberlins von 1586, die biblische und antike Szenen darstellen.

Dominanz des Allegorischen, Exemplarischen gegenüber konkreten historischen Ereignissen zu geben, fällt nicht leicht. Immerhin kann darauf verwiesen werden, daß die Kunst der Epoche auch sonst Verschlüsselungen liebt, sie gegenüber einfachen Abbildungen konkreten Geschehens vorzieht. Auch ist daran zu erinnern, daß im 16. Jahrhundert eine Geschichtsschreibung, die historisches Geschehen getreu nacherzählen möchte, also auf die Rekonstruktion des Faktischen sieht und nicht nur das Exemplarische sucht, erst in der Entwicklung begriffen ist. Es kann kein Zweifel sein, daß sich die meisten konkreten »Geschichtsbilder« des 16. Jahrhunderts im Heimatland der humanistischen Studien und einer modernen Historiographie, nämlich in Italien, finden lassen – von der Darstellung der Belagerung von Montemassi im Palazzo Pubblico zu Siena (um 1330) über Leonardos Anghiari-Schlacht bis zu den Historienbildern in Caprarola oder der Sala del Maggior Consiglio des Dogenpalastes in Venedig. In vergleichbarer Fülle sucht man spätmittelalterliche und frühneuzeitliche Historienbilder im Norden vergebens. Hier dominieren also Versinnbildlichungen bürgerlicher, politischer oder staatsethischer Tugenden bis hin zu sehr allgemeinen Tugendallegorien wie jene der Kardinaltugenden Prudentia, Fortitudo, Pietas und Iustitia. Nach dem ›Teutsch Cicero‹, einer Sammlung von Schriften Ciceros in freien Übertragungen des fränkischen Juristen Johann Freiherr von Schwartzenberg (1463–1528), die auch eigene Texte Schwartzenbergs enthielt, wurden um 1540 die Fassadenmalereien des Ulmer Rathauses gestaltet[83]. Das Werk war reich mit Illustrationen versehen, Holzschnitten etwa Hans Burgkmairs, Hans Schäuffeleins, des Petrarca-Meisters und anderer Künstler; sie boten die Vorlagen für Fresken, welche christliche Tugend, Aspekte des Gemeinwohls, gutes und schlechtes Regiment, Tugend im Krieg und andere staats- und stadtpolitische Themen zur Darstellung bringen.

Ähnliche Perspektiven läßt die Ausstattung anderer Rathäuser, so etwa des nahegelegenen Augsburger Rathauses, erkennen[84]. Das Bildprogramm des berühmten »Goldenen Saales« wird vom Grundgedanken des »Triumphes der (politischen) Weisheit« getragen (Abb. 7); die weiteren Bilder heben die segensreichen Folgen weiser Regierungskunst für das Gemeinwesen hervor. Dergleichen in einem Ratssaal anzubringen, war gewiß ein naheliegender Gedanke. Auch in den Amtsstuben und Repräsentationszimmern lassen sich, wie nicht anders zu erwarten, enge Bezüge zwischen Funktionen und Bildwelt erkennen. Der Raum der Poviantherren beherbergte beispielsweise eine allegorische Darstellung der guten Versorgung der Stadt[85], in der Gerichtsstube wird von gerechten Richtern und berühmten Urteilen wie jenem König Salomos erzählt. Der eigentlichen Stadtgeschichte waren nur wenige Bilder gewidmet; insbesondere ist auf drei großformatige Gemälde Matthäus Gundelachs hinzuweisen, welche den Einzug Kaiser Karls V., die Beratungen über die Verleihung der Kurwürde an Moritz von Sachsen und schließlich die Übergabe der Kurinsignien an diesen zeigen. Ursprünglich

83 Tipton (wie Anm. 10); zu den literarischen Vorlagen vgl. S. 94ff.

84 Michalski (wie Anm. 10).

85 Interpretation dieses Bildes bei Bernd Roeck, Bäcker, Brot und Getreide in Augsburg. Studien zur Geschichte des Bäckerhandwerks und zur Versorgungspolitik der Reichsstadt im Zeitalter des Dreißigjährigen Krieges (Abhandlungen zur Geschichte der Stadt Augsburg 37), Sigmaringen 1987, S. 94, Abb. S. 201.

hingen neben diesen großformatigen Bildern allegorische Darstellungen: Voluntas, Religio, Ratio, Potentia, Autoritas und Felicitas[86].

Die Ausstattungen dieses und anderer Rathäuser stellten vielschichtige Bedeutungsgefüge dar, die allenfalls monographischer Behandlung zugänglich sind. Erst Vergleiche können typische Strukturen zutage fördern; vornehmlich wäre zu fragen, ob beziehungsweise wie sich die Ikonographie der Ausstattungen und der Architekturen von jener insbesondere des zeitgenössischen Schloßbaus unterscheidet. Vor allem wäre nach Spuren eines »bürgerlichen« Tugendkanons zu fragen, nach spezifischen Abweichungen von der Bildwelt, mit der sich die Fürsten des Reiches zu umgeben liebten. Wie schwierig es ist, hier charakteristische Konturen zu ermitteln, könnte der Blick auf die in Augsburg so wichtige Sapientia zeigen. Sie kommt auch in Basel und Nürnberg vor, allerdings nicht in einer entsprechenden prominenten Plazierung, trat aber nun, in einer der Nürnberger Auffassung vergleichbaren Weise, ebenfalls in den Deckenbildern des Kaisersaales der Münchner Residenz auf. Mag die neuere Forschung auch, was Augsburg anbelangt, insgesamt eine deutlichere Orientierung der Ikonographie auf das »commercium« gegenüber den Bezügen auf das Reich konstatieren[87], so sind doch allenfalls gewisse Verschiebungen der Gewichte nachzuweisen, keine klaren Divergenzen. Schon gar nicht wird so etwas wie ein republikanisches Selbstbewußtsein zu bemerken sein, wie es sich etwa am Amsterdamer Rathaus manifestiert[88]. In einer deutschen Reichsstadt hatten solche Prätentionen, wie gesagt, allerdings auch keine Grundlage: Die Ikonologie des Amsterdamer Rathauses stand ja gerade gegen jene Macht, nämlich Habsburg, von welcher die relativ selbständige politische Stellung der Reichsstädte abhing. Besonders aufschlußreich sind die vorliegenden Analysen des Rathauses von Antwerpen, dessen Semantik sich als hochkomplexes System und Spiegel einer nicht minder komplexen politischen Wirklichkeit verstehen läßt[89]. Obwohl ein Monument spanischer Herrschaft, pochte der Bau doch auf eine gewisse Autonomie der Stadt und ihrer Bürgerschaft. Die beiden Obelisken, welche den Mittelgiebel des Rathauses flankieren, trugen die Inschrift *S.P.Q.A. – Senatus Populusque Antwerpiae*. Eine zeitgenössische Quelle belegt, daß die Spanier die in diesen Buchstaben verschlüsselte politische Botschaft durchaus begriffen[90]. Zu Diskussionen hat dann allerdings wiederum die Ikonologie des mächtigen Bronzeadlers auf einer Kugel Anlaß gegeben, der über dem Giebel seine Schwingen breitete. War er ein Symbol der imperialen Macht König Philipps II.? Eindeutiger brachte das Wappen des spanischen Königs, welches die Fassade an zentraler Stelle beherrschte, die Machtverhältnisse auf den Punkt. Der Antwerpener Fall hat in Deutschland keine Parallele; er zeigt immerhin, mit welchen subtilen Bezügen man bei einer eingehenden Interpretation im Einzelfall zu rechnen hat. Auch die deutschen Rathausarchitekturen und

86 Gode Krämer in: Baer/Kruft/Roeck (wie Anm. 7), S. 224f.
87 Michalski (wie Anm. 10), S. 78.
88 Fremantle (wie Anm. 9).
89 Guy Wells, Emergence and Evanescence: Republicanism and the Res Publica at Antwerp before the Revolt of the Netherlands, in: Koenigsberger (wie Anm. 54), S. 155–168, hier S. 155–158, 167f.
90 Ebd., S. 156.

-ausstattungen sind gelegentlich vielschichtig, wie die bisher diskutierten Beispiele wohl zur Genüge zeigen konnten. Besondere Aufmerksamkeit verdienen hier schließlich die möglichen konfessionsspezifischen Aspekte der Rathaus-Ikonologien. In diesem Zusammenhang sind die Darstellungen des Jüngsten Gerichts, die für viele Ratssäle nachweisbar sind, von herausragender Bedeutung[91]. Die grundlegende Relevanz dieser Problematik dürfte seit der Diskussion um Staale Sinding Larsens Studien ›Christ in the Council-Hall‹ evident sein[92]. Eine Rolle spielt hier die Beobachtung, daß solche Darstellungen des Jüngsten Gerichts in deutschen Rathäusern im Laufe des 16. Jahrhunderts häufig durch Darstellungen anderer Art ersetzt wurden. In Regensburg kam an die Stelle des »Jüngsten Gerichts« 1592 Isaac Schwendtners »Gutes Regiment«[93] (Abb. 8). Wie verbreitet die Gewohnheit war, Ratsstuben oder -säle mit Abbildungen des »Jüngsten Gerichts« zu schmücken, ist durch eingehende Forschungen gut bekannt[94]. Bezeichnend ist der Hinweis in Ulrich Tenglers ›Laienspiegel‹: *an meer enden ain löblicher gebrauch ist, das man gewohnlich in den radtstuben, und bey gerichtzsteten, da über das blüt und ander sachen geurtailt, ayd geschworn, und ander gerichtlich, peinlich und burgerlich sachen gehandelt, die figurn des jungsten gerichts thüt fürbilden*[95].

Zapalac interpretiert das Verschwinden solcher Weltgerichtsdarstellungen als Folge der Reformation. Sie argumentiert, in der Auffassung des Spätmittelalters seien Heilsgeschichte und Eschatologie von steter Gegenwärtigkeit in der zeitlichen Welt, während Luthers Denken eben diese beiden Bereiche trenne. Das »Jüngste Gericht« sei so nicht in die Regensburger Ratsstube gehängt worden, um auf eine Analogie zwischen ewigem und zeitlichem Gericht zu verweisen, sondern als ein Hinweis auf die Weltimmanenz, die reale Präsenz von Gottes Gericht im mittelalterlichen Ratssaal[96]. Luther dagegen habe dieses Bildthema als »papistisch« abgelehnt[97]. Für ihn sei Christus nicht der unerbittliche Richter gewesen, sondern jener, der Gott vom Herrn und Meister in den liebenden Vater umgewandelt habe[98]. Der Reformator habe schließlich jede Kausalbeziehung zwischen zeitlichem Handeln und dem Jüngsten Gericht bestritten[99],

91 Zuletzt ZAPALAC (wie Anm. 10).

92 Staale SINDING-LARSEN, Christ in the Council Hall. Studies in the Religious Iconography of the Venetian Republic (Istitutum Romanum Norvegiae, Acta ad Archaeologiam et Artium Historiam Pertinentia 5), Rom 1974.

93 ZAPALAC (wie Anm. 10), S. 29.

94 U. a. Craig HARBISON, The Last Judgement in Sixteenth-Century Northern Europe: A Study of the Relation between Art and the Reformation, New York 1976; Ursula GEIGER-LEDERLE, Gerechtigkeitsdarstellungen in deutschen und niederländischen Rathäusern, Diss. phil. Heidelberg, Philippsburg 1937; Gisela SPIEKERKÖTTER, Die Darstellung des Weltgerichts von 1500–1800 in Deutschland, Düsseldorf 1939; Georg TROESCHER, Weltgerichtsbilder in Rathäusern und an Gerichtsstätten, in: Wallraff-Richartz-Jahrbuch XI (1939), S. 139ff.; PLEISTER/SCHILD (wie Anm. 61).

95 Zit. nach ZAPALAC (wie Anm. 10), S. 195.

96 Ebd., S. 38f.

97 Ebd., S. 55.

98 Ebd., S. 59f.

99 Ebd., S. 69.

wie er bekanntlich Gott und weltliches Regiment voneinander abhebe[100]. Diese Interpretationen können an dieser Stelle nicht diskutiert werden. Daß das konfessionelle Argument nicht ausschließlich sticht, gibt Zapalac selbst zu, denn noch in nachreformatorischer Zeit entstehen in Ratssitzungssälen Bilder, die das Jüngste Gericht zeigen, so 1595 in Danzig durch Vredeman de Vries[101].

Wichtig scheint jedenfalls dieser Hinweis auf die konfessionelle Seite von Rathausausstattungen, ein bisher kaum diskutiertes Problem, dessen Lösung in gemischtkonfessionellen Städten eine besonders umsichtige Interpretation erfordert. Ist aus dieser Perspektive die Betonung »anticischer« Elemente in der Augsburger Rathausausstattung nicht auch als Versuch eines Eskapismus aus möglicherweise kontroversen konfessionellen Dingen zu werten – ein naheliegendes Verhalten für einen katholisch dominierten Rat in einer vorwiegend protestantischen Stadt? Andererseits weist das Rathaus selbst einer katholischen Großstadt wie Köln keine erkennbar konfessionsspezifische Bildwelt auf. Friedlich grüßten die unverbindlichen allegorischen Damen Iustitia und Prudentia vom Portal des Senatssaales, und die Weihe der Ratskapelle an den »Reichsheiligen« St. Michael erfolgte bereits 1329, gehört also nicht in den Kontext des konfessionellen Zeitalters[102].

In diesem Zusammenhang ist wiederum nur auf den weiten Motivbereich des Religiösen in den Rathäusern, Darstellungen von Gott, Christus, Maria und Heiligen, selbstverständlich häufig Schutzheiligen der betreffenden Städte hinzuweisen[103]. Hier werden – auch das muß nicht eigens hervorgehoben werden – Kristallisationskerne bürgerlicher Identifikation in besonders großer Eindeutigkeit evident. Spricht man von Rathäusern als Orte bürgerlicher Identität, umgreift dies vielfältige Aspekte. Hier finden Patriotismus, Gemeinschaftsgefühl, korporatives Denken ein Zentrum, feiern die regierenden Oligarchien sich selbst – insofern gehören Rathausbauten in die Geschichte der Sozialdisziplinierung. Die Stadt, ihr Ruhm, ihre Stellung in der Welt werden allegorisch überhöht, in transzendente Zusammenhänge verwoben; im Gegensatz dazu ist aber auch an die ganz konkreten sozialen Funktionen der Rathäuser zu erinnern – so wenig darüber im einzelnen auch bekannt sein mag. Man trifft sich hier nicht nur, um politische und administrative Entscheidungen zu treffen oder zu Gericht zu sitzen (und findet so zu Identitäten als Gremium und Repräsentationsorgan der Gesamtgemeinde); man trifft sich – so vorhanden – in der Ratskapelle zum Gottesdienst[104], in der Ratstrinkstube bei Wein oder Bier; man nutzt das Rathaus für Theateraufführungen, wenngleich dies für Deutschland kaum vergleichbar gut dokumentiert ist wie für England[105]. Man stellt sich in festlichen Prozessionen dar und zeigt

100 Ebd., S. 80.
101 Ebd., S. 79f.; vgl. auch Troescher (wie Anm. 94), S. 176.
102 Mühlberg (wie Anm. 75), S. 82.
103 Das Coburger Rathaus zeigt auf einem Kragstein den Stadtheiligen St. Moritz, jenes von Konstanz die Hll. Konrad und Pelagius. Der Rekurs auf den Stadtheiligen scheint aber nicht die Regel gewesen zu sein.
104 Paul (wie Anm. 5), S. 103; Schweinfurts Rathaus besaß eine 1506 der Hl. Dreifaltigkeit geweihte Kapelle (Stiehl, wie Anm. 5, S. 130). Weitere Beispiele für Ratskapellen in Danzig, Regensburg oder Breslau bei Gruber (wie Anm. 5), S. 23.
105 Tittler (wie Anm. 8), S. 139–150.

schließlich dieses Gehäuse bürgerlichen Selbstgefühls – oder über das Bürgerliche hinauszielender Ambitionen – bereitwillig fremden Besuchern. Selbst Öfen werden darin zu Trägern allegorischer Darstellungen, der Symbole von Fürsten, Kaiser und Reich[106]. In diesen Zusammenhang gehört auch die Funktion mancher Rathäuser als Kuriositätenkammern oder Museen, insbesondere natürlich der Produkte heimischer Künstler. Die ausgestopften Löwen des Lübecker Rathauses gehören in diesen Kontext[107], aber ebenso – als argumentum e silentio zu einem kaum erforschten Thema – Joachim von Sandrarts Klage, im Frankfurter Rathaus finde man keine Gemälde Adam Elsheimers, des großen Sohnes der Stadt, wo doch anderswo die bedeutenden Maler der Gemeinwesen in deren Rathäusern gewöhnlich mit Werken präsent seien[108].

106 Z. B. in Augsburg (Baer/Kruft/Roeck, wie Anm. 7, S. 376) oder in Worms: Fritz Reuter (Hg.), Peter und Johann Friedrich Hamman. Handzeichnungen von Worms aus der Zeit vor und nach der Stadtzerstörung 1689 im ›Pfälzischen Erbfolgekrieg‹, Worms 1989, S. 64f.

107 Gruber (wie Anm. 5), S. 75.

108 Vgl. Roeck (wie Anm. 32), S. 45. Vgl. auch Oberle (wie Anm. 19), S. 49f.

Schweizerische Stadtfeste als bürgerliche Selbstdarstellung

VON FRANÇOIS DE CAPITANI

Fragestellung

In den letzten Jahren erlebte die Festforschung einen Boom; Volkskundler, Anthropologen, Soziologen und Historiker haben dieses seit dem Ersten Weltkrieg meist nur auf Sparflamme bearbeitete Forschungsgebiet wiederentdeckt. Publikationen und Tagungen zum Thema Fest oder einzelnen Aspekten des Festes häufen sich[1]. Dies mag damit zusammenhängen, daß vermehrt fächerübergreifende Themen in den Blickpunkt des Interesses gerückt sind. Damit geraten auch vermeintliche Randgebiete eines Fachs ins Zentrum einer interdisziplinären Fragestellung.

Im Mittelpunkt des wiedererwachten Interesses an den Festen steht die Frage nach ihrem Verhältnis zu den Herrschaftsstrukturen; aus der Gegenüberstellung von Alltag und Fest lassen sich auch immer wieder wichtige Rückschlüsse auf gesellschaftliche und politische Problemkreise ziehen. Der Soziologe Justin Stagl umschreibt – ausgehend von ethnologischen Studien über Neuguinea – mit folgenden Worten die Bedeutung des Festes[2]: »Überhaupt ist ja das Fest eine Demonstration der wirtschaftlichen, demographischen und militärischen Leistungskraft der Gruppe, ihrer Moral, ihres Führungssystems und ihrer auswärtigen Verbindungen.«

Wir werden im weiteren das vorgegebene Thema nach verschiedenen Richtungen hin eingrenzen müssen und beschränken uns in der Folge auf Feste der politischen Repräsentation in den Städten der alten Eidgenossenschaft. Das Fest als Faktor der gesellschaftlichen Integration, als Mittel der politischen Repräsentation und Strukturelement der Herrschaft erhielt in der Stadt des Mittelalters und der frühen Neuzeit erwartungsgemäß eine andere Ausprägung als auf dem Dorf oder am Hof. Natürlich findet man auch in der Stadt Elemente ländlicher oder höfischer Festkultur, doch gegen beide Lebensformen wollte man sich deutlich abgrenzen, und gerade das Fest als Ort identitätsstiftender Handlungen eignete sich dafür gut.

Die eigenartigen politischen Strukturen der Eidgenossenschaft, wie sie sich im Spätmittelalter und in der Frühen Neuzeit herausgebildet hatten, müssen in einem

1 Zwei Forschungsberichte: Paul HUGGER, Das Fest – Perspektiven einer Forschungsgeschichte, in: Paul HUGGER/Walter BURKERT/Ernst LICHTENHAHN (Hg.), Stadt und Fest. Zur Geschichte und Gegenwart europäischer Festkultur, Zürich 1987 (Festschrift der Phil. Fakultät I der Universität Zürich zum 2000-Jahr-Jubiläum der Stadt Zürich); Michael MAURER, Feste und Feiern als historischer Forschungsgegenstand, in: HZ 253, S. 101–130.

2 Justin STAGL, Zur Selbstdarstellung des Staates in primitiven »Demokratien«, in: J.-D. GAUGER/J. STAGL (Hg.), Staatsrepräsentation, Berlin 1992 (Schriften zur Kultursoziologie 12).

engen Zusammenhang mit einer spezifischen Festkultur gesehen werden[3]. Werner Meyer hat vor einigen Jahren pointiert die Eidgenossenschaft des ausgehenden Mittelalters folgendermaßen charakterisiert: »Gegenseitige Besuche an Kirchweihen, Schützenfesten und Fastnachten haben in der spätmittelalterlichen Eidgenossenschaft zusammen mit dem gemeinsamen Thebäerkult im breiten Volk mehr für ein gesamtschweizerisches Nationalbewußtsein getan als das Pergament der Bundesbriefe. Die spätmittelalterliche Eidgenossenschaft war weniger eine Vertrags- als vielmehr eine Schwur-, Sakral-, Freß- und Saufgemeinschaft«[4]. Wenden wir uns also dieser »Freß- und Saufgemeinschaft« – oder eleganter ausgedrückt: dieser Festgemeinschaft – zu. Wir werden sehen, daß im Gleichschritt mit der Ausprägung spezifisch eidgenössischer politischer Strukturen auch eine spezifische Festkultur entstand, sich wandelte und den veränderten politischen Gegebenheiten anpaßte. Schließlich wurde bereits im Ancien Régime die schweizerische Festtradition zum Mythos, in der Revolutionszeit und im 19. Jahrhundert zu einem wichtigen Element des schweizerischen Nationalbewußtseins[5].

Das Fest im Spätmittelalter

Dem Bündnisgeflecht, das sich im 15. Jahrhundert herauskristallisierte, entsprach ein Festgeflecht. Eine ganze Reihe von hochsensiblen Fragenkomplexen fand im Fest ihre Theatralisierung. Daß dem Fest eine derartige Bedeutung zukommen konnte, hängt nicht zuletzt mit dem nur rudimentär ausgebildeten Gewaltmonopol der eidgenössischen Obrigkeiten zusammen. Die Gesellschaft war vom kriegerischen Mythos des freien Kämpfers geprägt, der nicht ohne weiteres in eine obrigkeitliche Strategie eingebunden werden konnte[6]. Zur Durchsetzung von Ruhe und Ordnung konnten die Obrigkeiten immer nur auf ihre Untertanen zurückgreifen, was sie zu vorsichtigem Handeln zwang. Kirchweihen, Fasnacht und Schützenfeste hatten deshalb ihren festen Platz in der Politik der eidgenössischen Stände[7].

Es ging in dieser Festkultur immer wieder und vor allem um Fragen der Integration und der Abgrenzung im inneren wie nach außen. Sowohl innerhalb der Stadtgesellschaft wie auch im Verhältnis zwischen Stadt und Land, zwischen den verschiedenen eidgenössischen Orten und schließlich gegenüber Fremden begegnet man jenem Spiel von Integration und Abgrenzung, das seinen Ausdruck im Fest gefunden hat.

3 Vgl. im Überblick: Ulrich Im Hof, Mythos Schweiz. Identität – Nation – Geschichte 1291–1991, Zürich 1991.

4 Werner Meyer, Hirsebrei und Hellebarde. Auf den Spuren des mittelalterlichen Lebens in der Schweiz, Olten 1985, S. 286.

5 Catherine Santschi, La mémoire des Suisses. Histoire des fêtes nationales du XIIIe au XXe siècle, Genève 1991.

6 Walter Schaufelberger, Der alte Schweizer und sein Krieg, Zürich 1952.

7 Die chronikalischen Quellen sind zusammengestellt bei: Leo Zehnder, Volkskundliches in der älteren schweizerischen Chronistik, Basel 1976 (Schriften der Schweizerischen Gesellschaft für Volkskunde Band 60). Überblicksliteratur: Albert Hauser, Was für ein Leben. Schweizer Alltag vom 15. bis 18. Jahrhundert, Zürich 1987, S. 149ff.

Das Fest war ein Politikum – um eine prägnante Formel Walter Schaufelbergers aufzunehmen[8].

Wie überall im Reich hatten Kirchweih und Fasnacht eine herausragende Bedeutung für das Selbstverständnis der städtischen Gesellschaft; die verkehrte Welt, der Traum vom Schlaraffenland konnten für wenige Tage Wirklichkeit werden. Ein solches Fest war Ventil und Standortbestimmung zugleich[9]. In den großen Fasnachtsspielen, von denen jene Niklaus Manuels die bekanntesten sind, fand dieser Ausbruch aus dem Alltag seinen theatralischen Höhepunkt[10].

Die in alle Bereiche des Lebens eindringende Kriegskultur der Eidgenossen blieb auch für die städtischen Feste nicht ohne Folgen. Oft findet man in den traditionellen Festen ausgeprägte militärische Elemente. Die Fasnacht in Luzern wurde im 15. Jahrhundert beispielsweise mit einer Harnischschau verbunden, war gleichzeitig Karneval, militärischer Aufzug und Schlachtengedenktag[11].

Viel delikater wurde indessen die Frage von Integration und Ausgrenzung, wenn es um die Einbeziehung der Landschaft in das städtische Fest ging. Die Städte des schweizerischen Mittellandes hatten im 15. Jahrhundert ihre Territorien ausgebaut. Städte wie Bern, Zürich oder Luzern verfügten über große Untertanengebiete, die streng auf ihre überlieferten Privilegien achteten und die immer tiefgreifenderen Eingriffe der städtischen Obrigkeiten mit Mißtrauen verfolgten. Die Teilnahme an einem städtischen Fest konnte dazu beitragen, die Spannungen abzubauen. Ein Beispiel möge das belegen: Im Jahr 1477 lud Luzern seine Untertanen zur Fasnacht ein. Der Chronist beschreibt die Einladung mit folgenden Worten: *Da ludent und beruoffend min herren, da man jetz ze ruowen kommen war, ire underthanen uss allen emptern und vogtyen allhar jn die statt jn ein fassnacht, sy zuo ergetzen. Da schickt ein jedes ampt einen ussschutz und gesellschafft von den synen*[12]. Die Integration der ländlichen Untertanen in das städtische Fest war ein zweischneidiges Schwert: Einerseits war es ein wirksames Mittel, um die Untertanen in die Herrschaftsstruktur einzubinden, andererseits bildete der Besuch der Untertanen, die nur schwer dazu zu bewegen waren, unbewaffnet zu erscheinen, auch eine reale Gefahr für die Sicherheit der Stadt[13]. Eine ganze Reihe von Unruhen und Aufständen entstanden in unmittelbarem Zusammenhang mit solchen Festen.

Noch bedeutsamer waren aber die großen Festakte in einer dritten Hinsicht, nämlich als Inszenierung des lockeren Bundesgeflechts zwischen den eidgenössischen Orten. Die gegenseitigen Besuche bei Fasnacht und Kirchweihe, besonders jedoch bei Schützenfesten bildeten ein wichtiges Band für den Zusammenhalt der entstehenden Eidgenossenschaft. Ein italienischer Prälat des 15. Jahrhunderts soll die Eidgenossen-

8 Walter SCHAUFELBERGER, Der Wettkampf in der alten Eidgenossenschaft. Zur Kulturgeschichte des Sports vom 13. bis ins 18. Jahrhundert, Bern 1972, S. 52.

9 Im Überblick zuletzt: Richard VAN DÜLMEN, Kultur und Alltag in der Frühen Neuzeit. Bd. 2: Dorf und Stadt 16.–18. Jahrhundert, München 1992, S. 125–173.

10 Zuletzt Peter PFRUNDER, Pfaffen, Ketzer, Totenfresser. Fasnachskultur der Reformationszeit – Die Berner Spiele von Niklaus Manuel, Zürich 1989.

11 Erwin CUONI, Die Luzerner Fasnacht, Luzern 1978, S. 20.

12 PFRUNDER (wie Anm. 10), S. 78 (mit weiteren Beispielen).

13 Ebd., S. 67ff.

schaft als *confusio hominum divinitus servata* bezeichnet haben[14]; diese *confusio* war in einem äußerst labilen Gleichgewicht, zusammengehalten von mannigfaltigen, sich überschneidenden wirtschaftlichen und politischen Interessen, ein Geflecht sich gegenseitig blockierender Konflikte. Die großen Schützenfeste oder die Fasnacht, zu denen die Orte regelmäßig einluden, boten Gelegenheit zur politischen Standortbestimmung. Wer eingeladen oder nicht eingeladen war, wer kam oder nicht kam, konnte von großer Bedeutung sein. Latente Spannungen, die während eines Festes aufbrachen, konnten zu kriegerischen Auseinandersetzungen führen. Die Beschimpfung eidgenössischer Besucher und ihrer Berner Münzen bei einer Kirchweih in Konstanz im Jahr 1458 markierte deutlich den Riß, der sich zwischen den schwäbischen und den eidgenössischen Städten auftat und fast zum Krieg führte[15]. Nach kriegerischen Konflikten innerhalb der Eidgenossenschaft konnte ein Festbesuch angesagt werden, um die Feindschaft zu begraben. Das Fest konnte als »ritueller Zwang zum Frieden« eingesetzt werden[16]. So lud Zürich im Jahr 1447, nach dem alten Zürichkrieg, die Eidgenossen zur Fasnacht ein[17].

In einer außerordentlich gespannten Situation fand 1533 die Zürcher Fasnacht statt. Kaum zwei Jahre nach dem zweiten Kappelerkrieg, in welchem die katholischen Orte den Reformierten eine schwere Niederlage zugefügt hatten, besuchten Delegationen aus der Landschaft und der Innerschweiz die Zürcher Fasnacht[18]: *Anno 1533 uff felicis und regule, als kilchwyche Zürich wass, da ward gar gross fäst, muottwil in kleydern, hoffart und pracht gesehen, dan da wass aller kumbar, leyd und verlurst des vergangnen kriegs hinan gesetzt. Ettlich gemeinden ab der landschafft, als Grünigen, Gryffensew, Zürichsew und Wedischwyl, die zugend mit gwerter hand gon Zürich, kostlich und prachtlich gekleydet. Item vil von Zug und uss andern Lendern kamend dahin, die furt man zum Rüden, schanckt inen, fuort sy mit trommen und pfyffen in der statt umb, thät inen nun gross eer an. Aber darneben ward ouch großser prachtischer tantz gehalten, daruff man sach alle hoffart und übermuot (hiervor kum abgestellt) widerumb gruonen. Vil frommer armer lüt, man und wyb, die solch fest und pracht sachent, wurden zu kumber und bitterlichem weynen bewegt, ingedenck der frommen erschlagnen Zürcher und des schedlichen verlusts der löblichen statt Zürich. In allen herbergen ward von den herren der statt bevolhen, denen so uss den V Orten kommen warend, kein unzucht zu bewyssen, das doch mencklich wol hielt, und ward inen vil mehr eer und wolthat erzeugt dan den andern allen, die dennocht der statt Zürich guten fründ warend und mit inen gelitten hattend.*

Es ist naheliegend, daß die Schützenfeste, die in den Jahrzehnten vor der Reformation ihren Höhepunkt erreichten, dem kriegerischen Selbstbewußtsein der Eidgenossen

14 Charles GILLARD, Histoire de la Suisse, Paris 1944, S. 57.

15 Helmut MAURER, Schweizer und Schwaben. Ihre Begegnung und ihr Auseinanderleben am Bodensee im Spätmittelalter, Konstanz 1983, S. 40.

16 Ludwig SCHMUGGE, Feste feiern wie sie fallen – Das Fest als Lebensrhythmus im Mittelalter, in: Paul HUGGER/Walter BURKERT/Ernst LICHTENHAHN (Hg.), Stadt und Fest, S. 61–87.

17 ZEHNDER (wie Anm. 7) S. 315: (Stumpf Reformationschronik).

18 Ebd., S. 222.

entgegenkamen[19]. Solche Feste zogen nicht nur Schützen aus der Eidgenossenschaft und den umliegenden Ländern an, sondern ein riesiges Publikum von Männern, Frauen und Kindern. Der Glückshafenrodel des Zürcher Schützenfestes von 1504 – die Liste der Teilnehmer an einer Lotterie – zählt über 24000 Personen auf, die zum Teil von weit her zum Fest gereist waren[20]. Diese Veranstaltungen, bei denen nicht nur mit Büchsen und Armbrust geschossen wurde, sondern auch andere Wettkämpfe stattfanden und die jeweils mit einem riesigen Volksfest verbunden waren, fanden alle paar Jahre statt, mal hier, mal dort, ohne daß es eine Planung und Koordination gegeben hätte. Offenbar war der politische Spürsinn dafür entscheidend, das Abwägen regionaler und gesamteidgenössischer Faktoren, wo und wann ein solches Fest stattfand. Die Festkultur war also ein getreues Spiegelbild der politischen Kultur.

Bei aller Vorsicht, die im Umgang mit dem politischen Sprengstoff, der in den Festen lag, an den Tag gelegt wurde, gelang es doch nicht immer, die Eskalation des Festes zum Aufstand oder zum ungeregelten Kriegszug zu verhindern[21]. Eine ganze Reihe solcher Ereignisse läßt sich in der vorreformatorischen Eidgenossenschaft lokalisieren. Daß in der Eidgenossenschaft des späten Mittelalters vergleichsweise häufig Feste in Unruhen umschlagen konnten, hängt damit zusammen, daß sie in mehreren Spannungsfeldern standen[22] und ihre Kontrolle der Obrigkeit rasch entglitt. Mit dem Ausbau der Landeshoheit im 16. und 17. Jahrhundert und der allmählichen Durchsetzung eines obrigkeitlichen Gewaltmonopols mußten die Obrigkeiten folgerichtig versuchen, Feste dieser Art in den Griff zu bekommen.

Der Vollständigkeit halber sei schließlich auf eine vierte politische Ebene hingewiesen: das Fest als Selbstdarstellung der Stadt gegenüber fremden Besuchern. Der Besuch eines Fürsten, gar eines Kaisers oder Papstes, war wie in allen Städten des Reiches ein wichtiges Ereignis, das mit großer Prunkentfaltung – besonders im Essen und Trinken – begangen wurde[23], denn man erhoffte sich ganz reale Gegenleistungen, Privilegien oder Unterstützungen. Die vielen prachtvollen Schilderungen solcher Empfänge lassen indes vermuten, daß sich hier die eidgenossischen Stadte nicht anders verhielten als andere Reichsstädte[24].

Der Weg in die Neuzeit: Integration und Repression

Die innere Politik der eidgenössischen Städte war im 16. und 17. Jahrhundert von der Ausdehnung der obrigkeitlichen Verwaltungstätigkeit geprägt. Hier unterschieden sich die schweizerischen Obrigkeiten nicht von anderen Regierungen in Europa. Allerdings blieb der Weg zu einer modernen Staatlichkeit in vielerlei Hinsicht in den

19 Theodor MICHEL, Schützenbräuche in der Schweiz, Frauenfeld 1983.

20 Friedrich HEGI, Der Glückshafenrodel des Freischiessens in Zürich 1504, Zürich 1942.

21 PFRUNDER (wie Anm. 10), S. 82–86.

22 Vgl. VAN DÜLMEN (wie Anm. 9), S. 156.

23 Gerhard FOUQUET, Das Festmahl in den oberdeutschen Städten des Spätmittelalters. Zu Form, Funktion und Bedeutung öffentlichen Konsums, in: Archiv für Kulturgeschichte 74 (1992), S. 83–123.

24 Zuletzt: Ernst TREMP, Könige, Fürsten und Päpste in Freiburg. Zur Festkultur in der spätmittelalterlichen Stadt, Freiburg 1991 (Freiburger Geschichtsblätter 68 [1991], S. 7–56).

Ansätzen stecken. Der anhaltende Widerstand in Stadt und Land verhinderte erfolgreich die Entwicklung moderner Herrschaftsinstrumente. Es blieb nahezu unmöglich, neue Steuern zu erheben, und damit entfielen die Voraussetzungen für eine ausgedehnte Verwaltungsorganisation und den Ausbau einer Armee[25]. Der Aristokratisierung und Professionalisierung der Politik standen kaum neue Mechanismen der Herrschaftsausübung zu Verfügung; so blieben die politischen Strukturen der Eidgenossenschaft und ihrer Orte bis zur Revolution in einem archaischen Zustande stehen. Immerhin, die Übertragung stets neuer Aufgaben an den Staat festigte seine Stellung; in den reformierten Orten gelangte das gesamte Kirchenwesen unter die Kontrolle der weltlichen Herrschaft, in den katholischen Orten konnten sich die Obrigkeiten sehr weitreichende Kompetenzen sichern. Die Modernisierung des Staates, sein beständiges Ausgreifen in alle Lebensbereiche stieß auf Opposition, sowohl in der Stadt wie auf dem Land. Der Verlust der alten Rechte, die Modernisierung gewachsener politischer Strukturen brachten immer auch einen Verlust von Autonomie. Das politische Klima des Ancien Régime war nie spannungsfrei; allerdings überlagerten sich oft die Konfliktfelder und hoben sich dadurch gegenseitig auf, so daß die Oppositionen latent blieben und nur in seltenen Fällen zum offenen Widerstand eskalierten. Dieses »Pulverfaß« setzte der Modernisierung und Straffung des Staates Grenzen.

Elemente politischer Stadtfeste der frühen Neuzeit

Vor diesem Hintergrund veränderte sich auch die Festkultur der schweizerischen Städte von Grund auf. Nach und nach gelang es den Obrigkeiten, die wilden Feste zu unterbinden oder sie in geordnete Bahnen zu leiten und zu kontrollieren. Immer seltener fanden Schützenfeste statt, die Fasnachtsbräuche und Kirchweihen wurden in vielen reformierten Orten kurzerhand verboten, in katholischen Städten eingeschränkt.

In zweierlei Hinsicht erhielt das städtische öffentliche Fest nun eine neue Bedeutung: Zum einen wurden jene Aspekte verstärkt, die eine Integration innerhalb der Bürgerschaft fördern konnten, zum anderen dienten die Feste immer mehr der Repräsentation der Obrigkeit, wurden Höhepunkte der Selbstinszenierung des Regiments. Bei diesen Festen mußten vor allem zwei Aspekte zum Ausdruck kommen: einerseits die Verbundenheit sämtlicher Bürger über alle sozialen und politischen Schranken hinweg, andererseits die deutliche Zurschaustellung der politischen Hierarchie in ihren sorgfältig gehüteten Abstufungen.

Die schweizerischen Stadtstaaten taten sich schwer, ihre republikanische Staatsform wirkungsvoll zu legitimieren und zu repräsentieren. Im monarchisch geprägten Europa des 16. bis 18. Jahrhunderts bestand die Schwierigkeit darin, den durchaus absolutistischen Machtansprüchen der Obrigkeit sowie dem republikanischen Stolz Ausdruck zu verleihen.

Das Vorbild für die schweizerischen Städte war natürlich eindeutig Venedig. In den prunkvollen Festen und Aufzügen fand die Republik Venedig die ihr angemessenen

25 Grundlegend: Hans Conrad Peyer, Verfassungsgeschichte der alten Eidgenossenschaft, Zürich 1978.

Formen der Selbstdarstellung[26]. Religiöse und weltliche Feste prägten den Jahresablauf und waren willkommene Anlässe, die politische Hierarchie dem Volk vor Augen zu führen. Monarchische Elemente fehlten dabei nicht, doch wurde genau darauf geachtet, daß keinerlei dynastische Momente zum Tragen kamen. Um die Subtilitäten dieser Abgrenzung zu verstehen, ist es erforderlich, einen Blick auf die monarchischen Feste der frühen Neuzeit zu werfen. Roy Strong[27] hat drei Entwicklungsstränge für das monarchische Fest der Renaissance herausgearbeitet: die Umgestaltung des feierlichen Einzugs in einen Triumphzug, der fortschreitende Ausschluß der Öffentlichkeit von den Repräsentationsfeiern und schließlich die Einbeziehung des Hoftheaters als konstituierender Bestandteil des höfischen Festes. Alle drei Tendenzen mußten systematisch vermieden werden, sowohl in Venedig wie in den schweizerischen Städten. Politische Feste mußten also immer Teile beinhalten, bei denen die ganze Bürgerschaft – wenigstens potentiell – mitbeteiligt oder vertreten war. Der feierliche Umzug, die feierliche Prozession bildeten seit dem 16. Jahrhundert eines der wichtigsten Elemente dieser Stadtfeste. Die gesamte Obrigkeit präsentierte sich dem Volk unter freiem Himmel und demonstrierte einerseits ihre Überlegenheit, andererseits ihre Verbundenheit mit den Bürgern. Als nach dem Westfälischen Frieden die eidgenössischen Orte auch ihre staatsrechtliche Einordnung in das europäische Staatensystem gefunden hatten, erhielten diese städtischen Feste ihre endgültige, bis zur Revolution gleichbleibende Ausprägung.

In vielen Städten bildeten die Schwörtage den Höhepunkt einer solchen sehr differenzierten Repräsentation der Macht und ihrer Legitimation[28]. Zweimal im Jahr wurde in Zürich die Bürgerschaft zum Eidschwur versammelt, jeweils bei der Einsetzung des halbjährlich wechselnden Rates[29]. Alle männlichen Bürger über 16 Jahre versammelten sich zuerst bei ihren Zünften, begaben sich dann auf ein Glockenzeichen in feierlichem Umzug ins Großmünster und nahmen nach einer genau vorgeschriebenen Rangordnung Platz. Nacheinander traten die Räte, dann die Bürgermeister in den Chor und sprachen den Eid. Anschließend wurden die geschworenen Briefe und die Fundamentalgesetze von der Kanzel verlesen, und die ganze versammelte Bürgerschaft leistete den Eid. In einem feierlichen Umzug wurde schließlich der neue Bürgermeister von allen Räten nach Hause begleitet.

Zwei Ebenen der Öffentlichkeit treten hier deutlich zutage: die Umzüge durch die

26 Bianca Tamassia Mazzarotto, Le Feste Veneziane, i giochi popolari, le ceremonie religiose e di governo, Firenze 1961. Grundlegend: William J. Bouwsma, Venice and the Defence of Republican Liberty. Renaissance Values in the Age of the Counter Reformation, Berkeley/Los Angeles 1968. Ferner: Zeichen der Freiheit. Das Bild der Republik in der Kunst vom 16.–20. Jahrhundert. Ausstellungskatalog der 21. Europäischen Kunstausstellung des Europarats, hg. von Georg Germann und Dario Gamboni unter Mitwirkung von François de Capitani, Bern 1991.

27 Richard Alewyn, Das große Welttheater. Die Epoche der höfischen Feste, München 1985 (Erstausgabe 1959); Roy Strong, Feste der Renaissance 1450–1650. Kunst als Instrument der Macht, Freiburg i. B. 1991.

28 André Holenstein, Die Huldigung der Untertanen. Rechtskultur und Herrschaftsordnung (800–1800), Stuttgart 1990 (Quellen und Forschungen zur Agrargeschichte Bd. 36).

29 Hans Jacob Leu, Allgemeines Helvetisches, Eidgenössisches, oder Schweizerisches Lexicon. XX. Theil, Zürich 1765, S. 305 ff.

Stadt, bei denen alle – Männer und Frauen, Fremde und Einheimische, alt und jung – als Zuschauer einbezogen waren, und die Zeremonie hinter verschlossener Kirchentür. Man war sich dabei der Bedeutung der Öffentlichkeit wohl bewußt. Im 18. Jahrhundert hält eine Beschreibung ausdrücklich fest: ... *da obgleich solches bey verschlossenen Thüren vorgehet, doch auch Fremden demselben zuzuschauen gestattet wierd*[30].

Immer wieder werden Höhepunkte im politischen Leben mit Volksfesten verbunden. Nicht nur die Magistrate sollten auf ihre Rechnung kommen, die ganze Stadtgesellschaft und oft auch die Einwohner der Landschaft wurden in das reichhaltige Festprogramm eingebunden. Regelmäßig findet man den Hinweis auf fremde Besucher, die mit dem »Staatstheater« beeindruckt werden sollten. Ein wichtiges Element war die gemeinsame Mahlzeit, die eben dazu führte, daß die Eidgenossenschaft als »Freß- und Saufgemeinschaft« apostrophiert wurde. Gemeinsame, obligatorische Festessen der Zünfte und Korporationen bildeten oft das letzte Band, das alle männlichen Bürger einte. Die märchenhaft anmutenden Mengen von Speisen und Getränken, die dabei aufgetischt wurden, lassen uns noch heute erschauern. Als ein Beispiel unter vielen sei hier das Mahl einer Berner Zunft anläßlich der Feierlichkeiten bei der Neubesetzung des Rates im Jahre 1586[31] erwähnt: »Für 84 Personen 1586: 219 lb Rindfleisch, 41 lb »Schlauchbraten« (wahrscheinlich eine Pastete), 23 lb Zunge, 35 Hähnchen, 18 Hühner, 8 Tauben, 3 Kapaune, 6 Kälber, 5 Schafe, 1 Truthahn, 260 l Wein und ca. 35 kg Brot.« In Zürich spendierte die Obrigkeit gelegentlich einige Hirsche aus dem Stadtpark, die von der versammelten Bürgerschaft auf dem Lindenhof unter freiem Himmel bei einem gemeinsamen Festmahl verspeist wurden.

Die feierlichen Umzüge wurden immer prächtiger und bildeten seit dem 17. Jahrhundert den eigentlichen Mittelpunkt der politischen Repräsentation. In der Anfangszeit konnte es dabei zu Inszenierungsproblemen kommen, Umzüge konnten ihre Wirkung wegen mangelnder Übung völlig verfehlen. So mußte der Berner Rat im Jahr 1614 seine Mitglieder mahnen, nicht betrunken zu solchen Manifestationen zu erscheinen: *dass etliche sich mit dem Trunck also übernemmen, das sy schwanckend daher gangen und also dem umbzug nit ein Zier, sonders vill mehr entgästung und übel anstendig gwäsen, und also durch sölche der gantz umbzug vonn Frömbden und Himschen verlachett und verspottet worden*[32].

Die Schilderung eines Festtages anläßlich der jährlich wiederkehrenden feierlichen Amtseinführung des bernischen Magistrates zu Ostern zeigt die verschiedenen Elemente des Festes in ihrer endgültigen Gestalt: öffentlicher Umzug des Magistrats, nichtöffentliche Amtseinsetzung, Festessen und ein vielfältiges Festprogramm, das nicht nur allen Stadtbewohnern Unterhaltung bot, sondern auch der Landbevölkerung Gelegenheit verschaffte, in das politische Festgeschehen einbezogen zu werden. Sportliche Wettbewerbe wie Schwingen und Bogenschießen wechselten mit Umzügen der patrizischen Jugend, der Metzger und der Küfer ab.

Mit ironischem Unterton beschreibt Sigmund von Wagner rückblickend die Vor-

30 Ebd., S. 307.

31 François de Capitani, Festliches Essen und Trinken im alten Bern, Bern 1982.

32 Rudolf Ramseyer, Zibelemärit – Martinimesse, Langnau 1989, S. 24.

gänge am Ostermontag am Ende des 18. Jahrhunderts[33]: *Um 9 Uhr erklangen alle Glocken der Stadt; besonders brummte die sogenannte »Grosse« vom Vinzenzen-Münster-Thurm, in der Mitte der Stadt, ihren alles übertönenden Bass in das harmonische Geläute! Regenten, alte und neugebackene, eilten, einzeln oder in Gruppen, dem grossen Münster zu. – Volk strömte vom Gipfel des Grimselbergs bis zum Fuss der blauen Jura-Mauer, zu allen Thoren der Stadt hinein; die Alten der Kirche zu, um den Dekan anzuhören, wie er den Regenten ihre Pflichten, kanzelrednerisch, lang und breit, auseinander legte; die andern in ganzen Zügen, Männer und Weiber und leichtfüssige Landmädchen, unter kleinen gelben Stroh-Hüten, oder Guggisbergerinnen in kurzen Röckchen, die kaum bis an die Knie reichten; theils auf die Schanzen, dem Schwingen der herkulischen Oberländer- und Emmenthaler-Hirten zuzusehen; oder, auf dem Obern und Untern Graben dem Eierwerfen und Wettrennen der jungen Burschen der Stadt beizuwohnen. – Hatte, um zehn, der Ehrwürdige Herr Jonas, im neuen Ninive, sich heiser gepredigt, und »Amen!« gesagt, so verfügte sich das ganze Regierungs-Corpus, – eine zahlreiche Musik, und das in roth und schwarz getheilte Personale der Weibel und Läuffer, und anderer Staatsbedienter voraus – unter Abblasen des CXIXten Buss-Psalms auf das nicht sehr ferne gelegene Rathaus, um dort bei geschlossenen Thüren, die üblichen Oster-Ceremonialia zu begehen. Ware gegen zwölf dieses berichtiget, so verfügte der nemliche, lange Zug in gleicher Ordnung, wie aus der Kirche, sich auf offener Strasse, die lange Kramgass hinauf, zum Zunfthause des neu eingetretenen, regierenden Herren Schultheissen, verrichtete daselbst, an der Pforte des Hauses, das Handgelübd. – und ging dann, um ein Uhr, aus einander, um bei Hause, an einer wohlgespickten Tafel, von den Vormittags-Strapazen sich, so gut möglich zu erholen und zu stärken; und jederman folgte dem guten Exempel, die Städter in ihren Häusern, das unzählbare Landvolk unter der Erde, in den tausen kühlen Wein-Kellern, über welche dieses neue, aber klüger fundamentierte, Venedig erbaut ist.* Am Nachmittag fand der feierliche Umzug seine Spiegelung in einem bunten und parodistischen Umzug der patrizischen Jugend, des sogenannten »Äußeren Standes«, der alle jene Patrizier umfaßte, die noch nicht in die Räte gewählt werden konnten und eine Art Schattenregiment pflegten[34].

In den katholischen Städten boten die hohen kirchlichen Feiertage, besonders das Fronleichnamsfest, die Gelegenheit zu vergleichbaren Inszenierungen. Die gesamte Geistlichkeit und der Magistrat, gefolgt von der gesamten Bürgerschaft, begleiteten in Freiburg die Fronleichnamsprozession, die den Höhepunkt der kirchlichen und der politischen Repräsentation darstellte[35].

33 Sigmund von Wagner, Novae Deliciae Urbis Bernae. Neues Berner Taschenbuch 1918, S. 197f.

34 Zum »Äußeren Stand«: Richard Wolfram, Der »Äußere Stand« in Bern und die Entwicklung städtischer Jungmännerverbände in der Schweiz, in: Richard Wolfram, Studien zur älteren Schweizer Volkskultur. Mythos, Sozialordnung, Brauchbewußtsein, Wien 1980 (Österreichische Akademie der Wissenschaften. Phil.-Hist. Klasse. Sitzungsberichte Bd. 362), S. 167–228.

35 Heliodore Raemy de Bertigny, Friburgum Helvetiorum Nuythoniae. Chronique fribourgeoise du dix-septième siècle, Fribourg 1852 (Chronik des Heinrich Fuchs); im Überblick bis in unsere Tage: Claude Macherel/Jean Steinauer, L'Etat du Ciel. Portrait de ville avec rite. La Fête-Dieu de Fribourg (Suisse), Fribourg 1989.

Neben diesen regelmäßig stattfindenden politischen Festen gehörte der Empfang von Gesandten zu den Höhepunkten städtischer Repräsentation. Bei aller Prachtentfaltung mußte sorgfältig darauf geachtet werden, daß die höfischen Elemente nicht die Oberhand gewannen. Gerade bei solchen Empfängen spielten die kostbaren Trinkgefäße eine herausragende Rolle. Das gemeinsame Essen und Trinken erhielt durch das Gold- und Silbergeschirr die angemessene Weihe. Der Bericht des venezianischen Gesandten Padavino, der 1608 in Zürich Bündnisverhandlungen führte, zeigt deutlich, welche Bedeutung diesem rituellen Trinken und den dazu gehörigen Trinkgefäßen beigemessen wurde[36]: *Sie luden mich ein zu einem Bankett im Haus »zum Schneggen«, an dem alle Räte der Stadt teilnahmen ... Bei entsprechenden Anlässen ist es Sitte, einen Becher oder ein Gefäß irgendwelcher Form zu präsentieren, aus dem getrunken werden kann. Sie schätzen diese Geschenke hoch und stellen sie auf wie einen Kirchenschatz ... So schien es mir gut, ihnen einen silbervergoldeten Löwen zu offerieren in der Art des Markuslöwen. Da es aber nicht möglich war, diesen in so kurzer Zeit anzufertigen, ließ ich ihn in Wachs formen ... Nachdem nun der Goldschmied den Löwen in schönste Form gebracht hatte, schien es mir gut, ihn am Markustag zu präsentieren ... Der Markuslöwe wurde mit Jubel und allgemeiner Fröhlichkeit in Empfang genommen, der Bürgermeister dankte aufs herzlichste und versicherte, daß er in Ehren gehalten würde. Damit ein so teures Zeichen guten Einvernehmens immer wach bleibe, hätten sie beschlossen, von nun an am Markustag auf öffentliche Kosten zu tafeln. Ich antwortete wieder und ließ sie dann ihrer Landessitte folgen, nach der sie den Löwen rundum gaben und jeder mehr als einmal mit der Folge zunehmender Heiterkeit daraus trank, immer und immer wieder im Verlauf von acht Stunden, wobei sie laut Trinksprüche auf den Dogen und die hochlöbliche Republik anbrachten.*

Ein besonders großartiger Empfang bereiteten im Jahr 1645 die Luzerner einer Delegation aus dem Wallis. Kasimir Pfyffer beschreibt die Festlichkeiten folgendermaßen: *Eine Flotille wurde vorerst stattlich ausgerüstet und bemannt, um auf dem See die Gesandten von Wallis und der mit diesem verbündeten kleinen Kantonen abzuholen. Zum Empfang waren an sechs verschiedenen Orten sechs Geschütz-Batterien aufgeführt. Mit dem höchsten Pomp hatte dann am Tag des Festes selbst unter Aufstellung zahlreichen Militärs, die Offiziere prächtig gekleidet, die Straßen geschmückt, beim gleichzeitigen Donnern der Kanonen auf allen sechs Batterien und dem Geläut der Glocken, der Zug in die Kathedralkirche zum Bundesschwur statt. Glänzend war dieser Zug. Voran die Spielleute mit Trompeten, Trommeln und Pfeiffern. Diesen folgten zwölf Edelknaben gekleidet in der löbl. Orte Standesfarben, umgürtet mit einem kleinen Schweizerdegen und einer goldenen Kette, auf dem Haupt ein schwarzes samtenes Barett, an den Füssen aufgeschnittene Schuhe. Darauf kamen die Gesandten mit ihrem glänzenden Gefolge, endlich der ganze Rat. Der Nuntius hielt das Hochamt; vier musikalische Chöre liessen sich hören. Die grosse Kornhalle unter dem Rathaus war zu einem herrlich geschmückten Speisesaal, in welchem mit dem schönsten Silbergeschirr bekränzte Kredenztische prangten, hergerichtet und der Platz vor der Kornhalle in*

36 Zit. nach: Hanspeter LANZ, Ein Löwe aus Venedig, Zürich (Schweizerisches Landesmuseum) 1992.

einen Garten verwandelt worden. Mehrere Tage nacheinander folgten sich Gastmahle; bei jedem derselben wurde dreimal aufgetragen, und jeder Gang bestand aus 214 Schüsseln[37].

Die Idealisierung des politischen Festes in der Vorrevolution

Bis in die ersten Jahrzehnte des 18. Jahrhunderts wurde die Eidgenossenschaft vor allem als archaisches politisches Kuriosum angesehen, gelegentlich als Schreckgespenst für jede staatliche Ordnung. Dies änderte sich unter dem Einfluß der Aufklärung, als in der Diskussion um die politische Zukunft der Menschheit die eidgenössischen Zustände durchaus als bemerkenswert erschienen. Der Mythos der schweizerischen Freiheit, die den Verfassungen der Städte und Länder zugrunde gelegt wurde, erregte das Interesse ganz Europas. Sei es, daß die schweizerischen Zustände als wiedererstandenes Rom oder als nie untergegangene Zeugnisse eines arkadischen goldenen Zeitalters angesehen wurden – viele Aufklärer erblickten in den eidgenössischen Zuständen ein Laboratorium für die Zukunft der Menschheit.

Auch die schweizerischen Staatsdenker begannen systematisch diese Position zu vertreten. Die schweizerischen Städte betrachteten sich als die legitimen Nachfolger der römischen Republik und der griechischen Stadtstaaten; in den Staatsbauten, den Medaillen und der politischen Repräsentation nahm diese Parallele einen immer größeren Platz ein. Ludwig Meyer von Knonau, ein Zürcher Staatsmann, beschrieb das Zürich seiner Jugend folgerichtig als ein neues Rom[38]: *Im Politischen lebte ich ganz zu Rom und Lakedämon, die Spartaner hoch ehrend, die Athenienser, mit Ausnahme ihrer grössern Männer, tief verachtend. Nicht nur zu Rom, sondern auch zu Zürich war ich Patricier. Missfielen in der Regel mir die Tribunen und Demagogen, so gefiel mir doch Manches, was sie gethan hatten. In dem Hause eines Bürgermeisters lebend und als Sohn eines an den öffentlichen Angelegenheiten theilnehmenden Vaters, war ich auf Alles, was in die Politik meines Vaterlandes einschlug, sehr aufmerksam. Meinem Vaterlandssinne schmeichelten in den Orationen, die zu bestimmten Zeiten von den Lehrern am Gymnasium und den Stadtpredigern der Reihe nach gehalten werden mussten, die im schönsten Latein, ganz römisch, zwar mit grosser Ausgedehntheit abgefasste Anrede an die Staatsbehörden, wo die Consules, Patres Patriae, die Proconsules, die Quaestoren, die Viri senatoriae dignitatis et tribunitiae potestatis, die ab actis tabulisque reipublicae, die Ducentumviri, dann der Venerabilis sacrorum Antistes etc. alle nach Amt und Würde, mit mehreren Worten bezeichnet wurden und mich mitten in Rom versetzten.*

Einen ersten Höhepunkt erfuhr die Verklärung der schweizerischen politischen Feste durch Jean-Jacques Rousseau. In seiner berühmten Antwort auf d'Alemberts Artikel »Genf« in der Encyclopédie ging es um weit mehr als nur um die umstrittene Einführung des Theaters in der Calvinstadt. Das Theater wurde vielmehr zum Symbol der höfischen und dekadenten Repräsentation und der fürstlichen Festkultur. Deren

37 Kasimir PFYFFER, Geschichte der Stadt und des Kantons Luzern. Bd. 1, Luzern 1861, S. 330ff.
38 Die Lebenserinnerungen von Ludwig Meyer von Knonau (1769–1841), hg. von Gerold MEYER VON KNONAU, Frauenfeld 1883.

Rückzug aus der Öffentlichkeit und ihrer Sublimierung im Theater setzte Rousseau das republikanische Fest unter freiem Himmel entgegen. Ein Amalgam aus städtischen Festtraditionen, arkadischen Idealen und antiken Überlieferungen wurde zum Festprogramm des freien Volkes erklärt[39]: *Non, peuples heureux, ce ne sont pas là vos fêtes. C'est en plein air, c'est sous le ciel qu'il faut vous rassembler, et vous livrer au doux sentiment de votre bonheur. Que vos plaisirs ne soient efféminés ni mercenaires, qu'ils soient libres et généreux comme vous, que le soleil éclaire vos innocents spectacles; vous en formerez un vous-même, le plus digne qu'il puisse éclairer. Mais quels seront enfin les objets de ces spectacles? qu'y montrera-t-on? Rien, si l'on veut. Avec la liberté, partout où règne l'affluence, le bien-être y règne aussi. Plantez au milieu d'une place un piquet couronné de fleurs, rassemblez-y le peuple, et vous aurez une fête. Faites mieux encore: donnez des spectateurs en spectacle; rendez-les acteurs eux-même; faites que chacun se voie et s'aime dans les autres, afin que tous en soient mieux unis. Je n'ai pas besoin de renvoyer aux jeux des anciens Grecs: il en est de plus modernes, il en est d'existents encore, et je les trouve précisément parmi nous.*

Diese Interpretation der Genfer Stadtfeste als Kristallisationspunkte einer republikanischen Selbstdarstellung fand bei den Schweizern sehr rasch eine große Verbreitung und wurde schon in den Jahren vor der Revolution zum Gemeinplatz. Der Literat Johann Georg Heinzmann konnte 1794 in seiner Beschreibung der Stadt und Republik Bern lapidar postulieren: *Nichts charakterisiert den Republikaner und freyen Mann überhaupt mehr, als seine Übungen, Spiele, Lustbarkeiten und Volksfeste*[40]. Bereits vor dem Untergang des Ancien Régime waren die Feste der schweizerischen Republiken zu einem Mythos geworden[41]. Es war ein Leichtes, in der Revolution und während des 19. Jahrhunderts an diese Tradition anzuknüpfen, demokratische Akzente zu setzen und das große nationale Fest erneut zu einem der wichtigsten Akte der republikanischen Repräsentation werden zu lassen[42].

39 Jean-Jacques ROUSSEAU, Lettre à M. D'Alembert sur son article Genève, Amsterdam 1758, p. 239f. Zum Fest bei Rousseau: Paule-Monique VERNES, La ville, la fête, la démocratie. Rousseau et les illusions de la communauté, Paris 1978.

40 Johann Georg HEINZMANN, Beschreibung der Stadt und Republik Bern, Bern 1794, S. 227.

41 Grundlegend: Mona OZOUF, Les fêtes révolutionnaires 1789–1799, Paris 1976. Zur Rezeption in der Schweiz: François DE CAPITANI, Die Ideen der Französischen Revolution und die schweizerische Festkultur. Jahresbericht 1989 der Schweizerischen Akademie der Geisteswissenschaften, Fribourg 1990, S. 15–25.

42 Forschungsstand für das 19. Jahrhundert: François DE CAPITANI (in Zusammenarbeit mit Peter KAISER und Marco MARCACCI), Das nationale Fest, Basel 1991 (Nationales Forschungsprogramm 21: Kulturelle Vielfalt und nationale Identität. Reihe: Kurzfassungen der Projekte).

Diskussionsbeiträge zu den einzelnen Referaten

DISKUSSION ZUM VORTRAG BURSCHE

Ludwig: Mich wundert es nicht, daß die Lüneburger um 1874 ihr Ratssilber verkauften. Das historische Bewußtsein war im 19. Jahrhundert nicht so verbreitet, wie wir es gerne hätten. Besonders in den kleineren und verarmten Städten waren die Stadträte oft nicht historisch interessiert. – Aber ich wollte noch zwei Ergänzungen zu Ihren Erklärungen über zwei Themenbereiche beisteuern. Die eine fiel mir ein, als Sie den Reliquienschrein zeigten, an dem die Lüneburger den Eid leisten mußten. Sie sagten, daß dieser Schrein ursprünglich Reliquien enthielt und die Lüneburger dann statt ihrer die Bibel hineinlegten. Hierzu gibt es eine hübsche Parallele: Der Italiener Coelius Curio Secundus – er lebte in den zwanziger Jahren des 16. Jahrhunderts – gab ein großes Ärgernis, weil er in einem italienischen Kloster heimlich die Reliquien unter dem Hauptaltar entwendete, statt dessen ein Neues Testament hineinlegte und darauf einen Zettel, auf den er geschrieben hatte: »Dies sind die wahren Reliquien der Kirche.« Er mußte daraufhin natürlich fliehen und wurde schließlich in Basel Professor. Er teilte diese Episode in seinem Lebensbericht mit, und diese wackere lutherische Tat hat ihm natürlich viel Sympathie in lutherischen Gebieten eingetragen. Die Tat wurde in der Folge berühmt; aber es kann natürlich sein, daß derartiges öfter geschah[1]. – Zweitens zu dem Silberbecken des Hieronymus Witzendorf, auf dem die Inschrift steht »Die Freiheit, die die Vorfahren erworben haben, mögen die Nachfahren bewahren« und ein Bild von Brutus, der Rom von den Königen befreit: Das Bild von Brutus ist wohl von einer Livius-Illustration angeregt, und Livius-Illustrationen gab es in Deutschland seit 1505, als die erste illustrierte deutsche Liviusbearbeitung in Mainz gedruckt wurde[2]. Diese Illustrationen im deutschen Livius sind durch das ganze 16. Jahrhundert hindurch immer wieder aufgelegt worden, und speziell in Lüneburg waren sie bekannt. Mein Kollege Alpers hat nachgewiesen, daß die Banklaken des Lüneburger Gerichts mit Szenen aus diesen Illustrationen ausgestattet waren[3], so daß dieses Bild des Brutus auch aus diesen Livius-Illustrationen stammen könnte. Der inschriftliche Text ist indessen nicht ein Zitat aus Livius, sondern der Rhetorik ad Herennium (4, 66) mit geringer Abwandlung entnommen[4]. Sie war die gängigste antike Rhetorik im Unterricht jener Zeit. Der gleiche Satz wurde dann in einer nur geringfügig anderen Formulierung auf den Stadttoren von Hamburg angebracht, als die neue Stadtbefestigung zu Anfang des 17. Jahrhunderts erbaut wurde. Die Inschrift ist für zwei Stadttore bezeugt. Hier könnte die Lüneburger Schale die Inschrift auf den Hamburger Stadttoren angeregt haben, es könnte aber auch sein, daß dieser Satz überhaupt nicht zuerst in Lüneburg verwendet wurde, sondern daß er in dieser Zeit als Ausdruck städtischen Freiheitsbewußtseins generell Verwendung fand. Meine Frage lautet: Ist ein derartiger Satz auch aus anderen Städten bekannt? Es fällt auf, daß der Satz gerade in Lüneburg und dem benachbarten Hamburg nachzuweisen ist. Aber da er aus der pseudociceronischen Rhetorik ad Herennium stammt, ist es durchaus möglich, daß er von da aus auch von anderen Städten übernommen wurde.

1 Vgl. dazu W. Ludwig, Castiglione, la moglie e Ovidio, in: Medioevo e Rinascimento 5, N. S. 2, 1991, S. 81 ff., hier S. 83.

2 Vgl. dazu W. Ludwig, Römische Historie im deutschen Humanismus. Über einen verkannten Mainzer Druck von 1505 und den angeblich ersten deutschen Geschichtsprofessor. Berichte aus den Sitzungen der Joachim Jungius-Gesellschaft der Wissenschaften Hamburg 5, 1987, Heft 1.

3 Siehe K. Alpers, Livische Figuren, Planeten-Götter und Wilde Männer, in: Lüneburger Blätter 23 (1977), S. 41 ff.

4 Vgl. W. Ludwig in: Ders. (Hg.), Die Antike in der europäischen Gegenwart, Göttingen 1993, S. 9 f.

Schwarzmaier: Ich möchte eine Frage stellen, die mit dem Stifter dieser Pokale zusammenhängt. Dies ist ein Phänomen, das uns aus dem frühen Mittelalter bekannt ist als die religiöse Stiftung, die an ein Kloster oder an eine Kirche getätigt wird, wobei ein Kelch oder eine Schale, jedenfalls eine Goldschmiedearbeit, als religiöses Gerät gestiftet wird. Dies hat seine zwei Seiten: Der Stifter überläßt dem Kloster beziehungsweise der Kirche einen Wertgegenstand, der auch in Geld zurückverwandelt werden kann; die Gegenleistung ist religiöser Natur und besteht im Gebetsgedenken für den Stifter oder seine lebenden und verstorbenen Angehörigen. Meine Frage ist: Hat eine ähnliche Vorstellung dazu beigetragen, daß der Stifter sich die Stadt verpflichtet? Besteht auch hier eine Gegenleistung in Form des Totengedächtnisses oder, in säkularisierter Form, darin, daß des Stifters gedacht wurde, so oft man den Pokal benutzte? Geht es also auch hier, in mittelalterlicher Tradition, um die vom Rat der Stadt zu pflegende Memoria für den Stifter?

Bursche: Es gibt darüber eingehende Untersuchungen. Bräuche dieser Art sind schon für die Gründungsphase der Städte im 13. Jahrhundert nachzuweisen, die, wie ich erwähnt habe, durch religiös bestimmte Bruderschaften, Gilden und Schwurverbände geprägt war. Allerdings standen die späteren Räte mit diesen, wie man noch im 19. Jahrhundert annahm, nicht in einem direkten Traditionszusammenhang, sondern es scheint bei den Stadtneugründungen im 13. und 14. Jahrhundert eher zu bewußten Rückgriffen auf die älteren Bräuche gekommen zu sein. Meine Hypothese ist nun, daß mit den Ratsschätzen davon länger etwas lebendig geblieben ist. Besonders zeigt sich dies in Lüneburg: In seinem Ratssilber manifestierte sich die Geschichte der führenden Familien der Stadt, die noch bis zum Ende des 18. Jahrhunderts den Rat beherrschten und den Schatz vor der Einschmelzung bewahrten.

Roeck: Ich wollte auf eine Parallelerscheinung hinweisen. Mich interessiert, ob es für die deutschen Verhältnisse ebenfalls Belege gibt. Der venezianische Doge mußte, wenn er sein Amt antrat, eine *promissione* beschwören, eine Art Wahlkapitulation. Darin war unter anderem festgelegt, daß er bestimmte Gaben zu leisten hatte, Votivgaben verschiedenster Art, darunter – was nicht in der *promissione* stand, aber wohl Tradition war – ein Gemälde (wohl schon vor dem 15. Jahrhundert), das dann im Dogenpalast aufgehängt wurde. Für das 16. Jahrhundert ist dies sehr gut faßbar. Für Leuchter und andere Preziosen bestand eine solche Verpflichtung ausdrücklich. Meine Frage lautet: Gab es etwas Vergleichbares auch in deutschen Städten? Schriftlich war es wohl nicht festgelegt, sonst hätten Sie es erwähnt, aber vielleicht war es ebenfalls eine Gewohnheit, daß beispielsweise ein Bürgermeister beim Amtsantritt oder wer auch immer sich dem sanften Druck ausgesetzt sah, etwas zum Ratssilber beizusteuern. Noch eine kleine Anmerkung zur »Funktion« dieses Silbers: Der Kunstagent Hainhofer berichtet über ein Gespräch mit Conrad von Gemmingen, dem Fürstbischof von Eichstätt, daß dieser ihm erzählt habe, er habe durch Augsburger Goldschmiede neues Silber herstellen lassen – das sei eine wunderbare Sache, man könne es einschmelzen und wieder zu Geld machen[5]. Man sollte also vielleicht daran erinnern, daß bei solchen Kunstwerken die Arbeitskosten im Vergleich zu den Materialkosten sehr, sehr gering waren; das gilt übrigens auch für andere Produkte sowie für Bauwerke – Transport und Material waren in der frühen Neuzeit sehr viel teurer als die reine Arbeit. Dies erklärt wohl auch, warum diese Ratssilber so selten sind.

Bursche: Maßgeblich war aber ebenso – und das gilt besonders für das Lüneburger Ratssilber – der immaterielle Wert der Gegenstände. Sie sind hier eher Kirchenschätzen vergleichbar, deren repräsentative Wirkung auch wesentlich von ihren inhaltlichen Bedeutungen bestimmt war. Zur Frage von Herrn Roeck: Die Regel scheint gewesen zu sein – für Hamburg ist das gut belegt –, daß Ratsmitglieder beim Ausscheiden eine Stiftung zu ihrem Gedächtnis machten. Ein Beispiel eines

5 Die in der Diskussion aus dem Gedächtnis zitierte Quellenstelle lautet: *Etlich guldine Geschirr, die Ihre Frstl. Gn. nit gefallen, lassen Sie wider inn tigel werffen, sagend, dass macherlohn seye ein geringes vnd acht ers als ein Fürst nit hoch, es komme amm Werth wider herein, inn dem dass gold täglich steig…* (1611; vgl. Chr. HÄUTLE, Die Reisen des Augsburger Patriziers Philipp Hainhofer…, in: Zeitschrift des Historischen Vereins für Schwaben und Neuburg 8 [1881], S. 1–316, hier S. 28).

Geschenkes zum Amtsantritt stellt der Elefantenzahn aus dem Lüneburger Ratssilber dar, den der Bürgermeister Cord Lange dem Rat im Jahre 1486 verehrte. Häufig gingen die Stiftungen auf testamentarische Verfügungen zurück. Auch hier sind Parallelen zum kirchlichen Bereich festzustellen. Die Frage, ob etwas unter bürgerlichem oder geistlichem Vorzeichen stand, ist falsch gestellt, denn beide Sphären waren in dieser Zeit – und das trifft auf Lüneburg sicher in besonderem Maße zu – noch eng miteinander verwoben. Dies wird vor allem am Beispiel der Bruderschaften deutlich, etwa der Lüneburger Kalandsbruderschaft, die zu den vornehmsten der Stadt zählte. Ihr gehörten gleichermaßen Personen aus dem geistlichen wie dem weltlichen Lebensbereich an. Vielleicht stammt die Marienstatue des Lüneburger Ratssilbers aus dem Besitz dieser Korporation, und die Tatsache, daß von deren Mitgliedern auch viele im Rat der Stadt saßen, mag die Figur vor der Zerstörung gerettet haben. Die Reformation vollzog sich in Lüneburg übrigens recht friedlich, und ein Teil der Ratsangehörigen hing noch längere Zeit dem alten Glauben an.

Andermann: Offenbar habe ich mich vorhin mißverständlich ausgedrückt, denn es ging mir nicht etwa um den Gegensatz bürgerlich–geistlich oder geistlich–weltlich. Der entscheidende Gegensatz ist hier doch der zwischen Bürgertum und Adel: Es hätte mich interessiert, worin sich die bürgerliche Repräsentation im Sakralbereich von der adeligen unterscheidet. Aber dazu will ich jetzt nichts mehr sagen, vielmehr möchte ich die Frage nach der Funktion des Silbers aufgreifen und mich auf die Ausführungen von Herrn Schwarzmaier und Herrn Roeck beziehen. Ich denke, daß dieses Silber bei allen möglichen Anlässen präsentiert wurde. Warum sonst ist es gerade in den Schränken des Ratssaals verwahrt worden? Repräsentation ist doch immer auch die Veranschaulichung von Legitimität, und wenn eine Stadt ihr Ratssilber präsentiert, dann demonstriert sie damit ihre Wirtschaftskraft, und das ist ja schließlich auch ein Stück Legitimität. Wenn ein ehemaliger Bürgermeister einen solchen Pokal stiftet, sorgt er für sein Andenken in künftigen Generationen, denn wenn dieser Pokal bei diesem oder jenem Anlaß gezeigt wird, ist das immer zugleich eine Erinnerung an den Stifter, dessen Wappen darauf prangt. Das sind die Funktionen des Ratssilbers, die man m.E. sehr ernstnehmen muß. Als reine Wertanlage scheint mir derartiges Geschirr weniger geeignet. Selbst wenn man den Arbeitslohn des Gold- oder Silberschmieds nicht allzu hoch ansetzt, bleibt es unwirtschaftlich, das Edelmetall zuerst aufwendig zu verarbeiten, um es bei Bedarf dann wieder einzuschmelzen; da hätte man es besser gleich als Barren aufbewahrt – freilich nicht im Ratssaal, sondern im Kirchturm oder in einem anderen sicheren Gewölbe, vielleicht im Archiv bei den städtischen Rechtstiteln. Ich glaube, daß dieses Ratssilber etwa bei der Huldigung oder bei anderen Gelegenheiten gezeigt worden ist, wenn der Herzog in die Stadt kam, und daß man damit zum Ausdruck bringen wollte: Seht her, so etwas können wir uns leisten, so groß ist unsere Finanzkraft, aus der wir unser Selbstbewußtsein und unsere Legitimität als Bürgermeister und Rat ableiten.

Bursche: Sicher spielten diese Gesichtspunkte immer eine Rolle, doch mir geht es noch um eine andere Bedeutungsebene. Für die Menschen dieser Zeit verbanden sich mit dem materiellen Wert von Edelmetallen oder Edelsteinen stets auch symbolische, von religiösen Vorstellungen geprägte Inhalte, die wir heute nur mehr schwer verstehen. Der sakrale Charakter der Gedächtnisstiftungen ist auch hierin begründet und wird hierdurch veranschaulicht. Vor diesem Hintergrund muß vor allem der Lüneburger Beschluß von 1476 gesehen werden, möglichst nichts vom Ratssilber zu veräußern. In süddeutschen Städten scheinen übrigens derartige Traditionen weniger verankert gewesen zu sein. So wurden die Stücke des Nürnberger Ratssilbers, das zeitweise sehr umfangreich war, immer wieder verschenkt.

Andermann: Wenn das Silber verschenkt wird, geht die repräsentative Funktion natürlich verloren. Dann behält es nur noch seinen Material- oder Kunstwert, denn mit einem fremden Wappen läßt sich schlecht repräsentieren. Das ist wie mit Gläsern, in die ein Monogramm eingraviert ist; wenn man sie verkaufen will, erlöst man natürlich viel weniger als mit ungravierten Gläsern, weil dem Käufer der Bezug zur »eingravierten Tradition« fehlt. Man kann sich bei einer Repräsentation, die Glaubwürdigkeit beanspruchen will, schlecht mit fremden Federn schmücken.

Bursche: Es blieben einige Beispiele erhalten, die speziell als Geschenke für bestimmte Anlässe angefertigt worden sind. Eines davon ist der sogenannte Kaiserpokal im Berliner Kunstgewerbemuseum, eine der bedeutendsten Goldschmiedearbeiten ihrer Art, die als Geschenk der Stadt Nürnberg wohl für Kaiser Maximilian II. bestimmt war. Er beinhaltet ein detailliertes politisches Programm. In Lüneburg war das Ratssilber streng in zwei Abteilungen geschieden. In der einen befanden sich die schenkbaren, auf Vorrat hergestellten Stücke, die zum Teil sogar in den Inventaren aufgeführt werden. In der anderen war der feste Bestand vereinigt, dem nichts entnommen werden durfte. Doch traten Situationen ein – etwa unvorhersehbarer hoher Besuch –, die es notwendig machten, dieses Prinzip zu verletzen. Wie ich erwähnt habe, sind dafür geopferte wichtige Stücke später nachgefertigt worden.

Zahlten: Die Präsentation des Lüneburger Ratssilbers scheint eine sehr gezielte Zurschaustellung gewesen zu sein, denn diese repräsentativen Stücke wurden ja, wie Sie ausgeführt haben, nicht jedem gezeigt oder gar der Öffentlichkeit vorgeführt. Ihre Präsentation zielte auf bestimmte Gruppen, bestimmte Personen. Die Bildbeispiele zeigten, wie solche Gefäße auf Kredenzen präsentiert wurden; sie lagen bezeichnenderweise im Bereich des Kurfürsten. Darauf bezogen sich die gezeigten Stiche. Nun stellt sich die Frage: Gibt es Belege aus dem bürgerlichen, städtischen Bereich, wo solche bildlichen Darstellungen noch vorhanden sind?

Bursche: Zwei Beispiele kann ich nennen: Das Festmahl anläßlich der Gründung der Universität Kiel, das ich im Stich zeigte. Deutlich sieht man auf einer Kredenz eine Reihe von Pokalen verschiedener Form und Größe stehen. Des weiteren war kürzlich, auf der großen Hanse-Ausstellung in Hamburg, ein Gemälde aus Lübeck mit der Darstellung des Audienzsaales des dortigen Rathauses zu sehen. Im Hintergrund befindet sich eine Schenktafel mit Kannen und Bechern.

Schwarzmaier: Mir fällt gerade ein Beispiel ein, wo ein solcher Pokal heute noch in Benützung ist, und dort kann man die Repräsentationsidee vielleicht am besten studieren. Das Beispiel stammt aus Stein am Rhein, wo ein großer mehrere Liter Wein fassender Pokal zum Willkomm präsentiert wird, ein überaus wertvolles Stück, Stiftung des Steiner Bürgers Rudolf Schmid von Schwarzenhorn (gestorben 1667), der es in österreichischen Diensten zum Hofkriegsrat und Gesandten bei der türkischen Pforte gebracht hat und der seiner Heimatstadt 1660 diesen Pokal gestiftet hat. Ich habe vor einigen Jahrzehnten erlebt, daß aus diesem Pokal aus festlichem Anlaß getrunken wurde; bei dieser Gelegenheit sieht man am deutlichsten, was Repräsentation in einer Stadt bedeutet. Denn dabei nimmt der Bürgermeister die Gelegenheit wahr, den Gast auf verschiedene Dinge hinzuweisen: zum einen natürlich auf die Tradition des Pokals, zum anderen auf die Tradition der Stadt und schließlich auch auf ihren geistigen, kulturellen und wirtschaftlichen Reichtum, der sich in diesem Objekt in ganz besonderem Maße niederschlägt.

Wesoly: Das Thema der Tagung lautet ja eigentlich »Stadt und Repräsentation«, aber nach allem, was wir gehört haben, wird man wohl mit großem Nachdruck darauf verweisen müssen, daß daneben oder sogar vor allem der einzelne Bürger oder Geistliche sich als Schenker repräsentiert sehen wollten. Dies konnten die Wappen deutlich machen, die man – wie auf den gezeigten Fotos zu sehen war – alle an hervorragender und gut sichtbarer Stelle angebracht hatte. Zu nennen sind hier auch die Zunftpokale, auf denen sich der Schenker verewigte oder bei denen zumindest auf einem Anhänger der Name eingraviert wurde. Mit solchen Schenkungen wollte man als Einzelperson zeigen, daß man sich in dieser Stadt verwurzelt fühlte und sich mit ihr identifizierte. Gleichzeitig trug man damit sicher zur Repräsentation der Stadt insgesamt bei und wohl auch zu deren Kreditwürdigkeit. Wenn man, wie ich, hauptsächlich wirtschaftsgeschichtlichen Fragen nachgeht, wird man der Behauptung, der Materialwert der Geschenke spiele nur eine untergeordnete Rolle, nicht so ohne weiteres zustimmen können. Ich denke, den damaligen Menschen hat das Bewußtsein, daß es wertvolles Ratssilber und andere kostbare Dinge gibt, schon beruhigt. Das gilt vor allem für jene Bürger und Auswärtigen, die den Städten größere Summen liehen.

Drollinger: In Stuttgart gab es sicher kaum Ratssilber, mit dem viel Staat zu machen gewesen wäre. Außerdem hat sich von diesem alten Ratssilber nichts erhalten. Interessant ist vielleicht aber ein Hinweis auf die Beschaffung der silbernen Pokale: Das Stuttgarter Stadtrecht von 1492 erwähnt den Brauch, daß die neu in das Gremium der Richter aufgenommenen Mitglieder ein »köstliches Mahl« auszurichten hatten. Dieses Festmahl war damals schon längere Zeit außer Mode gekommen. Statt dessen sollten nun die erstmals in das Gericht berufenen Richter einen silbernen Becher im Wert von vier Gulden stiften. Wer schon dem Gericht angehört hatte und später wieder gewählt wurde, mußte für die Beschaffung von Silbergeschirr zwei Gulden geben. Dieses Silber sollte im Besitz der Stadt bleiben und in keiner anderen Weise Verwendung finden.

Roeck: Zur Frage der Funktion dieser Repräsentationsobjekte möchte ich etwas sagen, das vielleicht eher zur Schlußdiskussion gehört. Es ist zu fragen: Welches Publikum erfährt Wirkung durch diese Dinge? Der Mensch der Frühen Neuzeit erfährt eine gegenüber der Moderne andersartig gestaltete Umwelt; er staunt über anderes, findet anderes »normal«. In diesem Zusammenhang könnte man auf die Bedeutung wertvoller Farben und Baustoffe verweisen, auf die Ikonologie des Materials. Alle drei Beschreibungen, die von den Privatgemächern des venezianischen Dogen aus dem 15. Jahrhundert erhalten sind, enthalten Hinweise auf das Gold oder den Marmor, mit dem der Doge sich umgab; wichtige Figuren auf Gemälden dieser Epoche – etwa die Madonna – sind oft mit Farben gemalt, die besonders teuer und kostbar waren, etwa mit Ultramarinblau, das aus Lapislazuli gefertigt wird[6]. Über die alle Maße sprengenden Palastbauten der Florentiner Renaissance wurde gesagt, diese seien eine Art »Kreditkarte der Elite« gewesen, stünden für Macht und wirtschaftliche Bonität.

DISKUSSION ZUM VORTRAG LUDWIG

Wesoly: Sie haben einige Bemerkungen zur Motivation gemacht, weshalb die von Ihnen angeführten Gedichte geschrieben worden sind. Soweit ich das richtig verstanden habe, waren es eigentlich immer persönliche Beziehungen und Anliegen, die die Schreiber zur Feder greifen ließen. Gibt es daneben Hinweise darauf, ob die Städte selbst an die Autoren herangetreten sind und ihnen entsprechende Aufträge erteilt haben? Da die Städte in den Gedichten immer sehr gepriesen werden, liegt eine solche Vermutung nahe. Noch etwas anderes: Durch die lateinische Sprache wird ja nur ein begrenzter Personenkreis angesprochen. Ich möchte deshalb fragen, ob es bereits zeitgenössische Übersetzungen von Städtegedichten gibt.

Ludwig: Die Motivation hat natürlich meistens auch mit persönlichen Wünschen und der Frage des Fortkommens zu tun. Die Stadtlobgedichte werden häufig verfaßt, wenn ein Humanist in eine Stadt gekommen ist, der sich nun der Stadt beziehungsweise der Universität empfiehlt. Insbesondere wenn eine Universität in der Stadt ist, hofft man natürlich, bei der Universität Gunst zu gewinnen. Direkte Aufträge der Städte, also ein Auftrag des Rats oder des Bürgermeisters, sind mir nicht bekannt, dagegen erwarteten manche Humanisten natürlich ein Geldgeschenk vom Rat und waren dann unter Umständen enttäuscht, wenn der Rat ihre Dichtung nicht in dem Maße entlohnte, wie sie das vielleicht erhofft hatten. Derartige Enttäuschungen gibt es, aber auch gewisse Geldgeschenke vom Rat oder von bestimmten Stadträten für die Autoren. Normalerweise war es ein immaterieller Gewinn, den die Autoren für ihr Fortkommen innerhalb der akademischen Welt erwarten konnten. – Deutsche Stadtlobgedichte gibt es in wesentlich weniger artikulierter Form. Vor allem in Nürnberg gab es deutsche Texte, insbesondere aus dem 16. Jahrhundert. Sie sind aber viel simpler und nicht derart kunstvoll gestaltet. – Zur zweiten Frage: Man darf wahrscheinlich die Zahl derer, die Latein verstanden, nicht zu gering veranschlagen, denn es wurden ja auf den Lateinschulen an viele Bürgersöhne gewisse Lateinkenntnisse vermittelt. In

6 Vgl. Michael BAXANDALL, Die Wirklichkeit der Bilder. Malerei und Erfahrung im Italien des 15. Jahrhunderts, Frankfurt 1977 (engl. Original Oxford 1972); Robert S. LOPEZ, Hard Times and Investment in Culture, in: The Renaissance. A Symposium, New York 1952, S. 29–54.

erster Linie waren solche Gedichte natürlich für Studenten und Absolventen von Artistenfakultäten bestimmt. Manchmal war es wohl aber auch einem Lateinschulabsolventen möglich, sie zu lesen. Es war ein kleiner, aber wahrscheinlich nicht so kleiner Bevölkerungsanteil, wie man das aufgrund der heutigen Schwierigkeit, einen solchen Text zu verstehen, vielleicht annimmt.

Kirchgässner: Darauf bezieht sich auch meine Frage. Als es dem Steuerschreiber von Esslingen wieder einmal mit einer Sitzung in den vierziger Jahren des 15. Jahrhunderts zu lange dauerte, schrieb er hinten ins Steuerbuch eine lateinische Versfassung der Zehn Gebote, und dies bereits unter Verwendung des griechischen Terminus *mechus* für »Dieb« und der gleichzeitigen Verwendung der arabischen Null, was für den Wirtschaftshistoriker natürlich von besonderer Aussagefähigkeit ist. Offenbar hat der Steuerschreiber, der sicher nicht zur geistigen Elite der Reichsstadt gehörte, diese Versfassung doch zumindest verstanden. Meine Frage ist also, ob diese geistigen »Unruhebewegungen« der Vorreformation wie der Frührenaissance nicht breitere Schichten erfaßt haben, als man dies lange Zeit annahm, beziehungsweise ob nicht mehr Personen zumindest partiell Zugang zu diesen geistigen Bewegungen gehabt hatten, als wir vermutet haben. Es kommt natürlich hinzu, daß gerade in den weiten Wanderungen, wie sie das zünftische Leben mit sich brachte, derjenige bevorzugt war, der wenigstens in Grundzügen Latein konnte. Das war nicht nur eine Sache hoher Gelehrsamkeit, sondern eben auch der Praktikabilität für Menschen, die mitten im Leben standen; etliche Steuerschreiber werden übrigens ausdrücklich als »Kramer« bezeichnet, waren aber weit herumgekommen und gelegentlich auch ökonomisch in guter Position.

Ludwig: Eingehende bildungs- und sozialgeschichtliche Untersuchungen über das Ausmaß der Lateinkenntnisse gibt es nicht, soviel ich weiß. Die Lateinkenntnisse waren natürlich gestuft. Es gab ein weites Spektrum jener, die gerade eine Grabinschrift lesen konnten, bis hin zu denen, die einen größeren Text mühelos verstehen konnten. Es gibt natürlich Schulgeschichten – Darstellungen, wo Schulen waren und welche Anforderungen sie stellten, welche Lehrpläne die Schulen und Universitäten hatten und dergleichen –; aber wie weit nun die Lateinkenntnisse tatsächlich verbreitet waren und in welchem Maße sie bei den verschiedenen Gruppen vorhanden waren, bleibt offen. Diejenigen, die überhaupt zum Latein Zugang hatten – und das waren alle, die eine Lateinschule besuchten –, waren natürlich weit mehr als jene, die danach in eine Artistenfakultät gingen. Die Lateinschulen besuchten auch künftige Handwerker und Kaufleute, die später nicht studierten. Das quantitative Ausmaß ist, soviel ich weiß, nicht untersucht, so daß man nur Vermutungen oder einzelne Beispiele geben kann. Das liegt daran, daß diese Fragestellung bisher eben nicht im Zentrum der historischen Forschung stand.

DISKUSSION ZUM VORTRAG ZAHLTEN

Treffeisen: Der Bau eines Rathauses ist eine rein bürgerliche Angelegenheit. Anders sieht es hingegen beim Kirchenbau aus. Nicht jede Kirche in einer Stadt ist auch eine Bürgerkirche. Es kann hier ein Spannungsdreieck zwischen Stadtherr, Bürgerschaft und Geistlichkeit entstehen. Hinweise zum Einfluß auf eine städtische Kirche kann beispielsweise die Handhabung des Patronatsrechts bieten. Die Patronatsrechte des Freiburger Münsters beispielsweise lagen bei den Grafen von Freiburg als Stadtherren und gingen 1368 auf die Habsburger als neue Stadtherren über. Prägnanterweise wird dieses Patronatsrecht zur Mitte des 15. Jahrhunderts nicht an die Bürgerschaft übertragen, sondern an die neugegründete Universität. Es existiert hier also ein latentes Spannungspotential Bürgerschaft – Kirche – Patronatsherr. Dies spiegelt sich auch in der Verwaltung des Kirchenbaus wider. Zur Vermeidung eben jener Spannungen beziehungsweise zur Durchsetzung des bürgerlichen Einflusses kam es in Freiburg und ebenso in Neuenburg am Rhein zur Trennung der Kircheneinkünfte. Es wurde zum einen eine rein kirchliche Kasse eingerichtet, der ein Geistlicher als Verwalter vorstand. Zum anderen wurde eine eigene Kasse für den Kirchenbau installiert, für die ein oder mehrere Bürger als Verwalter zuständig waren.

Es gab noch eine dritte Möglichkeit der Kapitalakkumulation bei der Stadtkirche. Dies waren die Altarstiftungen, die Sie ja auch genannt haben. Bei Altarstiftungen trat immer ein Stifter oder eine Stifterfamilie in Erscheinung. In den Stiftungsurkunden wurde dann immer genau festgelegt, wem die Präsentation des Altaristen oblag. Zunächst behielt sich dies natürlich die Familie in der Regel selbst vor. Für den Breisgau konnte ich nun beobachten, daß die Städte versuchten, im Falle des Aussterbens der Stifterfamilie das Präsentationsrecht urkundlich dem Rat zu übertragen. Derartige Klauseln finden sich bereits in den Urkunden zur Einrichtung der Stiftung. Nun zu meiner Frage: Wird dieses Spannungspotential zwischen Klerikern, Bürgern und dem Stadtherrn auch in bildlichen Darstellungen oder bei Skulpturen in und an der Kirche sichtbar? Gibt es also am Kirchenbau irgendwelche zwei- oder dreidimensionale Objekte, die diese latent vorhandenen Spannungen thematisieren?

Zahlten: Vielen Dank für diese Ergänzung. Ich würde sagen, daß diese Spannung sich beispielsweise architektonisch im Planwechsel des Freiburger Münsters zeigt. Sie wird noch stärker im Bereich der Ausstattungsstücke sichtbar, wenn man sich Kirchen ansieht, die noch komplett ausgestattet sind. Einen reichen Bestand aus dem Spätmittelalter gibt es im norddeutschen Bereich in Mecklenburg; in Süddeutschland jedoch ebenfalls, wenn man die wenigen erhaltenen Beispiele wie etwa das Ulmer Münster betrachtet. Was die Anzahl der vorhandenen Altäre betrifft, wird man auf sehr individuelle und nicht nur zeitlich unterschiedliche Lösungen stoßen. Denn man holte diesen oder jenen Künstler oder ganze Handwerkergruppen, auch von auswärts, um etwas zu schaffen; manchmal ist das Ergebnis sehr einheitlich. Nehmen wir Jörg Syrlin d. Ä.: Zwar hatte er den Auftrag bekommen, das Chorgestühl und den Hochaltar in Ulm zu gestalten, aber er hatte eine große Anzahl anderer Künstler mit zu dieser Arbeit herangezogen. Die gezeigten Dias verfälschen natürlich immer die höchst unterschiedlichen realen Maße der Objekte. Wenn ich ausführte, daß der Hochaltar 15 bis 17 Meter hoch, andere Altäre nur knapp 1 Quadratmeter groß waren, so wird auch hier eine Spannung in den Größenverhältnissen sichtbar. An fast jedem Pfeiler des Münsters waren Altäre angebracht. Gerade in dieser Vielfalt tritt ein Spannungsverhältnis zwischen den einzelnen Stiftungen zutage; auch darin, welchen bedeutenden Künstler man heranholen konnte, um überhaupt ein solches Kunstwerk zu schaffen. Es spielte auch eine Rolle, was man dafür bezahlen konnte, wenn man zum Beispiel eine ganze Kapelle, etwa die Ulmer Bessererkapelle, mit Glasfenstern auszustatten beabsichtigte. An der chronologischen Entwicklung einzelner Bauteile lassen sich ebenfalls kunstsoziologische Beobachtungen anstellen, zum Beispiel wenn ein Bau um 1280 begonnen wurde und sich seine Fertigstellung bis 1370 oder gar 1450 hinzog. Ich meine hier nicht nur die stilistischen Unterschiede. Man kann es auch daran sehen, daß man in Ulm, wie der Bericht Fabris ausführte, Skulpturen aus dem alten Bau an die neuen Seitenportale übertrug. Man wollte diesen alten Bestand sicherstellen, hat dann aber für die Westportalanlage ein neues Konzept entwickelt und ausgeführt, das die Schöpfungsgeschichte und andere Szenen zeigte. Auch darin zeigt sich ein bißchen von dieser Spannung zwischen den verschiedenen Interessengruppen.

Kirchgässner: Wir sollten nicht vergessen, daß Freiburg de jure eine landesherrliche Stadt war. Sie war freilich um diese Zeit in ihrer Aktionsfähigkeit so wenig eingeschränkt, daß sie zum Beispiel im Rappenmünzbund eine eigene Währungspolitik verfolgen konnte – ein Handlungsspielraum, der unserer heutigen Denkweise natürlich schroff widerspricht. Faszinierend ist des weiteren das Verhältnis der Bürger zu ihrer Kirche, wobei im Falle Vorderösterreichs der Himmel hoch und der Kaiser weit weg war. Auf die Klagen sollte man aber nicht allzu sehr rekurrieren – wann hat man über Abgaben nicht geklagt? Die freiheitliche Situation im Breisgau war jedenfalls beachtlich, und die Bürger haben dies auch durchaus so empfunden und ausgenutzt. Es ergibt sich insofern eine ganze Reihe von Parallelen zu den Verhältnissen in der Reichsstadt Ulm.

Andermann: Mir ist nicht so recht klar geworden, wo nun bei der vorgeführten Repräsentation im Sakralbereich das typisch Bürgerliche zu suchen ist.

Zahlten: Das ist eine schwierige Frage. Ich würde mir nicht anmaßen zu sagen, daß ein Künstler für eine Stadt in anderer Weise künstlerisch gearbeitet hätte als etwa für einen Fürstbischof, sondern ich würde es eher so zu erklären versuchen, daß – wenn man den historischen Kontext einer Stadt mit einbezieht, gleich welche Funktion diese hat – sich das Gemeinschaftsbewußtsein der Bürger, das Herr Kirchgässner soeben erwähnt hat, in den künstlerischen Werken widerspiegelt. So wird es in dem Ulmer Text, den ich eingangs zitiert habe, deutlich: Die Bürgerschaft tritt als weltliche Gemeinschaft auf, die diesen Auftrag erteilt und darüber wacht, daß er ausgeführt wird, etwa von den Parlern. Diese Mitglieder einer Künstlerfamilie haben für Städte wie Schwäbisch Gmünd gearbeitet, sie waren ebenfalls für den Kaiser in Prag oder vorher für den Erzbischof in Köln tätig. Ich würde ihre Werke nicht als bürgerliche, kaiserliche oder bischöfliche Kunst bezeichnen, obwohl ich glaube, daß das Produkt auch immer vom Auftraggeber abhängt, für den es gearbeitet wurde, gleichgültig ob von einem Architekten, Bildhauer oder Maler.

Andermann: Meine Frage zielte darauf, ob es im Sakralbereich überhaupt eine typisch bürgerliche Repräsentation gibt. Die Einturmfassade findet man auch bei nichtbürgerlichen Kirchen, und alles andere – die Grabmäler und ihr Stil und namentlich die Totenschilde – sind ja aus einem ausgesprochen nichtbürgerlichen Bereich adaptiert.

de Capitani: Wichtig ist auch, daß der Kirchenbau an sich identitätsstiftend wirkt. Der Bau einer großen Kirche war ja mit riesigen Ausgaben verbunden, die in keinem Verhältnis zu anderen Staatsaufgaben standen. Ein Beispiel: Als 1473 der Finanzverantwortliche der Stadt Bern alle anstehenden Bauprojekte (Befestigungen, Brücken, Kirchen, Verwaltungsgebäude etc.) der Stadt auflistete, kam er auf eine Summe, die niedriger lag als die Kosten des neuen Münsters (Archiv des Historischen Vereins des Kantons Bern IX, S. 200–208). Die innere politische Entwicklung der Städte ging bekanntlich nie reibungslos vor sich; Spannungen innerhalb der Bürgerschaft brachen in Bern wie anderswo immer wieder auf. Hier konnte ein großes gemeinsames Werk, das unter schweren finanziellen Opfern vollbracht wurde, Identität stiften. Ein solches Bauwerk ist Teil der städtischen Repräsentation, nicht durch seine Architekturmerkmale, sondern durch seinen Entstehungsprozeß als kollektives Werk.

Zahlten: Vielen Dank. Das zeigt sich gerade in dem Text Fabris und den Miniaturen, die ja besonders darauf hinweisen, daß es eben die Stadt und keine andere Gruppe ist. Selbst die toten Bürger sind noch daran beteiligt, was in den Totenmessen und ihrem Gedächtnis zum Ausdruck kam. Freilich hatten auch andere soziale Gruppen diese Bauformen und -motive verwendet. Es gibt das bezeichnende Regensburger Beispiel, entsprechend der neuen »Mode« und wegen örtlicher Differenzen zunächst nur einen Turm im Westen zu errichten und dann auf bischöfliches Veto hin mit dem Bau einer Zweiturmfassade zu beginnen, die deutlich machte, wer hier die Zuständigkeit besaß.

de Capitani: Die Frage war oft nicht so sehr, wieviel Geld man hatte, sondern wieviel Kredit man zu welchen Bedingungen bekommen konnte. Setzte sich eine Stadt mit ihrem ganzen politischen Gewicht für den Kirchenbau ein, so ließen sich auch günstige Kredite aufnehmen. Der politische Einsatz für den Kirchenbau konnte sich auf allen Gebieten auszahlen. Einmal mehr ein drastisches Beispiel aus Bern: Das neue Münster brauchte eine Hauptattraktion, eine bedeutende Reliquie. Also wurde das Haupt des hl. Vinzenz in Köln gestohlen und nach Bern gebracht. Sofort suchte Bern in Rom um die Absolution für dieses Verbrechen nach. Trotz der durchaus berechtigten Proteste der Kölner wurde diese erteilt, denn die Berner konnten politischen Druck ausüben. Rom wollte sich die Hilfe der Eidgenossen gegen Österreich im Thurgau sichern und sanktionierte den Kirchenraub. Hier müßte man weiterforschen: welche Kredite und welche Vorteile konnten wo mit dem Einsatz politischer Mittel erhalten werden? So könnten die Fragen nach Finanzkraft und Finanzmöglichkeit in einen größeren Kontext gestellt werden. Es war im Mittelalter nicht anders als heute: die Städte hatten kein Geld, sie hatten aber Kredit.

Kirchgässner: Für eine Mittelstadt, die vielleicht 4000 bis 5000 Einwohner hatte, ist das – wieder auf das Beispiel Freiburg bezogen – eine enorme Leistung gewesen. Otto Feger hat freilich schon vor Jahren darauf hingewiesen, daß sich das Verhältnis zwischen Einnahmen und Ausgaben in spätmittelalterlichen Städten in Relationen bewegte, von denen ein heutiger Stadtkämmerer nur träumen kann. Darüber hinaus wies Herr de Capitani völlig zu Recht darauf hin, daß wir einen hervorragend und vor allem rasch funktionierenden Kapitalmarkt voraussetzen können. Daß überdies politische Macht und Geld einiges miteinander zu tun haben, ist ja nicht neu. Es ist insofern ganz nützlich, auch in unserem Kreis in aller Nüchternheit davon zu sprechen, daß Kirche und Kirchenbau durchaus auch mit Geld zu tun hatten.

de Longueville: Sie haben von den verschiedenen Funktionen des kirchlichen Repräsentationsbaus gesprochen. Sind Ihnen Fälle bekannt, in denen nicht nur bürgerschaftliche Kirchenbauten, sondern auch Bischofskirchen als Gericht oder als Raum für sonstige nichtkirchliche Versammlungen dienten?

Zahlten: Was diese Gerichtsfrage angeht, so ist als Beispiel vor allem Straßburg zu nennen, wo vor dem Südportal des Münsters in bischöflichem Namen der Vogt Recht sprach. Das skulpturale Bildprogramm mit König Salomon, Ecclesia und Synagoge ist explizit auf das Weltgericht bezogen. Denn unmittelbar hinter dem Portal im südlichen Querhaus steht der sogenannte Gerichtspfeiler. Er ist als eine modifizierte Form eines Gerichtstympanons aufzufassen. Die Gerichtsfunktion ist also bei Kathedralen durchaus vorhanden. Andere Bereiche, die ich vorhin genannt hatte, dagegen nicht, etwa die Versammlungen von Rat und Bürgern. Mir sind keine Beispiele dafür bekannt, daß sich die Bürgerschaft in einer Bischofskirche zu Versammlungen getroffen hat, daß dort Verkündigungen verwaltungsmäßiger Art vorgenommen oder Testamentsvollstreckungen vollzogen wurden.

DISKUSSION ZUM VORTRAG ROECK

de Capitani: Ich möchte auf einen weiteren Strang der Rathaus-Ikonographie aufmerksam machen und damit die Frage verbinden, ob sich auch im süddeutschen Raum Spuren davon finden. Das Bildprogramm Hans Holbeins d. J. im Basler Rathaus (1521/22) stand am Anfang einer langen Tradition der republikanischen Selbstdarstellung in den schweizerischen Orten und in den Niederlanden. Im wesentlichen ging es in diesem Bildprogramm darum, die eigene Geschichte zur Geschichte des auserwählten Volkes im alten Testament und zur Geschichte der römischen Republik in Parallele zu setzen und damit zu legitimieren. Das bedeutendste dieser Bildprogramme wurde um 1650 im Amsterdamer Rathaus realisiert. In vielen lokalen Ausprägungen und Variationen ist dieses Grundprogramm in schweizerischen Rathäusern anzutreffen. Nun meine Frage, auf die ich bisher keine Antwort gefunden habe: Hat dieses Basler Vorbild im süddeutschen Raum Spuren hinterlassen?

Roeck: Ich muß gestehen, daß mir die Antwort auf diese Frage schwer fällt. Man könnte darauf verweisen, daß Szenen aus dem Alten Testament, daß Tugend-Allegorien eine große Rolle spielten. Die Historienmalerei scheint durchaus nur eine kleine, keineswegs dramatische Bedeutung zu haben. Ob hierfür wichtig wurde, daß die verfassungsrechtliche Stellung der süddeutschen Reichsstadt, gleichgültig, wie groß sie war, sich erheblich von der Stellung einer Stadt wie Basel oder Bern unterschied – ersetzte der Bezug auf das Reich in Deutschland die Betonung der eigenen Geschichte? Weiterhin muß darauf hingewiesen werden, daß die Forschung auf dem Gebiet der Rathaus-Ikonographie sich noch sehr am Anfang befindet. Es existieren einige wenige Untersuchungen zu Regensburg oder Nürnberg, für welche diese Dinge eine Rolle spielen – aber ob solche Themen – das ist ja Ihre Frage – von Basel ausgingen, kann ich nur mit einem »ich weiß es nicht« beantworten. Der gegenwärtige Forschungsstand ermöglicht keine klare Antwort. Es mag naheliegend sein, eine solche Beziehung zu vermuten, aber man denke einmal an durchaus »naheliegende« Reichsstädte im deutschen Süden, wie etwa Überlingen, wo es keine direkten Hinweise auf eine Beziehung der Rathaus-Ikonographie zu Basel gibt.

Zahlten: Ich habe eine Frage zu Ihren Ausführungen über die topographische Lage des Rathauses. Wie sehen in der frühen Neuzeit nach Ihrer Kenntnis der theoretischen Schriften, etwa Vitruvs und anderer, die Vorstellungen von Theorie und Praxis zur Bauaufgabe Rathaus aus? Sie haben davon gesprochen, die alte Bauaufgabe Kirche sei damals abgelöst worden. Kirchen als ältere Bauten waren ja auch meist vorhanden; wie stellte man sich jetzt in der Theorie dazu, wenn Rathäuser gebaut wurden? Wurde dieses Verhältnis thematisiert? In der Zeit davor, im Spätmittelalter, stehen zum Beispiel in Lübeck Rathaus und Kirche des Rates direkt nebeneinander. Denkt man an die mecklenburgischen Hansestädte, so ist es ähnlich: Der Komplex Rathaus und Kirche ist meist im Winkel angeordnet. Auch in Braunschweig steht direkt neben dem Rathaus der Altstadt die Martinikirche als Kirche des Rates. Gibt es solche Konzepte für die frühe Neuzeit?

Mir fällt als einziges Beispiel spontan das Projekt Freudenstadt ein, eine teilweise ausgeführte, später zerstörte Idealstadt der Renaissance auf deutschem Boden. Hier steht die Winkelhaken-Kirche am großen Platz diagonal gegenüber dem Rathaus. Schickhardt hatte für das Zentrum der Stadtanlage ein Schloß projektiert, das dann jedoch nicht ausgeführt worden ist.

Roeck: Zunächst: Die Theorie ist in Deutschland nicht entwickelt, es gibt nur sehr wenige architekturtheoretische Äußerungen, die häufig von den großen Theoretikern der Renaissance abhängig sind (hierzu jetzt die große Übersicht von Hanno-Walter Kruft, Geschichte der Architekturtheorie, München 1985). Ich würde die Behauptung wagen: Es gibt keine einzige Reichsstadt, wo die Lage des Rathauses sich in der Neuzeit gegenüber dem Mittelalter wesentlich geändert hätte; Ausnahmen würden nur die Regel bestätigen. Ich halte es der Mühe wert, der Frage nachzugehen, inwieweit man an umfassendere Neukonzeptionen wenigstens gedacht hat, vielleicht auf der vom »großen Baumeister« Feuer geschaffenen *tabula rasa*. Inwieweit man überlegte, mehrere Einzelmaßnahmen zu einem urbanistischen Konzept zu verbinden, ist ein offenes Problem. Aufgrund der spezifischen Struktur der Reichsstadt muß es wohl bei rudimentären Ansätzen bleiben. Obwohl ich schon bisher viel über Augsburg ausgeführt habe, muß ich jetzt doch nochmals diese Stadt nennen: Hier wurde eine große Umgestaltung ins Werk gesetzt[7], welche aber die Lage des Rathauses nicht tangierte; der Neubau ist gegenüber dem gotischen Vorgängerbau allenfalls um einige Meter verschoben, also nicht wesentlich, und die alte Kaufmannskirche St. Peter direkt daneben bleibt selbstverständlich an ihrem Ort. Ein Parallelfall zu Frankfurt ist, daß der Perlachturm in Augsburg auch ein Stadtturm und nicht der Kirchturm der genannten Peterskirche ist, die im Zentrum der Bürgerstadt lag. In Residenzstädten verhält es sich etwas anders – man kann Mannheim als vielleicht berühmtestes Beispiel nennen. Man konnte auf einer relativ freien Fläche bauen, alles auf eine neue Weise ordnen. In den Reichsstädten ist aber doch wohl die mittelalterliche Kontinuität – eine lebenswichtige Kontinuität – gegeben, die neben anderem verhindert, daß man hier einschneidende Umgestaltungen durchführte.

Akermann: Zu dieser Bemerkung möchte ich, auch wenn es zeitlich den Rahmen vielleicht sprengt, auf die Situation des Haller Rathauses hinweisen, das nach dem verheerenden Stadtbrand von 1728 in der Zeit zwischen 1732 bis 1735 gebaut wurde. Das mittelalterliche Rathaus der Stadt stand etwa 50 Meter tiefer als das heutige, und dieser Brand gab nun dem Magistrat die Gelegenheit, einen langgehegten Wunsch zu realisieren, nämlich das neu zu errichtende Rathaus unmittelbar am Markt zu erstellen, gegenüber der Stadtpfarrkirche St. Michael. Dort stand eine romanische Barfüßerkirche, die vom Brand beschädigt worden war, und sie wurde nun vollends abgerissen. Nach langwierigen Verhandlungen mit der Geistlichkeit über die Genehmigung zum Bau dieses Rathauses wurde diese schließlich erteilt mit der Auflage, daß in diesem Haus keine Lustbarkeiten, zum Beispiel Tanzveranstaltungen, stattfinden sollten. Trotz seiner späten Erbauung im frühen 18. Jahrhundert erfüllt, glaube ich, das Haller Rathaus eine ganze Reihe oder fast alle Kriterien, die Sie für die Bauten des 16. und 17. Jahrhunderts aufgezeigt haben: Es hat einen

7 Literatur: Bernd Roeck, Wirtschaftliche und soziale Voraussetzungen der Augsburger Baukunst zur Zeit des Elias Holl, in: architectura 14 (1984), S. 119–138; Ders., Matthias Kager und die süddeutsche Architektur des frühen 17. Jahrhunderts. Beiträge zur Wirkungsgeschichte der Münchner Baukunst der Zeit Wilhelms V., in: Oberbayerisches Archiv 111 (1986), S. 47–63.

Turm, es hat eine Uhr, es gibt im Eingangsbereich den Hinweis auf Justitia und Sapientia, es zeigt in seinen drei Sälen die Tugenden, die eine Stadt auszeichnen, es enthält auch den Hinweis auf das Jüngste Gericht und dazu noch das Urteil Salomos. Es gibt übrigens auch einen sogenannten »Heldensaal«, in dem auf einem Deckenbild die »Helden« der klassischen Antike in schöner Eintracht versammelt sind und der heute witzigerweise als Trauzimmer genutzt wird. Das Haller Rathaus besitzt des weiteren einen Saal, in dem heute noch der Oberbürgermeister residiert und der von Anfang an als »Stättmeistersaal« errichtet wurde. Deshalb erlaube ich mir diese Erwähnung eines der wohl bemerkenswertesten Rathäuser des 18. Jahrhunderts im süddeutschen Raum. Und es gibt ja, soweit ich weiß, einen interessanten direkten Hinweis auf die Funktion der Gerichtsdarstellungen, die in den Korrespondenzen über die Ausmalung überliefert sind. Abschließend möchte ich noch erwähnen, daß die Auswahl der Motive durch einen Oberitaliener erfolgte, Livio Retti, der damals in Ludwigsburg gearbeitet hat und von dort nach Hall sozusagen »ausgeliehen« wurde.

Kirchgässner: Im Rathaus der Reichsstadt Konstanz hatten die alten Geschlechter das Recht, Tanzveranstaltungen abzuhalten. Als die Zünfte im 14. Jahrhundert zu mehr Macht gekommen waren, haben sie das Jüngste Gericht in diesem Saal auf die Wand malen lassen, um der sozialen Führungsschicht das Vergnügen zu verderben. Man hat also dieses Jüngste Gericht nicht bloß für die Justiz instrumentalisiert, um Verhandlungen zu fördern oder auch die Menschen nachdenklich zu machen.

Ludwig: In Ihrem interessanten Vortrag hat mich natürlich besonders die uns gemeinsam interessierende Pyramide in der obeliskenartigen Form interessiert, und ich möchte Sie fragen, wie weit diese Auffassung zeitlich zurückgeht. Mir fiel sie zum ersten Mal bei Domitius Calderinus in seinem Kommentar zu Martial vom Ende des 15. Jahrhunderts auf. Als Martial in seinem ersten Epigramm sagt, ›Das Kolosseum in Rom ist größer und wunderbarer als die sieben Weltwunder‹, beginnt er mit den Pyramiden in Ägypten. Dazu führt Calderinus aus, Pyramiden seien Steine, die hochgerichtet und von wunderbarer Größe seien und spitz zuliefen, benannt nach dem Feuer, weil diese Steine das Feuer imitierten; »Pyramide« sei deshalb von dem griechischen Wort für Feuer (pyr) abzuleiten. Sobald wir über illustrierte Ausgaben des Martial verfügen – das ist im ersten Jahrzehnt des 16. Jahrhunderts der Fall –, werden zu diesem Gedicht neben ein Bild des Kolosseums zwei solche Obeliskenpyramiden gesetzt. An sich hätte man aus Herodots zweitem Buch die richtige Form der Pyramide entnehmen können; dort steht, daß eine Pyramide eine wesentlich größere Grundfläche hat. Es bestand also die Möglichkeit, sich die Pyramide in ihrer tatsächlichen Form vorzustellen. Gegen Ende des 15. Jahrhunderts bis ins 16. Jahrhundert hat man sich jedoch Pyramiden in der Form von Obelisken vorgestellt. Wann fing das nach Ihrer Kenntnis an?

Roeck: Ich habe mich mit den »Pyramiden« im Zusammenhang mit der Architekturikonographie des Augsburger Rathauses befaßt, wo gutes Quellenmaterial vorliegt. Zum einen ist Picinellis »Mondo simbolico« zu nennen (Filippo Picinelli, Mondo simbolico o sia università d'imprese scelte, spiegate ed' illustrate con sentenze ed eruditioni sacre e profane, Milano 1653), der mögliche Deutungen mitteilt, ferner Henkel/Schönes »Emblemata«. Zu allem Überfluß gibt es noch den Druck einer Festpredigt, die der Prediger Johann Conrad von Goebel anläßlich der Einweihung des Rathauses hielt (Wahlpredig Auß dem anderen Buch der Chronic..., Augsburg [David Franck] 1620; vgl. auch Bernhard Albrecht, Vota sacra pro Ampliss. Republ. Augusta..., Augsburg [Johann Ulrich Schönigk] 1620), in welcher die gesamte Architektur symbolisch ausgedeutet wird. Ich finde Ihren Hinweis sehr interessant, und ich glaube – ohne dies jetzt näher belegen zu können –, daß die Anfänge der Pyramidensymbolik vom humanistischen Studium der in Rom befindlichen Obelisken ausgehen. Man sah schließlich als normaler Reisender gewöhnlich nicht die Pyramiden von Gizeh, sondern eben diese römischen Obelisken – und die waren augenscheinlich ägyptisch, und sie hatten auch die Form, in der man sie auf Fresken des 16. Jahrhunderts, in den Holzschnitten der »Hypnerotomachia Poliphili« und anderswo abgebildet findet. Diese Vorstellungen von Pyramide und Obelisk müssen auf irgendeine Weise in letzterem zusammengeflossen sein. Das ist eine Hypothese, von der ich natürlich nicht weiß, ob sie stimmt.

Zahlten: Ich möchte zur Bildtradition noch eine Bemerkung anfügen, die vielleicht einen interessanten Aspekt bieten könnte: Bei frühen Darstellungen der Petrus- und Pauluslegende taucht bei der Kreuzigung Petri in Rom vor den Toren der Stadt fast immer eine Pyramide auf, vielfach obeliskenhaft verzerrt, daneben oft noch ein Obelisk mit einer Kugel. Das könnte in der Tradition eine Rolle gespielt haben. Man findet dieses Motiv des 12./13. Jahrhunderts später wieder an der Bronzetür Filaretes für St. Peter (1445).

Reuter: Der Standort eines Rathauses hing auch von den Rechtsverhältnissen in einer Stadt ab. So lag das Rathaus in Worms in einer Seitenstraße. An repräsentativer Stelle am Marktplatz befand sich hingegen die sogenannte »Münze«, der Gebäudekomplex der Münzerhausgenossen. Diese setzten sich zunächst aus dem Stadtpatriziat und dem Niederadel zusammen und hatten enge Beziehungen zum Bischof. Als sich jedoch das bürgerliche Element unter den Münzerhausgenossen auszubreiten begann, löste sich die Genossenschaft schließlich auf, so daß die Stadt 1491 den Gebäudekomplex »Münze« kaufen konnte. Das eigentliche Rathaus, als »Bürgerhof« bezeichnet, wurde beibehalten. Die »Münze« spielte hingegen im Repräsentationsbereich und bei den Reichstagen (zum Beispiel 1495) eine wichtige Rolle. An ihr demonstrierte die Stadt, daß sie sich als Reichsstadt betrachtete. Sie ließ steinerne Kaiserbilder anbringen und einen thronenden Kaiser an die Frontseite zum Marktplatz hin malen. Jeder, der in die Stadt kam, mußte dort vorbei, da der Markt ein Straßenmarkt an der Hauptdurchgangsstraße war. Die Repräsentationsfront spiegelte reichsstädtisches Selbstbewußtsein, zumal man vom Bischofshof nur durch eine schmale Häuserzeile getrennt wurde. Bemerkenswert ist ferner, daß im Bogengang der »Münze« Siegfrieds Lanze und ähnliche eher phantastische Gegenstände gezeigt wurden, die auf den Zusammenhang zwischen Worms und dem Nibelungenlied hinwiesen. Dahinter steckte übrigens unter anderem ein Interesse, das Kaiser Friedrich III. bei einem Besuch in Worms am angeblichen Grab von Siegfried gezeigt hatte. Nicht in der »Münze«, sondern im »Bürgerhof« befand sich der Kaisersaal, der in einer Zeichnung von Peter Hamman überliefert ist.

Roeck: Ein Aspekt, der gewiß in diesem Zusammenhang hätte berücksichtigt werden müssen, ist jener der Sozialtopographie. Als These böte sich an: Wie man im Mittelalter und in der frühen Neuzeit versuchte, das eigene Grab oder das Familiengrab in die Nähe der Heiligengräber zu bringen – *ad sanctos* zu gehen –, so strebte der Patrizier, der Wohlhabende im Leben danach, sein Haus in der Nähe des Zentrums zu haben, wo sich das Rathaus befand. Seine Umgebung scheint so durch eine hohe Bebauungsdichte und Wohlstand gekennzeichnet zu sein. Aber dieser Problemkreis ist noch wenig erforscht.

Klötzer: Sie haben in Ihrem Vortrag kurz das Verhältnis zwischen dem Rathaus und dem Platz, der es umgibt, erwähnt. Auch Herr Reuter sagte: Es wird ein altes Rathaus aufgegeben, ein neues entsteht in repräsentativerer Umgebung. So verhielt es sich auch in Frankfurt. Das alte verschwindet im Domturm, das neue wird der »Römer«, am Römerberg oder Rathausplatz, den die Frankfurter noch heute mit Stolz »die gut Stubb« nennen. Sie erwähnten die Piazza Signoria in Florenz, wo zwischen dem Palazzo Vecchio und den Standbildern, die den Platz bevölkern, ein ikonographisches Programm besteht, das mediceisch geprägt ist. In südwestdeutschen Städten könnte ich mir vorstellen, daß der Brunnen direkt auf die Ratsleute bezogen ist, zum Beispiel durch das Motiv der Justitia. Vielleicht könnten Sie dazu noch etwas sagen.

Roeck: Ich habe einmal die Architekturtheorie des 15. Jahrhunderts unter dem Aspekt betrachtet, was sie über Plätze aussagt, und die Antwort lautet: Sie sagt so gut wie nichts darüber aus. Das ist das vielleicht Überraschende. Eigentlich sollte man annehmen, daß ein Mann wie Leon Battista Alberti und andere Autoren sich mit einer so zentralen urbanistischen Problematik befaßt hätten. Das ist aber nicht der Fall und bestätigt meiner Ansicht nach in gewisser Weise – und ein wenig gegen Braunfels[8] – die Behauptung, daß Stadtplanung letztlich eine neuzeitliche »Erfindung« ist, interpretiert man sie als ein Gesamtkonzept, das nicht nur einzelne Ensembles tangiert. Die

8 Wolfgang BRAUNFELS, Mittelalterliche Stadtbaukunst in der Toskana, Berlin [4]1971.

Verwirklichung solcher Planungen konnte meist nur punktuell erfolgen, und zwar relativ spät. Plätze vor dem Rathaus sind meist Marktplätze, die Freilegung des Raumes um das Rathaus (aus ästhetischen Erwägungen) gelang nur in Ausnahmefällen. Die Beziehung zwischen Rathaus und Markt war eng, sie hat aber mit urbanistischen Erwägungen wohl weniger zu tun. Der gerade genannte Fall Schwäbisch Hall scheint mir ebenso interessant wie eine späte Ausnahme von der Regel zu sein. Vielen Dank für den Hinweis auf Frankfurt; auch die Umgebung des Augsburger Rathausplatzes wurde um 1600 mit größtem Aufwand zu einer »guten Stube« umgestaltet. Die heutige Situation hier ist mißverständlich: Der jetzige Rathausplatz wurde erst durch die Bomben des Zweiten Weltkrieges »geschaffen«. Da war vorher nur ein kleines Eckchen, was man auf alten Plänen sehr gut sehen kann. Darauf hatte man einen Brunnen errichtet, den berühmten Augustusbrunnen, und das geschah erst nach langen und intensiven Diskussionen. In der Toskana setzte die Herausbildung von Planungsinstrumentarien interessanterweise sehr viel früher ein – in Siena Ende des 12., Anfang des 13. Jahrhunderts. In Florenz gab es schon im 13. Jahrhundert Anordnungen, die auf eine homogene Gestaltung der Häuser in der Nähe des Palazzo Vecchio zielten (etwa auf bestimmte farbliche Gestaltungen). Aber dies ist eine italienische Entwicklung, die in Deutschland erst rezipiert wurde, als es schon zu spät war, weil die Bebauungsdichte zu groß geworden war, demographische und ökonomische Entwicklungen die Eingriffsmöglichkeiten beschränkt hatten – diese jedenfalls in sehr viel geringerem Umfang bestanden als im späten Mittelalter.

Zoche: Sie haben auf die Bedeutung der Uhren an den Rathaustürmen oder überhaupt an den Rathäusern hingewiesen und den Gegensatz zwischen der weltlichen Zeitordnung und der kirchlichen erwähnt. Ich meine, daß die Türme an den Rathäusern auch ohne Uhren insbesondere durch ihre Höhe den weltlichen Führungsanspruch zum Ausdruck bringen konnten. Andererseits dienten die Kirchtürme zumindest in kleineren Städten ebenfalls oft weltlichen Zwecken, etwa als Ausguck für den Wachtdienst, und wurden dann, eventuell samt einer Uhr, von der weltlichen Gemeinde gebaut und unterhalten. Sind Ihnen Auseinandersetzungen um die Funktion von Türmen oder ihre Ausstattung mit Uhren bekannt?

Roeck: In der frühen Neuzeit war dies wohl selten der Fall. Eine kleine Beobachtung läßt sich nachtragen: Viele Ratsuhren des 16. Jahrhunderts lieferten bereits Viertelstundenangaben, gingen allerdings ansonsten ziemlich ungenau. Der Viertelstundenschlag wurde eingerichtet in einer Zeit, die sonst sehr nach dem Gefühl lebte; man stand mit der Sonne auf und ging zu Bett, wenn sie unterging, und arbeitete, wenn Licht war. Die scheinbare Genauigkeit ist nichts anderes als ein Ordnungsmodell ohne einen klaren Bezug zur Alltagswirklichkeit. Dabei sind die Auseinandersetzungen zwischen weltlicher und kirchlicher, »natürlicher« und künstlicher, mechanischer Zeit viel früher als im 16./17. Jahrhundert anzusiedeln. Daß hier eine Konkurrenz ausgetragen wurde, die vielleicht noch im 16. Jahrhundert Auswirkungen zeitigte, ist zweifellos zutreffend. Man weiß ja, daß in einigen der sogenannten Zunftrevolutionen zunächst einmal der Zugang zur Stadtglocke im Mittelpunkt stand. Hier ging es nicht nur zwischen Kirche und Rat, sondern zwischen verschiedenen Bevölkerungsgruppen um die Herrschaft. Man möchte sagen: So wie moderne Putschisten versuchen, eine Radiostation zu besetzen, versuchte man früher als erstes, die Herrschaft über den Stadtturm zu gewinnen. Er war ein »Massenmedium«: Verfügte man darüber, konnte man die Sturmglocke läuten oder auch verhindern, daß andere sie läuteten. Aber das sind Auseinandersetzungen, die weitgehend vor der Epoche stattfanden, die mein Referat behandelte.

de Longueville: Sie haben sich in Ihrem Referat auf die Reichsstädte konzentriert; mich würde nun aber doch interessieren, wie es in der »Residenzstadt« und in der »Landstadt« aussah. Man kann in der kleinen Residenzstadt oder in der Landstadt doch sicher ebenfalls repräsentative oder Macht demonstrierende Elemente feststellen.

Roeck: Das ist sicher richtig. Allerdings ist das Thema »reichsstädtisches Rathaus« so umfassend, daß ich die Mediatstädte hier ausklammern wollte. Wenn man nach England blickt, so gibt es gerade dort im 16. Jahrhundert in fast jeder Stadt Rathaus-Baumaßnahmen. Doch dort waren die

Rathäuser von normalen Bürgerhäusern oft kaum zu unterscheiden und erhielten auffälligerweise auch in den Stadtveduten der Epoche keine besonders herausragende Akzentuierung. Das war in Deutschland anders – hier gab es auch kein so beherrschendes Zentrum wie London –, und es wäre interessant, die Masse der Rathäuser der kleinen Landstädte und der Residenzstädte mit den großen reichsstädtischen Rathäusern zu vergleichen. Man könnte wohl immer wieder Versuche feststellen, den eigenen Status zu demonstrieren, ihn gerade durch die Architektur möglichst gehoben darzustellen, bis an die Grenze des Möglichen zu gehen. Diesbezüglich spielen die Rathäuser der großen Reichsstädte wohl immer eine Vorbildrolle.

DISKUSSION ZUM VORTRAG DE CAPITANI

Klötzer: Sie haben auf die Integrationskraft der Feste hingewiesen und sehr viele Schweizer Beispiele des Mittelalters und der Frühen Neuzeit gebracht. Ich darf diese Linie vielleicht weiterverfolgen, indem ich darauf hinweise, wie sehr in der Zeit von Kaiser und Reich bei Wahl und Krönung die Integrationskraft darin bestand, daß das Volk bei der Ausübung der sogenannten Erzämter zusammenstand. Wenn der Kämmerer Münzen unter das Volk warf, wenn der Ochse am Spieß gebraten wurde, wenn der Weinbrunnen weißen und roten Wein gab und wenn der Marschall zum Haferhaufen ritt, um daraus Hafer für den König zu holen, dann wurden anschließend alle diese Dinge dem Volk preisgegeben, und das fiel natürlich darüber her; Jubel und Trubel und Streit um die Beute waren an der Tagesordnung, und regelmäßig schloß ein solches Reichs- oder Stadtfest dann mit einem Feuerwerk ab, Feuerwerk ganz nach Art des französischen Königs in Versailles. In Frankfurt ließ man dann ein hölzernes Schloß den Main hinunterfahren, mit Feuerwerk abbrennen und von beiden Seiten des Mains bestaunen. Das war die Integrationskraft des Festes zur Reichszeit, aber auch für die Zeit des Deutschen Bundes hatten solche Feste ganz besondere nationale Integrationskraft in einer Zeit, als der Liberalismus durch die Restaurations- und später durch die Reaktionszeit unterdrückt wurde. Ich weise besonders auf drei nationale Feste hin, die in Frankfurt stattgefunden haben, weil eben von Frankfurt eine solche Integrationskraft ausging. Das war zum einen 1838 das Sängerfest, das »Mozartfest«, das ganz eindeutig nationalen Charakter hatte, und die beiden noch größeren Feste, das Schillerfest von 1859 und das Deutsche Schützenfest von 1862, das eine mehr unter dem Eindruck des Deutschen Nationalvereins und das andere mehr unter dem Einfluß des Deutschen Reformvereins; Feste, die eindeutig zur deutschen Einheit hinführten, wie sie im Zweiten Reich verwirklicht wurde. Und auch in spätwilhelminischer Zeit gab es Feste, die von Wilhelm II. natürlich nationalistisch ausgeschlachtet wurden, zum Beispiel die großen Sängerfeste, die da und dort veranstaltet wurden. Ich darf den Bogen noch weiter spannen, zu Festen in der Weimarer Zeit, 1927, »Musik im Leben der Völker«, das internationalen Charakter hatte. Und unsere heutigen Feste? Es werden sehr viele Feste veranstaltet, aber die wenigsten haben eine wirkliche Festkultur. Ausgenommen vielleicht diejenigen, die sich ganz auf Kunst, Kultur, Musik erstrecken und dann in Form von wochenlangen Festivals auch nicht immer den großen Standard vertreten, sondern oft schon wieder verwässert sind. Bei Demonstrationen, die ja ebenfalls Integrationscharakter haben, kann ich eine Festkultur allerdings nicht mehr feststellen.

Schwarzmaier: Ich will versuchen, an die Ausführungen von Herrn Klötzer anzuknüpfen. Er hat gezeigt, daß Ihr Vortrag bereits in die Schlußdiskussion hineingeführt hat. Sie haben hingewiesen auf die Weiterführung städtischer Repräsentation bis in die Gegenwart und fast in die Zukunft hinein, das heißt auf die Einbeziehung der Geschichte in den Repräsentationsbereich der Stadt und damit die Gestaltung des historischen Festes insbesondere im 19. Jahrhundert, natürlich auch in der Gegenwart. Darauf wird sicher zurückzukommen sein. Mir fiel dazu eine Geschichte ein, die hier als ein Beispiel für den Wandel der Festkultur im 19. Jahrhundert und gerade in der Schweiz angeführt werden kann. Es stammt aus Gottfried Kellers »Fähnlein der sieben Aufrechten« (Züricher Novellen 1878), wo der Schneidermeister Hediger beim Eidgenössischen Schützenfest eine vaterländische Rede halten soll. Doch im Trubel eines fröhlichen Festes mißraten ihm die

Worte, und was er sich an politischen Tiraden zurechtgelegt hatte, erkennt er selbst als unpassend und der neuen Situation nicht mehr angemessen. Sein Sohn, ein junger Mann, übernimmt die Rede, trifft genau den richtigen, der gewandelten Festkultur entsprechenden Ton und rettet damit die Situation (und sich die Braut). Die nicht gehaltene Rede des Vaters und jene, die dann in ganz neuem Stil und in neuem Geist von seinem Sohn ausgeführt worden ist, kennzeichnen demnach die völlig veränderte politische Situation, die auch einen kulturellen Wandel mit sich brachte. Aber ich wollte noch eine ganz andere Frage anschneiden: Was ich bei Ihrem Vortrag vermißt habe, ist die Funktion des Festes als Konfliktbewältigung. Ihm geht zunächst einmal die Auseinandersetzung, der Aufruhr im Zusammenhang mit den sozialen Spannungen, die in der Stadt ausgetragen werden, voraus. Daran knüpfen Beispiele an, die Ihnen allen vertraut sind, etwa jenes, das Herr Hillenbrand mit der »Offenburger Fastnacht« von 1483 ausgedeutet hat, und auch in Pforzheim gibt es solche Feste (erinnert sei an das Stuttgarter Schützenfest von 1501, über das der Pforzheimer Stadtschreiber Alexander Hugen berichtet). Herr Wesoly wird natürlich ebenfalls auf solche Dinge hinweisen können. Gemeint sind die latenten Auseinandersetzungen, die in der Stadt vorhanden waren und die im Fest zunächst inszenatorisch übertüncht wurden, die aber dann schließlich doch, auch als Folge des Alkoholgenusses, zum Ausbruch gekommen sind und in häßlichen, manchmal in Kriegshandlungen ausartenden Schlägereien endeten: Es gibt genügend Beispiele dieser Feste, die den Umschlag von Spaß und Fröhlichkeit in blutigen Ernst belegen.

de Capitani: Zum Fragenkomplex Fest und Konflikt: Es ist zweifellos richtig, daß diesem Aspekt eine wichtige Bedeutung zukommt und in meinem Referat etwas vernachlässigt wurde. Gerade das regelmäßige Zusammentreffen städtischer und ländlicher Kreise im Fest hat in der alten Eidgenossenschaft immer wieder zum Aufbrechen latenter Konflikte geführt. Die regelmäßige Überlagerung innerstädtischer Konflikte durch die Spannungen zwischen Stadt und Land prägten das labile Gleichgewicht in den schweizerischen Städten, das oft genug bei Festanlässen ins Wanken geriet. Die große Zahl von Aufständen und Unruhen, die an einer Fastnacht in der Stadt oder auf dem Land ihren Ursprung nahmen, zeigt dies deutlich. Zur Frage nach der weiteren Entwicklung der Festkultur in der Schweiz: Entscheidend für die schweizerische Ausprägung der Feste im 19. Jahrhundert waren die Postulate der Revolution. Das politische Fest mußte nun vor allem auch das neue demokratische Staatsverständnis vorstellen. In den ersten politischen Vereinen des 18. Jahrhunderts – vor allem in den Versammlungen der Helvetischen Gesellschaft seit 1761 – finden wir eine Antizipation dieser demokratischen Feste; hier konnte in der Revolutionszeit angeknüpft werden. Da die Revolution in der Schweiz erst 1798 zu einer staatlichen Neuordnung führte, konnten die damaligen Politiker auch die Erfahrungen der französischen Revolutionsfeste kritisch würdigen und in ihre Planung einfließen lassen. Der damalige Minister der Künste und Wissenschaften, Philipp Albrecht Stapfer, analysierte die Stärken und Schwächen der französischen Erfahrungen, suchte nach erfolgversprechenden Ansätzen in der nationalen Festkultur und entwarf schließlich ein Festkonzept, das für das 19. Jahrhundert richtungsweisend wurde. Neben den patriotischen Festakt traten der Wettbewerb als Abbild demokratischer Tugend und die offene Geselligkeit. In den Hirtenfesten von Unspunnen 1805 und 1808 wurde dieses Konzept erstmals mit viel Erfolg umgesetzt. Von hier führt der Weg zu den großen Vereinsfesten des 19. Jahrhundert, zu den Schützen-, Sänger- und Turnerfesten, die sich zu Eckpfeilern der nationalen Repräsentation entwickelten.

Baer: Zum Stichwort Umzüge und Auseinandersetzungen in der Stadt: In einer Stadt wie Augsburg, wo die Parität zwischen Katholiken und Protestanten nach dem Dreißigjährigen Krieg offiziell verfassungsmäßig verankert wurde, gab es gelegentlich durchaus Probleme, auch wenn man sich gegenseitig respektierte und scharf voneinander abgrenzte. Ein Beispiel war das 1650 von den Augsburger Protestanten gestiftete Augsburger Friedensfest – übrigens heute noch ein gesetzlicher Feiertag nur für den Stadtkreis Augsburg –, das zum Dank für die Beendigung der Repressalien des Dreißigjährigen Krieges am 8. August mit festlichen Umzügen begangen wurde. Dies nahmen die Katholiken zum Anlaß für Störungen. Umgekehrt versuchten die Protestanten am Fronleichnamsfest die Fronleichnamsprozessionen in den einzelnen katholischen Pfarreien zu behindern. Aber wie gesagt, das waren nur vereinzelte Auswüchse. Im großen und ganzen lebte man doch verhältnismäßig friedlich nebeneinander her.

Wesoly: Lassen Sie mich meiner Frage eine Bemerkung vorausschicken: Ich stamme aus dem Bergischen Land, einer protestantischen Gegend also, und habe in meiner Jugend mit sehnsüchtigen Augen in die katholischen Nachbargebiete geschaut, wo man zu feiern verstand. Als wir alt genug waren, sind wir zu den Schützenfesten ins Sauerland und zu den Karnevalsfeiern ins Rheinland gefahren. Vor diesem Hintergrund muß es mich erstaunen, daß die reformierten schweizerischen Städte eine solch hohe Festkultur hatten. Ich kann Ihnen und den Schweizern nur dazu gratulieren, daß dort offensichtlich nicht nur die Kühe glücklicher leben. Nun meine Frage: Es gibt in den Städten eine große Gruppe, die sich nicht aus Bürgern zusammensetzt, aber doch (zumindest teilweise) in die städtische Gesellschaft integriert ist. Ich meine die Gruppe der Handwerksgesellen. Auf Grund meiner Beschäftigung mit den Gesellen am Mittelrhein kann ich sagen, daß sie in den dortigen Städten einen wichtigen Platz im Repräsentationsgefüge der Stadt einnahmen. So wurden sie bei Besuchen Adeliger oder des Königs mit Waffen und Rüstungen versorgt, um die Stadt besonders wehrhaft erscheinen zu lassen. Als 1430 in Frankfurt eine Prozession zu Ehren Friedrichs III. veranstaltet wurde, verpflichtete der Rat die Handwerksgesellen dazu, mit den Klöstern mitzuziehen, *wo sie gebrudert*. Die Menge der Gesellen machte schon etwas her und trug zur Repräsentation bei. Inwieweit die abhängig im Handwerk Beschäftigten auch in die Feiern einbezogen waren, darüber weiß ich nur wenig, trotz der informativen Arbeit von Heinz Lenhardt über »Die Feste und Feiern des Frankfurter Handwerks«. Immerhin gibt es in dem Werk Hinweise darauf, daß die Gesellen eigene Feste veranstaltet haben und dazu sogar ihre Meister einluden. Es existieren selbst Hinweise auf Theateraufführungen der Handwerksgesellen, zu denen Bürger als Zuschauer kamen. Mich interessiert nun, wie es sich mit den Feiern in der Schweiz verhält. Konnten die Gesellen dort vollwertig mitfeiern, oder waren sie nur Zuschauer und Staffage?

Klötzer: Wir sind davon ausgegangen, daß die Stadt eine Gemeinschaft ist und daß die unterschwelligen sozialen Gegensätze durch Feste überbrückt wurden. Herr Baer hat angedeutet, daß der Gegensatz auch auf konfessionellem Gebiet zum Austrag kam, aber dann durch Gemeinsamkeiten überbrückt wurde. Auch die Quartiere in der Stadt waren nicht immer homogen. Mir fällt hierzu der Pallio in Siena ein, ein altes Fest, bei dem die einzelnen Quartiere miteinander kämpfen. Ob dieser Kampf nicht auch die Integrationskraft besitzt, die Quartiere untereinander, wenn auch nur im sportlichen und ehrgeizigen Wettkampf, zu vereinen, um frühere Gegensätze der Quartiere durch diese Festkultur zurücktreten zu lassen?

de Capitani: Ich kann mir gut vorstellen, daß der Theatralisierung latenter Konflikte im Fest zentrale Bedeutung zukam. Die regelmäßigen, schon fast ritualisierten Störungen eines Festes, die Sublimierung von Konflikten im Wettbewerb zwischen verschiedenen Gruppen oder Quartieren weist in diese Richtung. Trotz der oft schlechten Quellenlage sollte der Stellung von Gesellen und ihren Verbänden im städtischen Fest nachgegangen werden. Gerade hier finden wir regelmäßige Versuche der Obrigkeit, die Festanlässe zu kanalisieren und einem Überborden zuvorzukommen. So verbot man in Bern den Gesellen, an ihren Festen weltliche Lieder zu singen, und tolerierte aus Sorge um die öffentliche Ordnung nur Psalmen. Ausländische Besucher der Schweiz haben sich im 18. Jahrhundert immer wieder über diese von Psalmengesängen begleiteten Festgelage lustig gemacht. Aus den Akten der Chorgerichte – der Sittenpolizei – ließen sich sicher Aufschlüsse über die Festkultur verschiedener städtischer Bevölkerungsschichten, und so auch der Gesellen, erhalten.

Roeck: Darf ich dazu noch eine Nebenbemerkung anfügen: Der Psalm hat oft die Funktion des Protestliedes. Dafür gibt es Beispiele aus den Hugenottenkriegen; außerdem könnte man einen sehr eindrucksvollen Fall aus dem gerade erwähnten Augsburg anführen. Hier läßt sich den Quellen entnehmen, daß Psalmen zur Arbeit – etwa am Webstuhl – gesungen wurden, was etwa dem modernen Radiogedudel entsprochen hat. Es kam hierbei auch auf den Text an. Er konnte »umgedichtet« werden, etwa einen konfessionsspezifisch polemischen Inhalt bekommen wie »Der Papst mit seiner wilden Rott...« – und das alles zur hergebrachten Psalmmelodie. Dadurch hat der Psalm viel von seiner Harmlosigkeit verloren, es gab Ärger.

Ich möchte zwei Fragen stellen: Sie sprachen den Wandel der Volkskultur beziehungsweise ihre Unterdrückung im Laufe der Frühen Neuzeit an. Hierzu wären die theoretischen Ansätze von Burke einerseits, Muchembled andererseits zu erwähnen, der die Gegensätze zwischen Volks- und Elitenkultur allerdings zu kraß zeichnet. Außerhalb des ritualisierten Festes, das am ehesten in den Quellen greifbar wird und das Sie auch geschildert haben, gab es auch noch andere Formen der Manifestation der »Volkskultur«, die nicht so kontrolliert abliefen: So werden bei Sanuto *mummarie* faßbar, Mummereien, bei denen nicht immer klar ist, worum es sich eigentlich handelte (am Deutschen Studienzentrum in Venedig entsteht eine Dissertation darüber); es scheint sich um spontane festähnliche Inszenierungen gehandelt zu haben, die im 16. Jahrhundert und später eine Rolle spielten. Gab es so etwas auch in Ihrem Bereich? Der zweite Punkt, den ich ansprechen wollte, ist: Sie haben mit Nachdruck darauf hingewiesen, daß das Fest in Aufstand und Revolte umschlagen kann – wir kennen das etwa aus der Untersuchung von Emanuel Le Roy Ladurie über den Karneval in Romans. Ist das in der Schweiz anders verlaufen als in diesem französischen Beispiel und in vielen anderen Fällen? Ich erinnere mich aus einer Diskussion, daß die Schweiz sich wohl in vielem uneinig sein mag, konfessionell unterschiedlich strukturiert ist, ihre verschiedenen Stadtkulturen hat und man unterschiedliche Sprachen spricht, daß sich aber diese Unterschiede nicht summieren, die Konfliktfelder nicht deckungsgleich sind (es beispielsweise keine Identität von sprachlicher, »nationaler« und konfessioneller Unterschiedenheit gibt) – und so soll sich der Konflikt auf anderen Feldern abspielen, also etwa zwischen Stadt und Landschaft oder zwischen einzelnen Städten, wobei diese Art von Konflikt jeweils »nach innen« stabilisierend, integrierend wirkt. So kann auch die lokale Festkultur in friedlichen Bahnen verbleiben. Würden Sie diese These akzeptieren, oder erscheint sie Ihnen zu einfach?

de Capitani: Wieweit wir von integrierenden Faktoren sprechen können, ist schwer zu beantworten. Eher ist es so, daß sich in der alten Eidgenossenschaft verschiedene Konfliktebenen überlagerten und sich so gegenseitig blockierten. Um diese Frage zu beantworten, müßten alle Konflikte systematisch erschlossen und analysiert werden. Da die Quellenlage gut ist, ließe sich eine solche Untersuchung sicher durchführen und könnte wichtige Aufschlüsse über den Verlauf der Unruhen und die Konfliktbewältigung vermitteln. Konflikte werden im 15. und 16. Jahrhundert oft sehr rasch beigelegt, da man ihre Ausweitung fürchtet. Als im Jahre 1513, in einer ohnehin schon sehr unruhigen Zeit, die Fastnacht in Bern und auf der Landschaft in Unruhen ausartete, ging alles sehr rasch. Der lokale Konflikt eskalierte, und binnen weniger Tage drohte ein Krieg mit der Landschaft, der nur durch einen Vertrag vermieden werden konnte. Die labilen Kräfteverhältnisse in der Eidgenossenschaft ließen oft ein Durchgreifen der Obrigkeit in dieser Zeit gar nicht zu. In den Bauernkriegen der alten Eidgenossenschaft errangen die Obrigkeiten Pyrrhussiege; es gelang nicht, die archaischen Herrschaftsstrukturen zu modernisieren, eine effiziente Verwaltung und ein adäquates Steuersystem aufzubauen. Der Unterdrückung von Aufständen waren hier durch die Schwäche der Institutionen Grenzen gesetzt. – Zur »spontanen« Festkultur: Natürlich gab es allenthalben unkontrollierte und ungeplante Feste, auch in den sittenstrengen protestantischen Orten. Sie erschließen sich uns aber fast nur aus den Akten der Sittengerichte. Das verbotene Tanzen und Singen, das wilde Treiben von Vermummten und Maskierten, die überbordenden Feste in den Zünften und auf dem Lande sind aber kaum untersucht. Hier liegt noch ein weites Feld für die Forschung brach.

de Longueville: Beim Stichwort »Fest« denke ich stets auch an den »Festumzug«. Im Festumzug würde ich sogar ein Element der Kontinuität sehen, das im 19. und 20. Jahrhundert wieder aufgenommen wurde; auch die bei Festumzügen dargestellten Motive scheinen einer gewissen Tradition zu entspringen. Sehen Sie für die Schweiz solche Traditionen und Kontinuitäten?

de Capitani: Neben einer möglichen Kontinuität müssen wir den direkten Einfluß der Diskussion in der Französischen Revolution im Auge behalten. Das erste große Fest, die Fête de la Fédération am 14. Juli 1790 auf dem Marsfeld, war noch eine eindrückliche Manifestation der Verbundenheit von Volk, Armee und König gewesen. In den folgenden Jahren verschob sich das

Schwergewicht der Feste immer mehr in Richtung einer Regierungs- und Magistratenrepräsentation. Der immer wichtiger werdende Umzug trennte immer deutlicher Teilnehmer und Zuschauer. Besonders nach 1795 spiegelte sich in den Festen deutlich die Entwicklung der französischen Revolutionsverfassung, ihre Militarisierung und ihre wachsende Distanz zum Volk. Die französischen Festtheoretiker der damaligen Zeit, vor allem Jacques-Louis David und Antoine Chrysostôme Quatremère de Quincy, lieferten dazu die Vorlagen und die Begründungen. Hier liegen meines Erachtens die traditionsbildenden Grundlagen für die Jubiläumsfeste des 19. Jahrhunderts mit ihren Umzügen, Festwagen und allegorischen Inszenierungen.

SCHLUSSDISKUSSION

Ludwig: Ich möchte einige allgemeine Überlegungen zur Tagung anstellen und anschließend auf eine nicht zur Sprache gekommene städtische Repräsentationsform eingehen, die sich auf Pforzheim bezieht, wozu mich die von uns empfundene Dankbarkeit gegenüber der gastgebenden Stadt und ihren Repräsentanten veranlaßt. Das Thema »Repräsentation« ist in den Vorträgen verschieden aufgefaßt worden, und es ist in den einzelnen Vorträgen manchmal auch über die Bedeutung des Wortes »Repräsentation« reflektiert worden, aber es kam zu keiner einheitlichen Vorstellung. Der Hauptunterschied bestand darin, daß es Vorträge gab, die eine bildliche oder sprachliche Darstellung der Stadt als »Repräsentation« verstanden, und Vorträge, die sich den Repräsentationsobjekten widmeten oder die Selbstrepräsentation der Stadt in den Vordergrund stellten. Wenn man von den Worten »repräsentieren« und »Repräsentation« ausgeht, so sind natürlich alle diese Möglichkeiten gegeben. Diese Begriffe gehen auf die lateinischen Worte »repraesentare« beziehungsweise »repraesentatio« zurück. Darin steckt »praesens«; »wieder gegenwärtig machen« heißt »repräsentieren«. Die deutsche Lehnübersetzung von »repräsentieren« und »Repräsentation« ist »vergegenwärtigen« und »Vergegenwärtigung«. Vergegenwärtigen kann man etwas, indem man es darstellt, indem man die Stadt in bildlicher oder sprachlicher Form darstellt, und vergegenwärtigt wird eine Stadt auch durch Repräsentationsobjekte, durch bestimmte Gegenstände; man hätte natürlich auch an die Repräsentation im Sinne einer personalen Vertretung denken können. Es gibt ja Repräsentanten der Stadt auf Reichstagen und Landtagen. Aber das ist ein Gebiet, das von den Repräsentationsfeldern, die wir hier untersucht haben, weggeführt hätte. Insofern meine ich, daß die beiden Grundrichtungen, die wir einschlugen – nämlich einerseits die Darstellung der Stadt in Wort und Bild, andererseits die Bedeutung der Repräsentationsobjekte der Stadt, die Selbstrepräsentation der Stadt –, auf die Grundbedeutung der Repräsentation als Vergegenwärtigung der Stadt zurückgehen.

Ich möchte nun, bezugnehmend auf Pforzheim, an eine besondere Repräsentationsform erinnern: nämlich an die Ausdrucksweise »Reuchlinstadt Pforzheim«. Das ist die Repräsentationsform, die durch einen personalen Begriff Reklame macht. Es gibt die Schillerstadt Marbach; und es muß nicht der Sohn einer Stadt sein, es kann auch eine bedeutende Persönlichkeit sein, die in einer Stadt lange genug lebte, um die Stadt mit ihr zu identifizieren. Die Goethe-Stadt Weimar oder die Luther-Stadt Wittenberg gebraucht man in diesem Sinne. Ich weiß nicht, wie lange sich Pforzheim schon »Reuchlin-Stadt Pforzheim« nennt, aber natürlich wurde Reuchlin bereits zu Lebzeiten als besonderer Ruhm der Stadt Pforzheim betrachtet und gepriesen. Meines Wissens ist der erste Beleg dieser Verbindung von Reuchlin mit der Stadt Pforzheim im Sinne eines Ruhmesschildes für Pforzheim in einem Druck von Reuchlins Komödie »Sergius« mit dem Kommentar von Georg Simler gegeben. Der Kommentar wurde zum ersten Mal von Thomas Anselm, der sich Badensis nannte, in Pforzheim 1507 gedruckt[9]; er endet mit einem Brief von Georg Simler an Reuchlin. Am Ende des Briefes (Bl. kii v) wird Reuchlin angeredet und im Rhythmus eines Pentameters *Gloria Phorcensis lausque decusque soli*, das heißt »Ruhm und Lob und Zier des Pforzheimer Bodens« genannt. Ich weiß nicht, ob diese Ausdrucksweise bereits vorher vorkommt. Das ist eine Frage, die

9 Joannis Reuchlin Phorcensis Sergius vel Capitis caput cum commentario Georgij Symler (Phorce in aedibus Thomae Anshelmi Anno M.D.VII mense Septembri); siehe J. BENZING, Bibliographie der Schriften Johann Reuchlins im 15. und 16. Jahrhundert, Bad Bocklet 1955, Nr. 41.

ich insbesondere an die anwesenden Pforzheimer, an Herrn Dr. Becht und Herrn Schulze, richten möchte. Ich möchte hinzufügen, daß der Gedanken, eine Stadt durch den Namen eines in ihr geborenen bedeutenden Mannes auszuzeichnen, natürlich sein Vorbild in der Antike hat, wo zum Beispiel Catull mit Verona und Vergil mit Mantua verbunden wurde. Martial sagt in einem Epigramm (1, 61), so wie man Catull mit Verona und Vergil mit Mantua verbinde, werde man in Zukunft seinen Namen mit seiner Geburtsstadt Bilbilis in Spanien verknüpfen. Ich glaube, daß von dieser antiken Gedankenfigur in der humanistischen Zeit die Verbindung eines Mannes mit einer bestimmten Stadt zum Ruhm derselben ausgegangen ist. Es handelt sich in der Regel um kleinere Städte, die sich eben gerade dadurch hervorheben, daß sie einen berühmten Mann ihren Sohn nennen können. Rom hat derartige Auszeichnungen nicht nötig. Aber die durch einen berühmten Autor ausgezeichneten kleineren Städte bilden eine besonders erlesene Gruppe, und in sie reihte Simler implizit Pforzheim ein, wenn er Reuchlin *Gloria Phorcensis lausque decusque soli* nannte.

Bräunche: Ich bin sehr froh, daß Frau Dr. Arnscheidt unter dem Stichwort »Prospectus und Prospekt« diese Form der Repräsentationsmöglichkeit vorgestellt hat. Die Bilder, an die Sie sich sicher erinnern (sehr viele aus Mannheim), haben mir noch einmal gezeigt, wie spannend eigentlich auch ein Vergleich in diesem Bereich zwischen den beiden ehemaligen Residenzstädten Mannheim und Karlsruhe sein könnte. Im 18. Jahrhundert waren beide noch Residenzstädte, die dann aber im 19. Jahrhundert unterschiedliche Wege gegangen sind. Karlsruhe blieb badische Residenzstadt, Mannheim hat diese Funktion verloren und entwickelte sich zu einer Industriestadt.

Auch für Karlsruhe gibt es ein solches Panorama, wie es uns Frau Dr. Arnscheidt für Mannheim aus dem Jahr 1899 gezeigt hat, von derselben Firma Füssli aus Zürich. Wenn man diese beiden Bilder miteinander vergleicht, könnte man sehr viele Gemeinsamkeiten, aber auch einen Unterschied feststellen: Gemeinsam sind beiden Panoramen die rauchenden Schornsteine, das heißt, auch in der badischen Haupt- und Residenzstadt hatte sich mittlerweile die Industrie, natürlich nicht so umfangreich wie in Mannheim, angesiedelt. Ein Unterschied ist allerdings zu erkennen: Sie erinnern sich, daß auf dem Mannheimer Prospekt das Schloß nur beiläufig zu sehen war. In Karlsruhe ist das natürlich anders. In der badischen Haupt- und Residenzstadt steht dieses Schloß immer noch im Mittelpunkt, und man blickt von dort auf die Stadt und deren Industriegebiete. Die damaligen Karlsruher Industrieareale integrierten sich in die Südost- und die Südweststadt.

Es wäre spannend, wenn wir ein Nachfolgeprospekt von dem Panorama hätten, wie es für Mannheim aus dem Jahr 1907 vorliegt, anläßlich des Stadtjubilaums erschienen. Das Karlsruher 200jährige Stadtjubiläum im Jahr 1915 mußte ja wegen des Ersten Weltkriegs ausfallen, deshalb liegt dieses Nachfolgepanorama nicht vor. Es wäre sicherlich aufschlußreich gewesen zu sehen, inwieweit man den Karlsruher Rheinhafen, der 1902 offiziell eröffnet worden ist, integriert hätte. Mit dem gleichen Blickwinkel vom Schloß her wäre dies sicherlich nicht möglich gewesen. Soweit der Hinweis auf die Parallelen beziehungsweise Unterschiede in der Darstellung der beiden Städte.

Ich möchte in diesem Zusammenhang noch auf eine weitere Form der Repräsentationsmöglichkeiten hinweisen: die städtischen Festschriften und die Schriften des Verkehrsvereins. Für das 19. Jahrhundert müßte man natürlich auf die Kongresse und Tagungen zu sprechen kommen, die in den jeweiligen Städten stattgefunden haben und mit denen sich die Stadt auch nach außen präsentierte. Man stößt dann, im Falle von Karlsruhe und sicherlich auch vieler anderer Städte, auf die Festschriften, die zumindestens in Karlsruhe vom Stadtrat herausgegeben worden sind. Diese Schriften wurden den Teilnehmern der Tagungen übergeben; die erste erschien 1858. Sie war der 34. Versammlung der deutschen Naturforscher und Ärzte gewidmet. 1911 erschien eine weitere umfangreiche Festschrift, diesmal der 83. Versammlung der deutschen Naturforscher und Ärzte gewidmet. Der Vergleich dieser Festschriften ergibt natürlich Hinweise auf das jeweilige Selbstverständnis der Stadt und die Art, wie man sich den Gästen präsentierte. In der Zeit der Weimarer Republik gab es zwar keine Festschriften mehr aus Anlaß von Tagungen, dafür aber Bücher in der Reihe »Deutsche Städte«, für Karlsruhe 1926 »Das Buch der Stadt«, in denen führende Repräsentanten der Stadtverwaltung wesentliche Aussagen darüber machen, wie die Stadt sich repräsentiert, wie man sie darstellt.

Schulze: Ich möchte versuchen, eine kurze Antwort auf Herrn Ludwigs Frage in bezug auf Pforzheim und Reuchlin zu geben, und dann eine Frage in eigener Sache anschließen. Reuchlin hat sich in seinen Werken und auch in den Unterschriften seiner Briefe stets als *Phorcensis* bezeichnet und damit seiner Verbundenheit zur Vaterstadt und zum Ort der ersten Schulausbildung an einer überregional bekannten Lateinschule Ausdruck gegeben – eine damals nicht unübliche Verfahrensweise. Mehr noch, nach seinem Ableben vermachte er der Stadt, die ihn im Laufe seines Lebens nicht besonders unterstützt hatte, seine Bibliothek, die zunächst in einem Sakristei-Anbau der Schloßkirche aufbewahrt wurde und später ihr eigenes Schicksal hatte. Die Verbindung »Reuchlin-Phorcensis« erscheint erneut in der ersten Reuchlinbiographie des Johann Heinrich May (1653–1719) aus dem Jahr 1687 (»Vita Jo. Reuchlini Phorcensis«, Frankfurt und Speyer, 1687); May stammte aus einer Pforzheimer Familie und wurde später Professor in Gießen. In Mays Reuchlin-Biographie finden sich auch erste längere Passagen zur Geschichte der Stadt Pforzheim. Die nächste Station fällt meines Erachtens in das späte 18. Jahrhundert, als im Zuge der Aufklärung Reuchlins Schriften wieder breiter rezipiert wurden; sie ist mit dem Beginn der bürgerlichen Stadtgeschichtsschreibung eng verknüpft. Hier werden bedeutende »Söhne der Stadt« – nicht unbedingt an »vorderster Front«, aber durchaus als durchgängiges Motiv – mit ihren Biographien in die Geschichte der jeweiligen Stadt eingebunden, auch um den Bürgern eine Identität zu vermitteln. Und genau das ist hier in Pforzheim und mit Reuchlin passiert. 1792 erscheint die erste Pforzheimer Stadtgeschichte im engeren Sinn, in der ein großes Kapitel Reuchlin gewidmet ist (Siegmund Friedrich Gehres, »Pforzheim's Kleine Chronik. Ein Beytrag zur Kunde deutscher Städte und Sitten«, Memmingen 1792). Die erweiterte Auflage aus dem Jahr 1811 erscheint gar vier Jahre später erneut, nur mit anderem Titelblatt: »J. Reuchlins Leben und die Denkwürdigkeiten seiner Vaterstadt« (Karlsruhe 1815). Reuchlin wird nun also durch das Titelblatt in den Vordergrund gesetzt, seine Biographie macht die Stadtgeschichte interessant und nicht umgekehrt. Zugleich wird das in der Stadt wohl stets rudimentär vorhandene Bewußtsein, »Reuchlin ist einer der unsrigen«, zum ersten Mal auf breiterer Basis den Bürgern erfahrbar gemacht und nach außen dokumentiert. Die Stadt Pforzheim hat sich allerdings lange Zeit sehr zurückgehalten, »ihren« Reuchlin – in welcher Form auch immer – besonders zu ehren. Noch relativ kostengering und unkompliziert ging 1858 die Umbenennung der »Ochsengasse« in »Reuchlinstraße« über die Bühne, dann entbrannte ein jahrzehntelanger politischer Kleinkrieg über die Frage: Reuchlindenkmal, Reuchlinhaus oder beides? Eigentlich erst im 20. Jahrhundert kam es zu dem, was man werbewirksam »Reuchlin-Stadt« nennen könnte. Es beginnt 1905 mit der Benennung des in einen repräsentativen Neubau einziehenden Gymnasiums, das sich in der Tradition der alten Lateinschule sah. Erst 1922, aus Anlaß des 400. Todestages Reuchlins – und das halte ich für zeittypisch –, erscheinen beim Verkehrsverein Schriften, die Pforzheim »Reuchlin-Stadt« nennen. Schließlich, und das ist der Endpunkt der von mir geschilderten Entwicklung, kam das Jahr 1955, das nächste Reuchlin-Jubiläum, der 500. Geburtstag: Feierstunde, Festschriften, zum ersten Mal wird der Reuchlin-Preis verliehen, und ein Kulturbau, das Reuchlinhaus, wird in den Jahren 1957–1962 von Manfred Lehmbruck projektiert und auch erbaut. Den Gelehrten Deutschlands war die Beziehung »Reuchlin-Pforzheim« wohl stets bewußt, indem Reuchlin seinen Namen mit der Nennung seiner Vater- und Schulstadt gekoppelt hatte – eine breitere Öffentlichkeit in der Stadt hat dieser Gedanke jedoch erst in diesem Jahrhundert gefunden.

Jetzt meine Frage: Das letzte Referat dieser Tagung war dem städtischen Fest gewidmet. Und gerade im städtischen Fest erscheint für mich die Summe der von den einzelnen Referenten aufgezeigten Bereiche der städtischen Repräsentation, eine Hochzeit der Repräsentation sozusagen: Es werden repräsentative Orte und Gebäude einbezogen, Feierstunden in der Kirche, im Rathaus und auf dem Marktplatz, oft verbunden durch Prozessionen, werden abgehalten. Zahlreiche Gruppen werden in die Festgestaltung integriert, vor allem im späten 18. Jahrhundert. Auch für Pforzheim gibt es hierfür ein typisches Beispiel, das Carl-Friedrichs-Fest, 1796 gestiftet, 1801 zum ersten Mal begangen, aber es würde zu weit führen, das hier auszubreiten. Meine Frage lautet – und ich rekurriere damit in gewisser Weise auf den Vortrag von Frau Arnscheidt vom Freitagabend: Wann wird die Stadt zum ersten Mal als Ganzes gefeiert? Nicht der Einzug eines neuen Fürsten, nicht die Grundsteinlegung einer neuen Kirche, nicht das Jubiläum eines einzelnen oder einer Institution, sondern seit wann gibt es Stadtjubiläen, seit wann feiern die Bürger und der

Fürst ihre Stadt, und nicht die ganze Stadt ihren Fürsten? Ich erwähne lediglich Mannheims Gründungsfeier, Briefmarken zu Stadtjubiläen usw. Ich vermute, daß man den Blick auf die zweite Hälfte des 19. Jahrhunderts richten müßte, in eine Zeit, in der die Städte schon so weit ausuferten, daß man sie als einzelner kaum mehr als Ganzes wahrnehmen konnte. Dann wird die Stadt zum Zentrum eines Repräsentationsgewerbes gemacht, wird zum Bild, zum Symbol. Die Frage an die versammelten Referenten lautet also, wo sie die entsprechenden Beispiele in ihren Bereichen sehen würden.

de Capitani: Zu den Stadtjubiläen: Schon im 18. Jahrhundert werden Stadtjubiläen gefeiert. Bern plante 1791 ein großes Jubiläum zur 600-Jahrfeier der Stadtgründung. Wegen anhaltender Unruhen im Waadtland konnte das Fest aber schließlich nicht stattfinden. Bereits ein Jahrhundert früher war der Stadtgründung gedacht worden mit der Errichtung eines Monuments im Münster, nicht mit einem eigentlichen Festakt. Gefeiert werden aber seit dem 17. Jahrhundert die Reformationsjubiläen und bald danach auch die Schlachtjubiläen. Neben die jährliche Kommemoration von Schlachten trat nun die spezielle Feier von »runden« Jahreszahlen.

Zur Frage nach dem Stadtbild: Hier müßte man m. E. in Venedig ansetzen. Gerade dort stellte sich spätestens seit dem 17. Jahrhundert die Frage, wie die Stadt zum Bild des Gesamtstaates werden konnte. Die schwierigen Fragen des Verhältnisses Venedigs zum Reich, zum Papst und zu anderen Mächten ließen den Repräsentationsbedürfnissen der Stadt eine hohe Bedeutung zukommen.

Baer: Zum Stichwort Stadtjubiläen: Daß diese schon früher, wenn auch nur vereinzelt, eine Rolle spielten, zeigt ein sehr schönes Beispiel aus Augsburg, das in anderem Zusammenhang schon von Herrn Roeck kurz erwähnt wurde. Im Jahre 1589 wurde vor dem Augsburger Rathaus zum vermeintlichen 1600jährigen Gründungsjubiläum der Stadt der Augustusbrunnen – Kaiser Augustus galt als Stadtgründer – in Auftrag gegeben, der fünf Jahre später, 1594, feierlich aufgestellt wurde. Die Brunnenaufstellung war der Ausgangspunkt eines neuen urbanistischen Gesamtkonzepts, das im einige Jahrzehnte später neuerbauten Rathaus des Augsburger Stadtwerkmeisters Elias Holl gipfelte und von dem Augsburger Stadtpfleger und Humanisten Markus Welser initiiert wurde.

Reuter: Unter »Repräsentation« wird heute vielfach eine Abteilung in der Kommunalverwaltung verstanden, die sich mit eher organisatorischen Fragen beschäftigt (»Staatsbesuche« und dergleichen). Die eigentliche Darstellung der Stadt nach außen lauft derzeit oftmals unter der Bezeichnung »Marketing«, worunter man sich mancherlei vorstellen darf, was auch mit Repräsentation zusammenhängt. Stadtansichten können im politischen Kampf eingesetzt werden. So ließ sich die Stadt Worms die Aufnahme eines Holzschnitts in die Kosmographie von Sebastian Münster um 1550 viel Geld kosten. Bezeichnenderweise scheint man den Holzschneider angewiesen zu haben, zwar die Stadt darzustellen, den ungeliebten Bischofshof aber wegzulassen. Das ist dann tatsächlich auch geschehen, obgleich der Bischofshof auf der Nordseite des Doms durchaus ins Bild gehört hätte. Ganz offensichtlich wurde dem Bischof als Stadtherrn der Anspruch auf die Reichsstadt bildlich abgesprochen.

Bemerkenswert ist der Vergleich der Stadtansicht bei Merian aus der Mitte des 17. Jahrhunderts mit einem Bild auf der Ehrenbürgerurkunde für den Oberbürgermeister Wilhelm Küchler (1882–1898). Beide Ansichten wurden von der gleichen Stelle auf dem rechten Rheinufer mit Blick auf das linksrheinisch liegende Worms geschaffen. Nur finden sich im späten 19. Jahrhundert in der Darstellung vor allem jene Gebäude, die für die Stadtentwicklung wichtig geworden waren: das Lagerhaus am Handelshafen, die Nibelungen-Schule, der Wasserturm und sogar die nicht einmal fertiggestellte Straßenbrücke über den Rhein (eingeweiht 1900). Unter dem Bild steht »Das neue Worms«. Hier sind also die Rückbesinnung auf die historische Vergangenheit und die Darstellung der Gegenwart ineinandergeflossen. Wie sehr man sich auf frühere Praktiken zurückbesonnen hat, ist auch daran zu erkennen, daß ein Wormser Lederindustrieller, ganz im Stile vergangener Zeiten, ein Büffelhorn hat fassen und mit Münzen Wormser Münzprägungen schmücken lassen. Auf dem Deckel war das Modell der Rheinbrücke angebracht. Anlaß war die

Eröffnung dieser Brücke im Jahr 1900. Folgerichtig durfte der Großherzog Ernst Ludwig von Hessen und bei Rhein auch den ersten Schluck aus diesem Büffelhorn-Pokal trinken.

Schwarzmaier: Ich möchte noch einmal an vorherige Ausführungen anknüpfen, weil wir immer wieder auf denselben Problemkreis zurückkommen. Mit der Reuchlin-Stadt Pforzheim ist es ja sicher so, daß wir es bei dem plakativen Namen der Reuchlin-Stadt mit einer ganz modernen Bezeichnung zu tun haben, genauso wie bei den Nachbarstädten auch, so der Melanchthon-Stadt Bretten oder der Faust-Stadt Knittlingen, die sich eben diese werbewirksamen Bezeichnungen gegeben haben. Daß die Voraussetzungen dafür sehr viel älter sind und diese Städte im 19. Jahrhundert allmählich in die Rolle der modernen Industrie- und Handelsstadt hineingewachsen sind, zeigt der Ausdruck »Goldstadt Pforzheim«. Das ist sozusagen das Pendant, das man unbedingt brauchte, um zu zeigen, daß man nicht nur Industriestadt ist, sondern eine kulturelle und geistige Tradition vertritt, die in der Person Reuchlins ihren Ausdruck findet. Deshalb möchte ich nochmals unterstreichen, was Herr Ludwig schon angedeutet hat: daß der Angelpunkt unserer ganzen Erörterung im 19. Jahrhundert liegt, in dem die Tradition der mittelalterlichen und frühneuzeitlichen Stadt durch die moderne Geschichtsschreibung aufgegriffen wurde. Es verhält sich doch sicherlich so, daß im 19. Jahrhundert die Stadt ihre eigentlichen Wurzeln in der Vergangenheit entdeckt hat, und gerade in der Transformation zur modernen Industriestadt, in der sprunghaften Zunahme der Bevölkerung und der Erweiterung des städtischen Areals über den ursprünglichen mittelalterlichen Stadtkern hinaus hat sie einen ungeheuren Wandel vollzogen und ihn auch als solchen dargestellt. Doch gerade in dieser Situation brauchte man die glänzende Vergangenheit, die Geschichte, die man einbezieht, um sich seiner selbst bewußt zu werden. Darin liegt vielleicht der stärkste Identifikationsprozeß mit der eigenen Geschichte, der für das 19. Jahrhundert charakteristisch ist. Dies ist auch in sämtlichen Vorträgen angeklungen, und vielleicht hätte man etwa beim Thema Rathaus darauf hinweisen können, wie stark der Rathausbau mit seinem Interieur vom 19. Jahrhundert geprägt ist, indem man die ältere Geschichte in die Ratssäle hineinbringt, in großen Freskendarstellungen; indem man Bürgermeister-Galerien fertigen ließ, um sie in den repräsentativen Mittelpunkt der modernen Stadtgeschichte zu plazieren usw. Es scheint mir in der Tat so zu sein, daß das 19. Jahrhundert (im Übergang zum 20. Jahrhundert) diejenige Zeit war, in der sich die Bildung des modernen Geschichtsbewußtseins in bezug auf die alte Stadt vollzog.

Becht: Ich bin Herrn Schwarzmaier sehr dankbar, daß er diese Thematik noch einmal aufgegriffen hat, denn ich glaube, daß die Anregung von Herrn Ludwig sehr wichtig war. Bei Johannes Reuchlin sollte man allerdings das dem Namen beigefügte *Phorcensis* meiner Meinung nach weniger auf die Stadt als solche beziehen; *Phorcensis* dürfte sich Reuchlin wohl in erster Linie deshalb genannt haben, weil die Stadt Pforzheim in jener Zeit durch ihre Lateinschule im Ruf besonderer Gelehrsamkeit stand: Mit *Phorcensis* wird sich Reuchlin eher zu einer wissenschaftlichen Schule als zu seiner Geburtsstadt bekannt haben.

In diesem Zusammenhang möchte ich – ganz in Übereinstimmung mit Herrn Schwarzmaier – die Schlüsselrolle des 19. Jahrhunderts für den Themenkomplex unterstreichen, über den wir hier diskutieren, und hierfür läßt sich einmal mehr das Beispiel Reuchlin bemühen. Die Reuchlin-Biographie, von der Herr Schulze sprach, stammt von einem gewissen Jakob Heinrich Lamey, der nicht nur Gymnasiallehrer und Publizist war; 1863 gehörte er dem Vertrauensmännerausschuß der badischen nationalen und liberalen Partei an, er saß als Liberaler im badischen Landtag und war Mitglied des Deutschen Nationalvereins. Lameys Reuchlin-Biographie erschien 1855, und damit zu Reuchlins 400. Geburtstag; zugleich legte Lamey sein Büchlein aber auch zu einer Zeit vor, als der badische Kirchenkampf noch immer nicht beigelegt war – die Parallelen zwischen dem badischen Kirchenstreit und der Auseinandersetzung Reuchlins mit der katholischen Kirche sind evident. Trotz dieser augenfälligen Instrumentalisierung finde ich es bezeichnend, daß nun, um die Mitte des 19. Jahrhunderts, Personen und ihre Lebensgeschichte als sinnstiftendes Element gesucht und gefunden werden, daß solche Personen zunehmend mit ihren Heimatstädten identifiziert werden, daß die Städte sich auf solche Traditionen besinnen und sie – mehr oder minder intensiv – kultivieren. Die Aufwertung des Individuums und seiner historischen Rolle im Gefolge der

Aufklärung und die Emanzipationsbestrebungen des liberalen Bürgertums machen sich hier wohl ebenso bemerkbar wie die tiefe Zäsur der Napoleonischen Zeit in der Geschichte gerade der südwestdeutschen Städte: das Ende reichsstädtischer Herrlichkeit, grundlegend neue Kommunalverfassungen, die nachhaltige Erschütterung des zuvor vergleichsweise stabilen sozialen Gefüges – dies alles könnte sehr wohl das Bedürfnis nach neuen identitätsstiftenden Elementen, nach neuen Symbolen hervorgebracht haben; die jahrhundertelange Tradition des selbstbewußten städtischen Gemeinwesens taugte nicht mehr. Nicht umsonst tritt auch das »Denkmal« im engeren Sinne – also nicht die einfache Brunnenfigur – um diese Zeit seinen Siegeszug an. In der Festkultur treten im übrigen gleichfalls im 19. Jahrhundert Personen immer stärker in den Vordergrund; zu denken wäre hier nicht nur an die Schillerfeiern, sondern ebenso an die überschwenglichen Abgeordnetenfeste, mit denen die Städte vielfach ihre verdienten Parlamentarier ehrten; in Baden errichtete man sogar Triumphbögen für heimkehrende Volksvertreter.

Zahlten: Ich habe noch zwei ergänzende Hinweise: Im Zusammenhang mit dem Vortrag von Frau Arnscheidt, bezogen auf die Vogelschauansicht Mannheims, möchte ich erwähnen, daß die Wurzeln dafür sehr viel tiefer reichen, etwa bei jenem berühmten Vogelschauplan Venedigs von Jacopo de Barbari von 1500 liegen oder bei den Romplänen des 17./18. Jahrhunderts. Des weiteren erinnere ich an eines der letzten Bilder, die Frau Arnscheidt zeigte, den Wasserturm Mannheims als Zeichen und Symbol der Stadt. Auch dies gibt es schon im Mittelalter, wo stellvertretend für eine Stadt berühmte Einzelbauten oder Bautengruppen abgebildet wurden, etwa für Rom oder Jerusalem.

Kirchgässner: Ich darf damit Diskussion und Tagung beenden. Nochmals danken wir allen, die bei der Vorbereitung und Durchführung dieser Tagung mitgewirkt haben. Unser aufrichtiger Dank gilt ebenso allen Referenten und Diskussionsteilnehmern. Mit diesem Dank und dem Wunsch für eine gute Heimreise darf ich diese Tagung beschließen.

VERZEICHNIS DER VERFASSER UND DISKUSSIONSTEILNEHMER

Manfred AKERMANN, Heidenheim
Dr. Kurt ANDERMANN Karlsruhe
Dr. Wolfgang BAER, Augsburg
Dr. Hans-Peter BECHT, Pforzheim
Dr. Ernst Otto BRÄUNCHE, Karlsruhe
Dr. Stefan BURSCHE, Berlin
Dr. François DE CAPITANI, Zürich
Dr. Kuno DROLLINGER, Stuttgart
Prof. Dr. Bernhard KIRCHGÄSSNER, Mannheim
Prof. Dr. Wolfgang KLÖTZER, Langen
Dipl.-Kfm. Hans-Peter DE LONGUEVILLE, Stuttgart
Prof. Dr. Walther LUDWIG, Hamburg
Dr. Fritz REUTER, Worms
Prof. Dr. Bernd ROECK, Bonn
cand. phil. Olaf SCHULZE, Pforzheim
Prof. Dr. Hansmartin SCHWARZMAIER, Karlsruhe
Dr. Jürgen TREFFEISEN, Sigmaringen
Dr. Kurt WESOLY, Bonn
Prof. Dr. Johannes ZAHLTEN, Braunschweig
Dr. Hartmut ZOCHE, Waldkirch

ORTS- UND PERSONENNAMEN

bearbeitet von MATTHIAS STUHLINGER